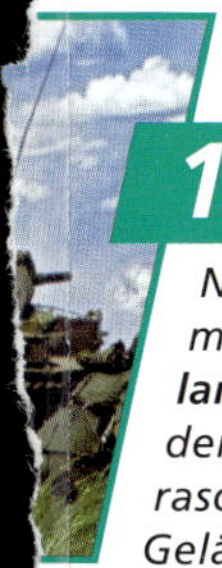

1941

Nach dem Einmarsch in **Russland** gelingen den Deutschen rasch große Geländegewinne.

1942

Auf der Wannsee-Konferenz beschließen die Nationalsozialisten die **„Endlösung der Judenfrage"**.

1942

Jean Moulin (1899 bis 1943), Mitglied der französischen Résistance.

1941

August treffen **Churchill und** **sevelt** vor undland.

1942

Im Januar versenken **deutsche U-Boote** 27 US-Handelsschiffe im Atlantik.

1942

Für ihre **Nachschubtransporte** setzen die Amerikaner vermehrt Geleitzüge ein.

1942

1942

Mit der Schlacht von Al Alamein im Oktober gelingt die Gegenoffensive der Alliierten in Nordafrika.

1942

Im November landen Truppen der USA und Großbritanniens in **Marokko** und **Algerien.**

1942

Im März dringen die Japaner bis **Rangun** in Birma vor.

1942

Auf den **Philippinen** geraten im Mai tausende US-Soldaten in Kriegsgefangenschaft.

41

7. Dezember t die japani- Luftwaffe **Harbor** auf i an.

1942

Die Japaner erobern große Teile **niederländischer Kolonien** in Indonesien.

1942

Im August erobern US-Truppen nach schweren Kämpfen **Guadalcanal**.

EUROPA

1943

Am 31. Januar kapituliert die deutsche 6. Armee bei Stalingrad.

AMERIKA

1943

AFRIKA

1943

*In **Casablanca** findet ein Gipfeltreffen mit Roosevelt und Churchill statt.*

1943

*Am 13. Mai kapitulieren deutsche und italienische Truppen in **Nordafrika**.*

ASIEN

1943

*Der politische Gegenspieler Gandhis, **Subhas Chandra Bose**, organisiert im Exil, unterstützt von Japan, eine Nationalarmee.*

19

Im W
sich d
Brigad
Wieder
Birmas

OZEANIEN

1943

*Ab Mai beginnen die Alliierten mit der **Rückeroberung** der Alëuten.*

1943

*Im September 1943 erobern die Amerikaner **Neuguinea** zurück.*

DIE WELT IN FLAMMEN

1939 – 1945

Reader's Digest

DEUTSCHLAND · SCHWEIZ · ÖSTERREICH

1945

Im Bombenhagel der Luftangriffe geht **Dresden** unter.

1945

Die **Russen** erreichen Ende April Berlin.

1945

Präsident **Franklin D. Roosevelt** stirbt an einer Gehirnblutung.

1945

US-Forschern gelingen in der Wüste von New Mexico erste **Atomtests**.

1945

1945

apan beantwortet
ie Luftangriffe der
lliierten mit **Kami-
zeeinsätzen** gegen
ren Schiffe.

1945

Am 6. August werfen die USA eine Atombombe über Hiroshima ab.

1945

Am 2. September unterzeichnet Kaiser Hirohito die **Kapitulation** Japans.

1945

Am 4. Februar nehmen alli-
ierte Truppen
Manila ein.

1939

Die Finnen wehren sich erbittert gegen den Angriff der **Roten Armee.**

1940

Um die Erzlieferungen aus Schweden zu sichern, besetzen die Deutschen **Norwegen.**

1940

Am 14. Juni besetzen deutsche Truppen Paris, das sich den Angreifern kampflos ergibt.

1939

Seit Kriegsbeginn unterstützt Kanada die Alliierten im Kampf gegen die Achsenmächte.

1940

Die **Frankokanadier** lehnen den Einsatz kanadischer Truppen in Europa ab.

1940

1940

Im Juli zerstören die Briten die **französische Flotte** im algerischen Mars Al Kabir.

1940

Die Japaner bombardieren die Hochburg **Chiang Kai-sheks** in Chongqing.

1940

Im Oktober p
tieren die Ind
gegen die Poli
Großbritannien
mit zivilem
Ungehorsam.

1944

*In den **Konzentrationslagern** des NS-Regimes läuft die Vernichtungsmaschinerie auf Hochtouren.*

1944

*Am 25. August erreichen Amerikaner und die Truppen de Gaulles **Paris**.*

1943

*Die **Kriegsproduktion** in den USA übertrifft die der Achsenmächte.*

1944

*Wie fast überall ersetzen auch in Kanada Frauen die Arbeitskraft der Männer in der **Rüstungsproduktion**.*

1944

*Der kanadische Premier Ralston tritt zurück, da es ihm nicht gelingt, ein Gesetz über die **allgemeine Wehrpflicht** durchzusetzen.*

1944

1944

*De Gaulle hält in **Brazzaville**, der Hauptstadt des Freien Frankreichs, eine Rede.*

43

nter bereiten e Chindit- en auf die eroberung vor.

1944

*Zur Unterstützung **Chiang Kai-sheks** werfen die Amerikaner Munition und Ausrüstung über China ab.*

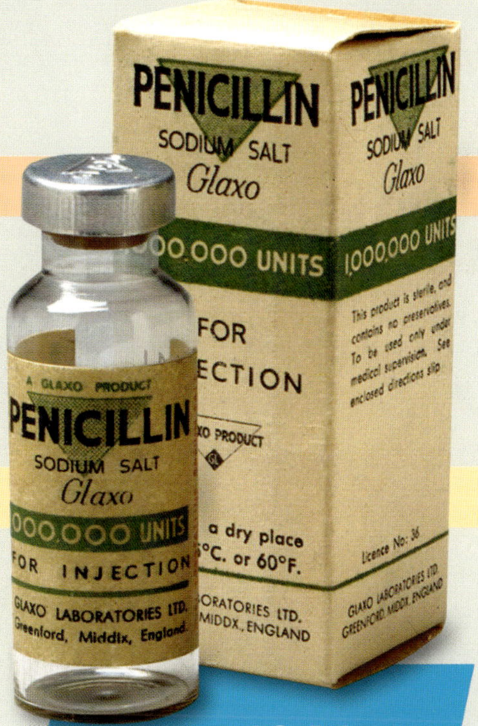

1944

*Bis Juni bringen die Alliierten die **Pazifikinseln** wieder in ihre Hand.*

1944

Dank des erstmaligen Einsatzes von Penicillin überleben viele alliierte Soldaten die Kämpfe in Ozeanien.

1940

Am 7. September erfolgt der erste deutsche **Luftangriff** auf London.

1941

Kaum zehn Tage nach dem deutschen Einmarsch kapituliert **Jugoslawien** am 17. April.

1940

Im September beschließt der US-Kongress das erste **Wehrpflichtgesetz** in Friedenszeiten.

1941

US-Präsident Roosevelt setzt den **Lend-Lease-Act durch,** um die Alliierten weltweit mit kriegswichtigen Gütern zu versorgen.

1941

Den Alliierten gelingt es, die mit der **Enigma** chiffrierten Funksprüche der Deutschen zu entschlüsseln.

Im
sich
Roo
Neu

1941

1940

Ende des Jahres erreicht **Erwin Rommel** mit seinen Truppen Nordafrika.

1941

De Gaulle ruft die **Freien Französischen Streitkräfte** ins Leben.

rotes-
r
ik
s

1941

General Claire Lee Chennault gründet in China die Fliegerstaffel der Flying Tigers.

1941

Am 15. September erreichen die Japaner **Saigon.**

19

Am
grei
sche
Pearl
Hawa

1941

EUROPA

Der „Fall Weiß" – das Ende Polens

Mit dem deutschen Überfall auf Polen begann der Zweite Weltkrieg und für die Polen ein furchtbares Martyrium. Moskau und Berlin teilten das Land auf und begannen mit der systematischen Vernichtung der Einwohner.

In den frühen Morgenstunden des 1. September 1939 herrschte in Danzig noch nächtliche Stille, doch die Ruhe erwies sich als trügerisch. Denn nur wenige Kilometer entfernt beschoss der deutsche Kreuzer *Schleswig-Holstein* um 4.45 Uhr die Westerplatte. Auf der kleinen Halbinsel vor der Danziger Hafeneinfahrt unterhielten die Polen ein Munitionsdepot.

Bereits kurz nach Sonnenaufgang wusste jeder in der Stadt vom Angriff der Wehrmacht. Die meisten Danziger nahmen es gelassen, schließlich betrug der Anteil der Deutschen in der Sadt 90 %, und kaum einer hatte je die Hoffnung aufgegeben, eines Tages „zurück ins Reich" geholt zu werden, nachdem die Stadt im Januar 1920 gemäß den Bestimmungen des Versailler Friedensvertrags als Freie Stadt einem Völkerbundsmandat unterstellt worden war. So jubelte die Mehrheit der Einwohner, als sich Danzig noch am selben Tag dem Deutschen Reich anschloss, und kaum einer ahnte, dass die Schüsse den Auftakt zum Zweiten Weltkrieg bedeuteten.

Für die Propaganda gestellt
In einer werbewirksamen Aktion zerstörten Soldaten der Wehrmacht am 1. September 1939 diesen Schlagbaum in der Nähe von Sopot.

„Lebensraum" heisst die Devise

Der Beschuss der Westerplatte bildete nur den Auftakt zum Überfall auf Polen, den Adolf Hitler bereits seit Monaten unter dem Decknamen „Fall Weiß" vorbereitet hatte. Gleich an mehreren Stellen überschritt die Wehrmacht an diesem Tag die deutsch-polnische Grenze, und ihr Befehl lautete, „neuen Lebensraum" im Osten für Deutschland zu erobern.

Die polnische Armee stand von Beginn an auf verlorenem Posten. Zahlenmäßig unterlegen und mit einer hoffnungslos veralteten Ausrüstung hatten die Polen gegen die modernen Panzer der Wehrmacht und die Überlegenheit der deutschen Luftwaffe nicht die geringste Chance. Die polnische Regierung, die sich ebenso wie die Militärführung an die rumänische Grenze zurückzog, wartete vergeblich auf eine Großoffensive der Westmächte. Denn obwohl Großbritannien und

Frankreich Deutschland bereits am 3. September den Krieg erklärten, kamen sie dem bedrängten Land nicht zu Hilfe. Stattdessen marschierte bereits 14 Tage später die Rote Armee in Polen ein und besetzte die östlichen Landesteile, angeblich um die ukrainische und weißrussische Bevölkerung Ostpolens zu schützen.

DIE DIKTATOREN SIND SICH EINIG

Nach vier Wochen war der Krieg vorbei, das Schicksal Polens besiegelt. Am 28. September 1939, nur einen Tag nach der Aufgabe Warschaus, bekräftigten Hitler und Stalin in einem Grenz- und Freundschaftsabkommen ihre Interessensphären: Bereits im Vormonat hatten sie diese im Hitler-Stalin-Pakt, dem deutsch-sowjetischen Nichtangriffspakt, abgesteckt. Polen wurde zum vierten Mal in seiner Geschichte geteilt, seine Existenz als selbständiger Nationalstaat war nach 20 Jahren erneut beendet.

Während die Sowjets den östlichen Teil Polens entlang der so genannten Curzon-Linie annektierten, gliederten die Deutschen Westpreußen, Posen und Oberschlesien als Reichsgau Wartheland und Reichsgau Danzig-Westpreußen dem Deutschen Reich ein. Aus den übrigen besetzten Gebieten in Zentralpolen mit den vier Distrikten Krakau, Radom, Warschau und Lublin formten die

Polen wird überrannt
Den mobilen und schnellen Panzereinheiten verdankte die Wehrmacht ihren schnellen Sieg über die polnische Armee.

ZEITZEUGEN

Warschau im Bombenhagel

„Der Angriff wurde nicht nur auf der Straße, zu Fuß und mit Panzern, Artillerie und Maschinengewehren geführt, sondern auch – und das war am schlimmsten – aus der Luft. Jetzt flogen die Flugzeuge pausenlos, von denen unten unterstützt, in ganzen Schwärmen, flogen weg, kamen wieder, bombardierten Haus um Haus, Hof um Hof …"

Mit diesen Worten schilderte der Schriftsteller Miron Bialoszewski seine Erlebnisse als 22-Jähriger während des zweimonatigen deutschen Bombenhagels.

Generalgouverneur Frank teilte Reichsminister Lammers am 5. August 1944 telegrafisch mit: „Die Stadt Warschau steht zum größten Teil in Flammen … In der Stadt mit ihrer Millionenbevölkerung herrscht ein unvorstellbares Elend … Die Stimmung der Deutschen ist ausgezeichnet …"

Deutschen am 26. Oktober 1939 das „Generalgouvernement", das von Reichsminister Hans Frank verwaltet wurde. Er bezog im November seinen Regierungssitz in der alten Königsburg in Krakau, dem Wawel.

Für die Polen begann die Zeit nationalsozialistischer bzw. sowjetischer Gewaltherrschaft. Beide Mächte verfolgten das Ziel, Polen auf Dauer auszulöschen, und betrieben eine gezielte Vernichtungspolitik mit systematischen Ermordungen und Deportationen. Unter der sowjetischen Herrschaft in Ostpolen wurden bis zum Frühjahr 1941 etwa 1,25 Mio. Menschen in die Sowjetunion verschleppt, das entsprach etwa 9 % der dort lebenden Bevölkerung. Die nach Sibirien und Kasachstan deportierten Polen mussten in Arbeitslagern, Gefängnissen und Zwangsansiedlungen ein erbärmliches, menschenunwürdiges Dasein fristen. Viele von ihnen starben an Hunger und Entkräftung.

Grausame Aktionen

Die deutschen Behörden begannen ihrerseits, die „wiedergewonnenen Ostgebiete" unverzüglich zu „germanisieren". Nach Hitlers Willen umfasste das Kriegsziel nicht nur die militärische Niederwerfung, sondern die erbarmungslose Vernichtung alles Polnischen überhaupt. Am Anfang wurde die polnische Intelligenz liquidiert und die katholische Kirche in Polen systematisch zerschlagen. Schätzungsweise 22 000 Akademiker, darunter Rechtsanwälte, Ärzte, Hochschullehrer und Priester, starben eines gewaltsamen Todes. Gleichzeitig zerstörten die Deutschen in den „eingegliederten" Gebieten das gesamte kulturelle Leben der Polen. Polnische Schulen und Hochschulen wurden geschlossen, Zeitungen und Bücher in der Landessprache untersagt. Noch im Herbst 1939 wurden nahezu 1 Mio. Polen aus den Reichsgauen ins Generalgouvernement zwangsumgesiedelt. Ihre Wohnungen bezogen rund 75 0000 Deutsche aus dem sowjetischen Teil Polens.

Reservoir für Arbeitskräfte

Das Generalgouvernement sollte dem Deutschen Reich künftig billige und fügsame Arbeitskräfte liefern, die hier lebenden Polen gleichsam als Sklaven den „deutschen Herrenmenschen" dienen. Folglich mussten die Polen auf ein möglichst niedriges Bildungsniveau herabgedrückt werden. Der maximal vier Jahre dauernde Besuch der Volksschule durfte ihnen lediglich rudimentäre Schreibkenntnisse sowie ein einfaches Rechnen bis höchstens 500 vermitteln. Auch hier schlossen die Nationalsozialisten alle höheren Bildungsanstalten sowie sämtliche Theater und Kultureinrichtungen. Größere Zeitungen waren verboten, und allein der Besitz eines Rundfunkgeräts kam für einen Polen dem Todesurteil gleich.

Vergeblicher Widerstand
Zur Verteidigung ihrer Hauptstadt hoben polnische Pioniere im September 1939 Gräben aus. Bereits im ersten Kriegsjahr wurde etwa ein Zehntel Warschaus zerstört.

NS-Propaganda
Diese Postkarte aus dem Jahr 1939 illustrierte den Anspruch des Deutschen Reiches auf Danzig. Die Freude der deutschen Bevölkerung in Danzig über den Anschluss währte aber nur kurz.

Für ihre Kriegswirtschaft beuteten die Nationalsozialisten das Generalgouvernement rücksichtslos aus. Etwa 2,8 Mio. Polen wurden als Zwangsarbeiter für Rüstungsindustrie und Landwirtschaft ins Deutsche Reich verschleppt. Jeden konnte dieses Schicksal treffen, Inhaftierte wie auch Passanten, die zufällig in eine Straßenrazzia gerieten.

Mit brutaler Konsequenz betrieben die deutschen Besatzer die angestrebte Vernichtung des polnischen Volkes. In keinem anderen von den Nationalsozialisten angegriffenen Land waren die Menschenverluste im Vergleich zur Bevölkerungszahl so hoch wie in Polen: Während des Zweiten Weltkriegs starben schätzungsweise 4 – 6 Mio. Menschen, also etwa 15 – 22 % der Bevölkerung der ehemaligen Polnischen Republik. Gut 600 000 Polen kamen durch direkte Kriegshandlungen ums Leben. Die meisten fielen dem planmäßigen Vernichtungskrieg der Deutschen zum Opfer.

Auslöschung der Juden

Die Hälfte aller getöteten Polen waren Juden. Die Nationalsozialisten brachten sie zunächst in eigens geschaffene Gettos wie in Warschau oder Krakau. Dort vegetierten sie dahin, bis sie verhungerten oder an einer der zahlreichen Epidemien starben. Wer dennoch überlebte, endete fast immer in einem der großen Vernichtungslager, die sich alle auf dem Gebiet des Generalgouvernements befanden: Majdanek, Treblinka oder Auschwitz-Birkenau. Das polnische Judentum wurde damals nahezu vollständig ausgerottet.

Von Kriegsbeginn an entwickelte sich vor allem im Generalgouvernement eine hartnäckige Widerstandsbewegung. Sie unterstützte und koordinierte teilweise die polnische Exilregierung, die sich zunächst in Frankreich, ab 1940 dann unter Präsident Wladyslaw Sikorski in London etabliert hatte. Für die Besatzer bedeuteten die Partisanen eine ernst zu nehmende Gefahr. Die Reste der polnischen Armee sowie Kräfte aller Parteien der Vorkriegsrepublik schlossen sich in der Heimatarmee Armia Krajowa zusammen. 1943/44 gehörten ihr knapp 400 000 Kämpfer an. Daneben unterhielten die Kommunisten ihre eigene „Volksarmee".

Die in Polen agierenden Widerstandsgruppen beschränkten sich nicht auf militärische Aktionen und die Befreiung inhaftierter Landsleute aus deutschem Gewahrsam, sie bauten auch einen regelrechten Untergrundstaat auf. Dieser verfügte über eine

eigene Verwaltung, Gerichte, polnische Presse sowie ein differenziertes Bildungssystem von der Grundschule bis zur Universitätsausbildung. Damit unterminierte man die Politik der Nationalsozialisten. Zwischen 1940 und 1944 nahmen allein in Warschau 9000 Studenten an geheimen Seminaren der Untergrunduniversität teil, die unter Lebensgefahr in verschiedenen Privatwohnungen abgehalten wurden. Hinzu kamen illegal organisierte Theaterabende, Dichterlesungen sowie Konzerte polnischer Künstler. Vermutlich kam der Gedanke an eine mögliche Kollaboration mit den Besatzern deswegen gar nicht erst auf, weil alle Polen gleichermaßen brutal unterdrückt wurden.

Auf den Sieg!
Im Januar 1945 hatten die Soldaten der Roten Armee allen Grund, das neue Jahr zu feiern. Bei einer Großoffensive war es ihnen gelungen, die Deutschen aus Warschau zu vertreiben.

Keine Freundschaft mit Moskau

Als die Wehrmacht im Juni 1941 in der Sowjetunion einmarschierte, fielen auch die polnischen Ostgebiete unter die Kontrolle der Deutschen. Die Westmächte drängten daraufhin die polnische Exilregierung zu einem Ausgleich mit Stalin, der Ende Juli vertraglich geregelt wurde. Die geplante Waffenbrüderschaft scheiterte aber aufgrund des großen gegenseitigen Misstrauens. Zum völligen Bruch kam es, als deutsche Truppen bei ihrem Einmarsch in Katyn im April 1943 in Massengräbern die sterblichen Überreste von rund 4000 polnischen Reserveoffizieren fanden, die im Frühjahr 1940 von Soldaten der Roten Armee erschossen worden waren. Die nationalsozialistische Propaganda schlachtete den grausigen Fund geschickt aus und zerstörte damit das Verhältnis der polnischen Exilregierung zu Moskau vollständig.

Warschauer Aufstand – blutiges Scheitern des Widerstands

So beobachteten die Polen den Vormarsch der Roten Armee ab Juli 1944 auch mit gemischten Gefühlen: Sie fürchteten die Sowjetunion kaum weniger als die Nationalsozialisten und wollten nicht in den Sog der kommunistischen Weltmacht geraten. Entgegen allen Warnungen der Londoner Exilregierung entschloss sich der polnische General Bór-Komorowski daher, Warschau noch vor Ankunft der Sowjets mithilfe der Heimatarmee selbst zu befreien – mit verheerenden Konsequenzen.

Der am 1. August 1944 beginnende Warschauer Aufstand wurde zur größten und blutigsten Schlacht des Zweiten Weltkriegs in Polen. Er dauerte 63 Tage und kostete etwa 200 000 Aufständische das Leben. Hitler befahl, mit äußerster Härte selbst gegen Frauen und Kinder vorzugehen. Wer in die Hände der Nationalsozialisten fiel, wurde erschossen. Die kurz vor Warschau am Ostufer der Weichsel stehende Rote Armee sah unterdessen tatenlos zu und griff nicht ein.

Am 2. Oktober 1944 waren die Deutschen wieder Herr der Lage und nahmen grausame Rache. SS-Sprengkommandos machten die Stadt gezielt dem Erdboden gleich. Als die Rote Armee schließlich im Januar 1945 einmarschierte, war die Hauptstadt Polens eine einzige Trümmerwüste. Auch Danzig, wo der Zweite Weltkrieg seinen Anfang genommen hatte, wurde nahezu völlig zerstört und verlor fast die Hälfte seiner Bevölkerung. Die überlebenden Deutschen flohen vor den heranrückenden Sowjets nach Deutschland, denn durch die Westverschiebung Polens zugunsten der Sowjetunion, die bereits auf den Konferenzen von Teheran 1943 und Jalta 1945 beschlossen worden war, wurde Danzig endgültig polnisch.

Der finnisch-sowjetische Winterkrieg

Nach über dreimonatiger, tapferer Verteidigung musste sich Finnland der sowjetischen Übermacht und den kriegerischen Expansionsplänen Stalins ergeben.

Am 5. Oktober 1939 forderte der sowjetische Außenminister Wjatscheslaw Molotow die Regierung in Helsinki ultimativ auf, eine Delegation nach Moskau zu entsenden, um über den seit 1938 von Moskau gewünschten militärischen Beistandsvertrag sowie die Verpachtung der finnischen Insel Suursaari im Finnischen Meerbusen als russischen Militärstützpunkt zu verhandeln. Finnland wollte die vorgesehene Entsendung sowjetischer Truppen auf sein Gebiet im Fall eines Angriffs von dritter Seite keinesfalls akzeptieren und hatte bisher unter Hinweis auf seine Neutralitätspolitik den Angeboten der Russen widerstanden.

Als aber durch das Geheimprotokoll des deutsch-sowjetischen Nichtangriffspakts vom 23. August 1939 die baltischen Republiken und Finnland der sowjetischen Interessensphäre zugeordnet wurden, erhöhte Moskau den politischen Druck.

Arrogante Forderungen

Molotow konfrontierte den Verhandlungsführer und späteren Staatspräsidenten Finnlands, Juho Paasikivi, am 9. Oktober in Moskau mit einem Forderungskatalog: einem Militärstützpunkt um den Hafen Hanko an der finnischen Südküste, der Verpachtung von

Auf Wache
In einem tief verschneiten Schützengraben hält ein finnischer Soldat Ausschau nach dem Gegner.

Im Wintereinsatz
Am 12. März 1940 standen die Soldaten der sowjetischen 7. Armee mit ihren Skiern vor der finnischen Stadt Wyborg.

Für das Vaterland
Frauen, wie dieses Mitglied der freiwilligen Verteidigungsorganisation Lotta Svärd, unterstützten den Freiheitskampf Finnlands.

mehreren Inseln im Finnischen Meerbusen, der Abtretung eines Teils der Karelischen Landenge sowie der Fischerhalbinsel am Eismeer im Tausch gegen einige kleinere sowjetische Gebiete in Ostkarelien.

Die finnische Regierung unter Ministerpräsident Risto Ryti war allenfalls zu Teilzugeständnissen bereit, berief umgehend mehrere Reservistenjahrgänge zu außerordentlichen Übungen ein und bemühte sich erneut, wenn auch vergeblich, um eine Beistandszusage Schwedens. Am 9. November wurden die finnisch-sowjetischen Verhandlungen ergebnislos abgebrochen.

Heldenhafter Widerstand

Daraufhin fingierte die sowjetische Seite einen Grenzzwischenfall und ließ in einem offiziellen Kommuniqué am 27. November vermelden: „Sonntagnachmittag hat finnische Artillerie in Karelien plötzlich auf sowjetische Truppen das Feuer eröffnet. Drei Soldaten und ein Offizier wurden getötet." Helsinki dementierte sofort und vehement, doch zwei Tage später brach die UdSSR die diplomatischen Beziehungen zu Finnland ab.

Stattdessen ließ Moskau die Waffen sprechen: Am 30. November 1939 griffen vier sowjetische Armeen mit insgesamt 450 000 Mann an. Der Korrespondent der *Neuen Zürcher Zeitung* in Helsinki berichtete am 1. Dezember: „Die russische Kriegsmacht ist sowohl zu Land wie zur Luft als auch zur See gegen Finnland in vollem Einsatz."

Aber der von den Sowjets erwartete kommunistische Aufstand in Finnland blieb aus, während die neun finnischen Divisionen mit ihren 300 000 Mann und 160 veralteten Kampfflugzeugen zähen Widerstand leisteten. Die finnische Verteidigung konzentrierte sich auf die Karelische Landenge und Ladoga-Karelien nördlich des Ladogasees, wo der sowjetische Vormarsch Mitte Dezember an der 125 km breiten Mannerheim-Linie zum Stehen kam. Die nach dem Oberbefehlshaber der finnischen Streitkräfte Generalfeldmarschall Carl Gustaf Freiherr von Mannerheim benannte Festungsanlage bestand aus 96 Betonbunkern, betonierten Maschinengewehrständen und an den Flanken schweren Küstenbatterien.

Die Finnen, taktisch den sowjetischen Soldaten weit überlegen, führten bei Eis, Schnee und tiefen Temperaturen einen erfolgreichen Kleinkrieg gegen die ohne Winterausrüstung und nur mit schwacher Panzerunterstützung angetretenen sowjetischen

Truppen. Insgesamt vier sowjetische Divisionen wurden eingekesselt und völlig aufgerieben. Moskaus Luftwaffe beherrschte zwar den Luftraum, aber die widrigen Wetterverhältnisse schränkten sie in ihrer Wirkungskraft erheblich ein. Schon jetzt machten sich die von Stalin veranlassten Säuberungen in der Roten Armee bemerkbar, denen viele höhere, fähige Offiziere zum Opfer gefallen waren.

Der Kampf ist vorbei

Am 7. Januar 1940 übernahm Marschall Semjon Konstantinowitsch Timoschenko den Oberbefehl über die Nord- und Nordwestfront. Er verlegte hunderttausende neue Soldaten an die Front, verstärkte die Artillerie und gruppierte die Angriffskräfte um. Doch auch jetzt benötigte die Rote Armee drei Großoffensiven, um die Finnen zur Aufgabe der Mannerheim-Linie zu zwingen. Oft schlugen 300 000 Granaten pro Tag ein. Ein finnischer Soldat schrieb nach Hause: „Es dröhnte die Erde, es wankte der Wald, Bäume teilten sich, Splitter flogen reihenweise durch die Luft. Wie lange sollten wir standhalten? Wann sollten wir schlafen und wann sterben?“

Die Bemühungen der Finnen um Unterstützung durch die Schweden und Alliierten blieben ohne Erfolg, abgesehen von durch Spenden finanzierte Lebensmittel sowie Rüstungsgüterlieferungen. Großbritannien und Frankreich planten für das Frühjahr 1940 die Entsendung eines kleinen Hilfskorps, von dem sich Helsinki jedoch aufgrund der verzweifelten militärischen Lage Anfang März keine wirksame Hilfe versprechen konnte.

Angesichts der dramatischen Situation entschloss sich Ministerpräsident Ryti zur Annahme der sowjetischen Friedensbedingungen. Am 13. März 1940 trat der Waffenstillstand in Kraft. Er kostete allein die Sowjetunion etwa 280 000 Gefallene und Verwundete, Finnland beklagte fast 24 000 gefallene Soldaten.

Finnland musste erheblichen territorialen Abtretungen zustimmen. Es verlor neben dem auf 30 Jahre verpachteten Stützpunkt Hanko die Karelische Landenge einschließlich der Stadt Wyborg und Gebiete nördlich des Ladogasees, Inseln im Finnischen Meerbusen und Grenzareale in Lappland – zusammen insgesamt 35 000 km². Über 400 000 Finnen flohen aus den Grenzgebieten.

Gut angepasst
Die finnischen Soldaten trugen weiße Tarnanzüge und transportierten ihre Ausrüstung mit Rentierschlitten, wie hier an der Nordfront bei Petsamo.

Wettlauf um Skandinavien

Aus strategischen Gründen setzten Großbritannien und Deutschland alles daran, Norwegen zu erobern.

Was der junge Kommandant des im Dienst der englischen Marine stehenden U-Bootes am Mittag des 8. April 1940 durch sein Periskop erblickte, ließ ihn stutzig werden. Er sollte das Skagerrak, die Meerenge zwischen Norwegen und Dänemark, beobachten und deutschen Erzfrachtern den Weg ins Kattegat und damit in die Ostsee versperren. Der gesichtete deutsche Frachter dampfte allerdings, die Reichsdienstflagge führend, unter voller Fahrt in Küstennähe Richtung Nordwest. Um 11.50 Uhr gab der U-Boot-Kapitän Feuerbefehl. Sein Erstaunen war groß, als die Mannschaft aus dem rasch sinkenden deutschen Schiff die Überlebenden auffischte: Sie trugen deut-

Verlustreiche Schlacht
Bis Mitte April 1940 verloren die Deutschen durch Angriffe der englischen Marine sämtliche bei der Landung in Narvik eingesetzten zehn Zerstörer.

sche Uniformen. Einmal an Land, teilten sie den ebenso überraschten Norwegern mit, sie gehörten zu einem geheimen Vorkommando zur Besetzung ihres Landes.

Winston Churchill, englischer Marineminister, wusste seit langem, dass der 1600 km langen norwegischen Küste eine große strategische Bedeutung für die seit dem Kriegsausbruch gegen Deutschland verhängte Blockade zukam. Hier konnten sich deutsche Transportschiffe, die in den neutralen norwegischen Häfen schwedisches Erz geladen hatten, durch Skagerrak und Kattegat nach Danzig durchschmuggeln. Die auf diese Weise aus Narvik nach Deutschland verschifften 10 Mio. t Erz jährlich bereiteten den Briten erhebliches Kopfzerbrechen.

Bereits im Herbst 1939 hatte Churchill die – völkerrechtswidrige – Verminung der norwegischen Häfen vorgeschlagen. Allerdings vergebens, denn die englische Regierung beschloss lediglich, Pläne zur Verhinderung einer möglichen deutschen Invasion auszuarbeiten.

Warnung der deutschen Abwehr

Etwa gleichzeitig warnte der Chef der deutschen Abwehr, Admiral Wilhelm Canaris, die Seekriegsleitung vor einer militärischen Aktion der Briten. Der Beginn des finnisch-sowjetischen Winterkriegs Ende November 1939 ließ eine Intervention Großbritanniens und Frankreichs zugunsten Finnlands über Norwegen und Schweden befürchten. London favorisierte, so die Information, die Route über Narvik, von dort mit der Eisenbahn über die schwedische Eisenerzstadt Kiruna zum Ostseehafen Luleå. In Norwegen und Schweden stieß dieses Projekt Großbritanniens aber auf heftigen Widerstand.

Nach dem Berlinbesuch von Vidkun Quisling, dem Führer der rechtsnationalistischen Partei Norwegens, Nasjonal Samling, befahl Hitler am 12. Dezember 1939 dem Oberkommando der Wehrmacht, die Besetzung Norwegens zu planen. Die Situation eskalierte, als am 16. Februar 1940 der englische Zerstörer *Cossack* in neutralen norwegischen Gewässern das deutsche Versorgungsschiff *Altmark* aufbrachte, um 300 gefangene englische Handelsmatrosen zu befreien. Bei diesem Angriff starben sieben deutsche Seeleute. Die deutsche Führung wertete diesen Zwischenfall als klares Zeichen, dass London die norwegische Neutralität nicht mehr respektierte. Und tatsächlich: Einen Monat später, am 28. März 1940, entschied der Oberste Alliierte Kriegsrat, die norwegischen Gewässer zu verminen.

Bereits am 21. Februar 1940 beorderte Hitler General Nikolaus von Falkenhorst zu sich, um die Invasion Norwegens endgültig vorzubereiten. Am 1. April ließ er sich über den Stand der Planungen zur „Weserübung Süd“ bzw. „Weserübung Nord“ berichten. Tags darauf setzte er den Angriff auf den 9. April 1940 fest.

Erstes Opfer
Kopenhagen diente der Wehrmacht als Versorgungshafen für den Norwegenfeldzug. Den Kämpfen am 9. April 1940 fielen 16 Dänen zum Opfer, 23 wurden verwundet.
Hintergrund: Für die Teilnahme an der Schlacht von Narvik erhielten deutsche Soldaten diesen Narvikschild.

Aus Gründen der Verteidigung

Erstes Opfer dieses Feldzugs wurde Dänemark, mit dem Deutschland knapp ein Jahr zuvor einen Nichtangriffspakt abgeschlossen hatte. Es fiel geographisch-strategischen Gründen zum Opfer, als am Morgen des 9. April 1940 zwei Infanteriedivisionen und eine Panzerschützenbrigade die jütländische Grenze bei Flensburg überschritten. Gleichzeitig landeten im Hafen der Hauptstadt Kopenhagen deutsche Soldaten. Nach vereinzelten Gefechten und einem Flug deutscher Bomber über Kopenhagen beschloss die Regierung nach Beratung mit König Christian X., die Kämpfe noch am selben Tag einzustellen.

Deutschland begründete den Angriff und die Verletzung der dänischen Neutralität mit

Erzlieferung unterbrochen
Bei den Kämpfen um Narvik wurde auch die Erzverladestation von Narvik im Mai 1940 schwer beschädigt.

dem Versuch Großbritanniens und Frankreichs, eine Hungerblockade gegen die deutsche Bevölkerung zu errichten, indem sie den Handel Deutschlands mit der neutralen Welt unterbänden. Man wolle das Deutsche Reich von seinen nördlichen Erzzufuhren abschneiden und schließlich von seiner Nordflanke her angreifen. Die Verteidigungsmaßnahme Berlins geschehe nicht in feindlicher Absicht, sondern diene nur dazu, strategische Punkte auf dänischem Staatsgebiet zu besetzen, und damit auch dem Schutz des Königreichs Dänemark.

Wettlauf nach Norden

Notgedrungen „akzeptierte" die dänische Regierung „unter Protest" das deutsche Vorgehen, vor allem unter der Zusicherung Berlins, „die territoriale Integrität und politische Unabhängigkeit jetzt und in Zukunft nicht anzutasten". König Christian X. und seine Regierung blieben daher auch im Land und im Amt.

Die Invasion Norwegens gestaltete sich hingegen zum militärischen Wettlauf zwischen Deutschland und Großbritannien. Am 8. April 1940 lief ein englischer Flottenverband in Richtung Nordosten aus. Gleichzeitig dampften die deutschen Truppentransporter samt schweren Einheiten und Zerstörern in höchster Fahrt ihren Zielhäfen in Norwegen entgegen. Die elf Kriegsschiffsgruppen sollten u. a. Narvik, Trondheim, Bergen, Kristiansand, Nyborg und Oslo anlaufen. Der Erfolg des gewagten Unternehmens beruhte auf dem Überraschungsmoment, da die noch in der Aufrüstung begriffene und unerprobte deutsche Kriegsmarine einem offenen Seegefecht mit der englischen Flotte unbedingt ausweichen wollte. Mit fast 900 Flugzeugen unterstützte die deutsche Luftwaffe die Land- und Seestreitkräfte.

Am 9. April um 5.18 Uhr lief die Kriegsschiffgruppe 5 in den 110 km langen Oslofjord ein und kam englischen Einheiten um wenige Stunden zuvor. Ähnliches galt für die anderen Landungsoperationen. Politisch begründete die deutsche Regierung den Angriff auf Norwegen mit denselben Argumenten wie im Fall Dänemarks. Norwegen aber streckte weder die Waffen, noch stand es ohne aktive ausländische Hilfe da. So erlitt die deutsche Marine bei den Landemanövern durch norwegischen Artillerie- sowie englischen Schiffs- und Flugzeugbeschuss schwere Verluste. Zwar hielten die alliierten Verluste den deutschen fast die Waage, doch fielen sie wegen des bestehenden Kräfteverhältnisses und der alliierten Materialüberlegenheit weniger ins Gewicht.

Die Schlacht um Narvik

Besonders heftig umkämpft war die nordnorwegische Hafenstadt Narvik. Die Deutschen nahmen sie zwar ohne einen Schuss ein, wurden aber von englischen Aufklärern bald entdeckt. Gemeinsam mit nachrückenden alliierten Marineverbänden verwickelten

Cleveres Versteck
Im Absatz dieses Stiefels eines norwegischen Widerstandskämpfers befand sich ein Geheimfach zum Transport von Mikrofilmen.

sie die deutschen Soldaten in eine schwere und verlustreiche Schlacht.

Auch in der Umgebung von Narvik kam es zu heftigen Gefechten. Als zwei weitere englische Divisionen, dazu kleinere Kontingente französischer und exilpolnischer Truppen bei Amos und Andalsnes landeten, gingen am 13. Mai 1940 die alliierten Streitkräfte mit 20 000 Mann zum Gegenangriff über. Nun gerieten die deutschen Fallschirm- und Gebirgsjägereinheiten in und um Narvik in arge Bedrängnis, bis sich Ende April die von Oslo nach Norden vorgestoßene 196. Infanteriedivision bei Dombås mit der von Trondheim nach Süden vorrückenden 181. Infanteriedivision vereinigte. Erste norwegische Einheiten kapitulierten, die Briten räumten Andalsnes und Namsos. Nur rund um Narvik hielten die schweren Kämpfe an.

Dann fiel die Entscheidung, allerdings in Frankreich: Nach der panikartigen Flucht der englischen Truppen aus Dünkirchen Anfang Juni brach das englische Oberkommando die Kämpfe in Norwegen ab und begann das alliierte Expeditionskorps einzuschiffen. Zwei Tage später stellte die norwegische Armee ihren aussichtslosen Kampf gegen die Wehrmacht ein und kapitulierte. Bereits am 7. Juni hatte sich König Haakon VII. mit seiner Familie und der norwegischen Regierung auf einem englischen Kriegsschiff ins Exil nach London begeben. Von hier aus organisierte der Monarch den Widerstand gegen die deutsche Besatzung.

Kollaboration und Widerstand

Die Nationalsozialisten setzten Josef Terboven in Norwegen als deutschen Reichskommissar ein. Er verfügte die Abschaffung der Monarchie und die Auflösung des Parlaments. Die politischen Parteien wurden verboten und aufgelöst, bis auf die faschistische Nasjonal Samling. Ihr Führer Quisling proklamierte sich mit deutscher Billigung zum Regierungschef und arbeitete eng mit der Besatzungsmacht zusammen. Sein Name wurde zum Synonym für Kollaboration. Die überwiegende Mehrheit der Bevölkerung verachtete die Quisling-Regierung. Viele Norweger schlossen sich dem Widerstand gegen die deutschen Besatzer an.

Beutestück
Französische Fremdenlegionäre zeigen einem Fotografen voller Stolz eine bei den Kämpfen um Narvik erbeutete deutsche Hakenkreuzfahne.

Der „Fall Gelb" – das Ende Frankreichs

In nur sechs Wochen eroberte und besetzte Deutschland das Nachbarland Frankreich. Damit war der Mythos vom deutschen Blitzkrieg geboren.

Irgendjemand auf der anderen Seite hatte einen Rundfunkempfänger aufgestellt. Jetzt dröhnte die *Marseillaise* herüber, die französische Nationalhymne. Die deutschen Landser feuerten eine Maschinengewehrsalve in den Himmel, um die Übertragung zu stören. *À la porte, les boches!* – „Verschwindet, ihr Holzköpfe!", gröhlte es zurück.

Auf Rufweite lagen sich deutsche und französische Soldaten in ihren Schützengräben gegenüber, seit Monaten schon. Aber außer dem Austausch von Beleidigungen und Schmähungen hatten sie sich noch nicht viel angetan. Im schlimmsten Fall warf die eine Seite mal mit faulen Kartoffeln. Als *drôle de guerre* oder „seltsamen Krieg" bezeichnete man später diese fast sieben Monate anhaltende Phase des Krieges zwischen Deutschland und Frankreich, in der die Truppen ihre geruhsamen Tage mit Beschimpfungen, Propaganda und gegenseitigem Belauern füllten.

ERFOLGREICHER BLITZKRIEG

Doch Anfang Mai 1940 war es vorbei mit der Ruhe. Der deutsche Frankreichfeldzug begann mit einer Macht, Gewalt und Schnelligkeit, wie es die Welt noch nie erlebt hatte, und die deutsche Armee überrollte die völlig falsch aufgestellten Franzosen. Kaum sechs

Die neuen Herren
Hitler nahm nach Ende des Frankreichfeldzugs höchstpersönlich Besitz von Paris. Vor dem Hintergrund des Eiffelturms ließ er sich ablichten. In seiner Begleitung waren Albert Speer (links von ihm) und der Bildhauer Arno Breker (rechts von ihm).

Wochen später war Frankreich geschlagen, und Adolf Hitler feierte seinen Triumph im besetzten Paris. Dieser rasche Sieg überraschte niemanden mehr als die beteiligten deutschen Generäle. Monatelang hatten sie Hitler abgeraten, Bedenken aller Art vorgetragen, seine bereits erlassenen Angriffsbefehle storniert und mit Fleiß hintertrieben.

Hitlers Angriffsplan, ausgearbeitet von Generaloberst Erich von Manstein, sah einen sichelschnittartigen Vorstoß über Sedan zur Mündung der Somme vor und erhielt deshalb den Tarnnamen „Sichelschnitt". Hinter diesem Plan steckte die Idee, die mit Bunkeranlagen stark befestigte Maginotlinie zu umgehen und dabei die französischen Kräfte in eine Nord- und eine Südgruppe zu spalten. Zwei militärische Wagnisse mussten gelingen, damit der Plan aufging: Es galt, die in Nordfrankreich stehenden alliierten Truppen schnell einzukesseln und gleichzeitig quer durch die Ardennen den französischen Hauptstreitkräften in den Rücken zu fallen. Beides schien im strategischen Verständnis jener Zeit eigentlich unmöglich, denn die Umsetzung des Planes würde einerseits die Neutralität der Benelux-Staaten verletzen, andererseits hielt die Generalität den Ardennenfeldzug wegen der dortigen schwierigen Topografie für undurchführbar. Hitler wagte es trotzdem.

GEMEINER ÜBERFALL

Ohne Kriegserklärung überfielen die deutschen Truppen am 10. Mai die drei Benelux-Staaten. Luxemburg leistete überhaupt keinen Widerstand. Die Niederlande, die immerhin über neun Divisionen und eine kleine Flugzeugflotte verfügten, hielten fünf Tage lang stand. Gemäß Hitlers Absichten besetzten kleine Fallschirmkommandos die strategisch wichtigen Brücken im Feindesland, um ihre Sprengung zu verhindern. Schon am vierten Kriegstag verschanzte sich die Armee der Niederlande in den Befestigungen rund um Amsterdam, Utrecht und Rotterdam, die als „Festung Holland", als letzte Verteidigungslinie galten. Da die Einnahme dieser Festung durch Panzerverbände den Zeitplan durcheinander gebracht hätte, erteilte Hitler Befehl zur massiven Bombardierung Rotterdams. Daraufhin warfen 57 deutsche Kampfbomber am 14. Mai über 90 t Bomben über der Altstadt von Rotterdam ab, obwohl die Kommandeure bereits über eine friedliche Übergabe verhandelten. 25 000 Gebäude brannten aus, 80 000 Menschen wurden obdachlos. Die Niederlande kapitulierten.

Alliierte Anstrengung
Auch englische Soldaten beteiligten sich an der Verteidigung Frankreichs. Ihnen oblag der Schutz des Forts von Sainghain, einer Befestigungsanlage der Maginotlinie in Belgien.

Anschließend stießen die deutschen Panzerverbände in atemberaubender Geschwindigkeit nach Belgien vor. Drei Tage später hatten sie bereits Lüttich, Brüssel und Antwerpen besetzt, nach weiteren acht Tagen das ganze Land.

Jetzt erst dämmerte den Alliierten, dass dieser Überfall gar nicht die Hauptaktion des deutschen Angriffs bildete. Doch es war zu spät, die Truppen umzudirigieren, denn längst schon hatten 45 deutsche Divisionen, angeführt von den Panzerdivisionen des Gene-

Hals über Kopf
Von Dünkirchen gelang englischen und französischen Verbänden in letzter Sekunde die Flucht. So bildeten englische Soldaten bei ihrer Evakuierung eine Kette im Wasser.

rals Heinz Guderian, die Ardennen durchquert und die Maas erreicht. Ungeschützt stand ihnen nun das gesamte französische Hinterland offen.

Ein derartiger Vorstoß durch unwegsames und dicht bewaldetes Gebirge wurde bis dahin für unmöglich gehalten. Guderian jedoch räumte radikal mit überkommenen Strategievorstellungen auf. Er ließ die Panzerverbände unabhängig von den anderen Truppenteilen bis weit hinter die feindliche Front vordringen. Dann rückten die langsameren Heeresteile nach und sicherten die eroberten Räume ab. Die auf Geschwindigkeit und Reichweite angelegten 2500 deutschen Panzer mit ihrer vergleichsweise schwachen Bewaffnung erwiesen sich als geeignetes Instrument für diese Taktik. Der entscheidende Nachteil der 3700 französischen Panzer war ihre Unbeweglichkeit, wegen ihres hohen Gewichts kamen sie kaum voran.

Zusammenspiel der Kräfte

Unterdessen gelang es den Kampfbombern der deutschen Luftwaffe erfolgreich, die feindlichen Reserven zu binden und hinter den Linien des Feindes für Unruhe zu sorgen. Als hoffnungslos unterlegen zeigten sich nun die gut 500 Maschinen der französischen Luftwaffe, sie wurden von den mehr als 1000 modernen deutschen Jagdflugzeugen und Kampfbombern in kurzen und ungleichen Luftkämpfen abgeschossen oder bereits in den Hangars am Boden zerstört.

Schon am 20. Mai erreichten Guderians Panzerverbände die französische Kanalküste. Auch in Belgien trafen die deutschen Armeen auf wenig Widerstand. Mehrere hunderttausend französische und englische Soldaten in Flandern und längs der belgisch-französischen Kanalküste drohten abgeschnitten und eingekesselt zu werden.

Alliierte Flucht über Dünkirchen

In seinem Tagebuch notierte Guderian: „Das Gelingen des Durchmarschs kommt mir wie ein Wunder vor." Und da auch Hitler und sein Generalstab dem Kriegsglück noch nicht trauten, verfügte Hitler am 24. Mai einen Haltebefehl, der den deutschen Panzern das weitere Vorrücken untersagte.

Diesen gravierenden militärischen Fehler nutzten die bereits abgeschnittenen alliierten Truppen, um sich über den letzten noch offenen Hafen in Dünkirchen schleunigst einzuschiffen und Richtung Großbritannien in Sicherheit zu bringen. Etwa 335 000 alliierte Soldaten entgingen so der deutschen Gefangenschaft. Waffen, Munition und Fahrzeuge mussten sie allerdings zurücklassen.

Zwei Tage später, am 5. Juni, begann der zweite Teil des Frankreichfeldzugs, und bald wurde klar, dass sich die Eroberung und Besetzung des Landes nicht mehr verhindern ließ. Die französische Regierung floh aus Paris nach Bordeaux. Als die französischen Truppen östlich von Paris vom Nachschub abgeschnitten waren, gaben sie ihre Verteidigungslinien an der Somme und Aisne auf. Am 14. Juni besetzten deutsche Truppen Paris. Frankreich befand sich in Auflösung. Der zum Statthalter des Krieg führenden Frankreich ernannte General Charles de Gaulle setzte sich nach Großbritannien ab, Premierminister Paul Reynaud erklärte seinen Rücktritt, und Staatspräsident Albert Lebrun beauftragte den bereits 84-jährigen General Philippe Pétain mit der Bildung einer Regierung.

Die Regierung Pétain kapituliert

Am 17. Juni gab Pétain den französischen Truppen den Befehl, die Waffen niederzulegen. Dennoch gelang es in den Tagen danach einigen Verbänden, mithilfe der englischen

Marine das Land zu verlassen und nach Großbritannien zu fliehen. Dort organisierte de Gaulle bereits die Fortsetzung des Kampfes. In seiner berühmten Rundfunkansprache, dem *Appel du 18 juin,* forderte er die Franzosen zum erbitterten Widerstand gegen die deutschen Besatzer auf.

Am 22. Juni trafen sich die Vertreter des geschlagenen Frankreich und die deutschen Sieger zur Besiegelung des Waffenstillstands im Wald von Compiègne. Hitler persönlich hatte diesen Platz ausgewählt, da dort nach dem Ersten Weltkrieg die Deutschen kapitulieren mussten. Er ließ sogar aus dem Museum von Compiègne jenen Eisenbahnwagen holen, in dem damals die demütigende deutsche Kapitulation besiegelt wurde. Mit dieser Symbolik wollte er die „Schmach" des Versailler Vertrags tilgen. Internationale Pressevertreter, die auf Hitlers Einladung dem historischen Akt beiwohnten, beschrieben übereinstimmend, mit welcher äußeren Verachtung und Herablassung Hitler gegenüber den Franzosen auftrat.

HINTERGRUND

Muster ohne Wert – die Maginotlinie

Ein Bollwerk aus Bunkern, Wällen und Schützenstellungen entstand zwischen 1932 und 1939 von Basel bis Sedan und sollte Frankreich vor Angriffen aus Deutschland schützen. 21 Divisionen wurden für die Bewaffnung und den Betrieb des 314 km langen Verteidigungswerks benötigt. Diese fehlten 1940 dann draußen auf dem Feld bitter.

Die Idee zu diesem Verteidigungssystem stammte vom Verteidigungsminister André Maginot. Nach der Kapitulation des französischen Oberkommandos fielen die Bunker der deutschen Wehrmacht nahezu widerstandslos in die Hände.

Inhaltlich gab sich der siegreiche Führer aber konziliant. Frankreichs Norden wurde einem deutschen Besatzungsregime unterstellt, Elsass und Lothringen wurden annektiert. Der Süden erhielt unter der so genannten Vichy-Regierung eine begrenzte Selbständigkeit zugebilligt, die auch die Verfügungsgewalt über die noch nahezu vollständige französische Kriegsflotte umfasste. Das französische Kolonialreich blieb unangetastet, sehr zum Unmut des italienischen Bündnispartners Mussolini, der sich gerne an der Kriegsbeute bereichert hätte.

Aber Hitler wollte demonstrieren, dass ihm nicht an einer Zerschlagung Frankreichs gelegen war. Er hoffte noch immer darauf, dass sein überwältigender Sieg in Frankreich Großbritannien zum Einlenken bewegen würde. Nur wenn sich das Inselreich aus dem Krieg im Westen heraushielt oder zurückzog und sich ein gütliches Auskommen finden ließ, hatte Hitler freie Hand für all seine weit reichenden Eroberungspläne im Osten.

Auf der Flucht
Zahlreiche Franzosen flohen in Panik vor den anrückenden Deutschen nach Süden. Wer konnte, lud sein Hab und Gut in und auf sein Auto.

Vichy und die Résistance

Nach der Niederlage verwaltete das Vichy-Regime unter Pétain den Süden Frankreichs. Widerstandsgruppen wehrten sich überall im Land gegen die Vorherrschaft der Deutschen.

Langsam fuhr der Zug am 24. Oktober 1940 in den Bahnhof von Montoire-sur-le-Loir ein. Im Salonwagen saß ein hoher Gast: Adolf Hitler war auf dem Rückweg von einem Besuch des spanischen Diktators Francisco Franco, und im französischen Zwischenstopp wollte er den Staatschef Frankreichs, Marschall Philippe Pétain, treffen. Der Bahnhof lag außerhalb der Stadt, und in der Nähe gab es einen Tunnel – als Schutz im Fall eines englischen Luftangriffs.

Am Abend reichten sich Pétain und Hitler die Hände, wie es das Protokoll vorsah. Der Sieger sprach mit dem Besiegten. Nach der Niederlage Mitte Juni 1940 war Frankreich zweigeteilt, und in der unbesetzten südlichen Zone regierte Pétain mit seinem Stellvertreter Pierre Laval über rund 40 % des ehemaligen Staatsgebiets.

Der 84-jährige Pétain galt aufgrund seiner Erfolge im Ersten Weltkrieg als Nationalheld. 1934 wurde er Kriegsminister, im

Händedruck nach Protokoll
Pétain stimmte in Montoire-sur-le-Loir zwar der Kollaboration zu, weigerte sich aber, aufseiten der Nationalsozialisten gegen Großbritannien zu kämpfen.

März 1939 ging er als Botschafter Frankreichs nach Spanien. Der 1883 geborene Laval saß seit 1914 in der Nationalversammlung. Er hatte in verschiedenen Kabinetten als Justiz-, Arbeits- und Außenminister gedient, war 1931 und 1935 auch Ministerpräsident.

Das Ende der Republik

Am 22. Juni hatte die Regierung Pétain mit Deutschland einen Waffenstillstand geschlossen, der u. a. die Zahlung der Besatzungskosten von täglich 20 Mio. Reichsmark vorsah. Eine Woche später zog die zunächst nach Bordeaux geflohene Regierung nach Vichy um. Das Heilbad bot mit mehr als 300 Hotels genügend Unterkünfte. Am 10. und 11. Juli stattete die im Kasino der Stadt tagende Nationalversammlung mit 85 % der Stimmen Pétain mit unbeschränkten Machtbefugnissen aus. Zugleich wurde die Verfassung außer Kraft gesetzt. Frankreich bezeichnete sich nun als État Français – als „Staat" und nicht mehr als Republik.

Während Hitler in Montoire-sur-le-Loir Unterstützung für seine Eroberungspläne in Nordafrika suchte, wollte Pétain die Unabhängigkeit des unbesetzten französischen Staates erhalten und erhoffte Rückhalt gegen die Briten im Kampf um die Kolonien. Ein weiteres Anliegen war die Rückkehr von rund 2 Mio. französischen Kriegsgefangenen.

Pétains Politik der Kollaboration

Am 30. Oktober erfuhren die Franzosen durch eine Rundfunkansprache Pétains vom Ergebnis des Treffens: „Diese erste Zusammenkunft zwischen dem Sieger und dem Besiegten markiert die Wiederaufrichtung unseres Landes. Freiwillig habe ich mich auf Einladung mit dem Führer getroffen. Ich habe kein Diktat und keinen Druck von ihm erhalten. Die Kollaboration ist zwischen unseren beiden Ländern in Betracht gezogen worden. Ich habe das Prinzip akzeptiert … Dies ist meine Politik. Die Geschichte wird mich allein dafür beurteilen."

Innenpolitisch setzte Pétain auf ein Reformprogramm, das er als „nationale Revolution" verstanden wissen wollte. Statt „Freiheit, Gleichheit, Brüderlichkeit" hieß die Parole nun „Arbeit, Familie, Vaterland".

Widerstand formiert sich
Seit 1940 bekämpften Partisanen in Paris und ganz Frankreich die deutschen Besatzer. Ihre Gruppen waren anfangs völlig zersplittert.

Der Unwille wächst

Die Gründung von Arbeitslagern für die Jugend und der Fremdenlegion am 29. August 1940 gehörte ebenso zum Konzept wie ein neues Arbeitsgesetz vom 4. Oktober 1941. In der Industrie trieben ab August 1940 Organisationskomitees die wirtschaftliche Kollaboration voran. Unzählige Betriebe produzierten vornehmlich für Deutschland. Die Stahlwerke arbeiteten zu 100 % für den deutschen Bedarf, Chemieunternehmen zu 70 % und Gummibetriebe zu 65 %. Ein Arbeitsdienst, der Service du Trvail Obligatoire, rekrutierte Arbeitskräfte, die in Deutschland schuften mussten. Unter diesen Umständen wandten sich 1941 immer mehr Franzosen vom Vichy-Regime ab und schlossen sich der Widerstandsbewegung, der Résistance, an.

Am 12. August 1941 versuchte Pétain noch einmal, die Bevölkerung für seine Ziele

Propaganda auf Hochtouren
Mit Flugblättern versuchten beide Seiten, die Bevölkerung für ihre Sache zu gewinnen. Für die Vichy-Regierung waren die Partisanen schlicht Kommunisten.

Held des Untergrunds
Jean Moulin war im französischen Untergrund auch unter den Decknamen „Rex" und „Max" bekannt.

zu gewinnen: „In mehreren Regionen Frankreichs fühle ich, wie seit einigen Wochen ein widriger Wind aufkommt ... Die Kollaboration, die im Oktober 1940 vom Kanzler des Deutschen Reiches angeboten wurde..., ist ein Werk für die Zukunft, das noch nicht alle seine Früchte tragen konnte." Der deutschen Führung ging die Kollaboration Vichys hingegen nicht weit genug. Als loyalster Vertreter einer Annäherung an Berlin war Laval Mitte Dezember 1940 entlassen worden. Nun, im April 1942, wurde er auf Druck der Deutschen neuer Ministerpräsident.

Für den von Pétain angesprochenen „widrigen Wind" sorgten die Partisanen der Résistance. Von London aus baute General Charles de Gaulle die Institutionen eines Freien Frankreich auf. Der aus Lille stammende de Gaulle hatte wie Pétain die Militärschule von Saint-Cyr besucht. Im Ersten Weltkrieg mehrmals verwundet, leistete er 1940 den vordringenden Deutschen heftige Gegenwehr. Am 6. Juni 1940 ernannte ihn Premierminister Reynaud zum Staatssekretär und betraute ihn mit den Beziehungen zu Großbritannien. Dorthin floh er, als die Niederlage sich abzeichnete und er den Waffenstillstandsvertrag nicht akzeptieren konnte.

De Gaulle in London

Neben dem Komitee Freies Frankreich schuf de Gaulle die FFL, die Freien Französischen Streitkräfte. Über Rundfunkansprachen aus London appellierte er leidenschaftlich an den Widerstandsgeist seiner Landsleute und unterstützte von der englischen Hauptstadt aus die Aktionen der Résistance in Frankreich mit ihren vielen Gruppen. So hatte sich ein Kreis auf die Sabotage von Bahnlinien spezia-

Erfolg der Résistance
Bei einem Sabotageakt sprengten französische Partisanen einen Teil der Eisenbahnbrücke bei Villars-en-Pons. Sie wollten damit die deutschen Nachschubwege blockieren.

lisiert. Den Widerstandskämpfern mangelte es nicht an Munition, und der Verfolgung entzogen sie sich durch ständig wechselnde Quartiere. 1941 gipfelten die Sabotageakte auf Eisenbahn- und Telegrafenlinien in einem blutigen Herbst, denn die Deutschen reagierten mit großer Brutalität: Zahlreiche Verdächtige wurden hingerichtet.

EIN MANN DES WIDERSTANDS

Als Stellvertreter de Gaulles in Frankreich gelang Jean Moulin im Januar 1943 die Vereinigung der wichtigsten Widerstandsbewegungen in Vichy-Frankreich. Der ehemalige Präfekt von Chartres schloss sich nach dem deutschen Einmarsch der Résistance an und gelangte mithilfe von US-Diplomaten nach London, wo er de Gaulle traf. Mit dem Fallschirm sprang er dann wieder über seiner Heimat ab – ausgestattet mit dem nötigen Geld für den Widerstandskampf.

Die Autorität de Gaulles blieb auch in der vereinten Résistance unumstritten. Seit Mai 1943 sorgte ein Rat für die Koordination der Aktionen. Als Moulin am 21. Juni 1943 von der Gestapo verhaftet wurde und wenig später beim Weitertransport starb, hatte sich die Résistance längst zu einer schlagkräftigen Bewegung entwickelt, die immer breitere Unterstützung bei der Bevölkerung fand. Denn die Franzosen bekamen die Repressalien der Nationalsozialisten und der kollaborierenden französischen Ordnungskräfte immer härter zu spüren. Längst hatte sich das Vorgehen von Polizei und SS zum Terror gegenüber der Bevölkerung ausgeweitet, zu dessen schlimmsten Auswüchsen das Massaker von Oradour-sur-Glane 1944 gehörte.

FRANKREICHS JUDEN

Schon bald nach der deutschen Invasion begann auch in Frankreich die Judenverfolgung. Ab September 1940 wurden alle Personen jüdischen Glaubens im Land registriert. So genannte Judenstatute schlossen sie vom wirtschaftlichen, politischen und sozialen Leben Frankreichs aus, auch der Judenstern wurde eingeführt. 1942 verstärkte Berlin den Druck auf die Regierung von Vichy, die „Judenfrage zu lösen". Insgesamt wurden rund 76 000 Juden aus Frankreich deportiert, zum größten Teil nach Auschwitz – geradewegs in den Tod.

ZEITZEUGEN

Das SS-Massaker von Oradour-sur-Glane

„Kurz nach 4 Uhr stürmten die SS-Männer in den Ort und trieben die Einwohner auf dem Marktplatz zusammen", erzählten die wenigen Überlebenden später. Die SS-Einheit, die sich auf dem Rückzug befand, rächte sich am 10. Juni 1944 an den unschuldigen Bewohnern für einen Partisanenanschlag.

Frauen und Kinder wurden von den Männern getrennt und in die kleine Kirche getrieben. Mitten in die Menge stellten sie eine Kiste Munition. Die Explosion ließ den Kirchturm einstürzen, das Mauerwerk stürzte auf die Opfer. Wahllos feuerten die Deutschen dann mit Gewehrsalven und Granaten auf die Opfer. Dann warfen sie Strohballen in das Gebäude, um das Feuer zu schüren. Es gab kein Entkommen. Unter den 642 Getöteten befanden sich 254 Frauen und 207 Kinder. Nur sechs Dorfbewohner überlebten.

Ein Ort wird ausgelöscht
Von dem Dorf Oradour-sur-Glane blieben nur Ruinen übrig.

ABRECHNUNG MIT VICHY

Am 11. November 1942 drangen deutsche Truppen- und Panzerverbände unter dem Kommando des Generals Johannes Blaskowitz bis zur Mittelmeerküste vor. Mit der Besetzung Vichy-Frankreichs reagierte Berlin auf die Landung der Alliierten in Nordafrika. Formal existierte das Vichy-Regime zwar weiter, faktisch aber stand Laval nur noch einer Marionettenregierung vor. Das Sagen hatten die deutschen Kommandanten und vor allem die SS.

Zweieinhalb Monate nach der Invasion der Alliierten in der Normandie, im Juni 1944, und eine Woche nach dem Aufstand der Résistance in Paris erreichten US-Einheiten und Truppen de Gaulles die französische Hauptstadt. Man schrieb den 25. August 1944. Das Vichy-Regime war am Ende. Nach dem Krieg wurden Pétain und Laval von einem französischen Kriegsgericht zum Tod verurteilt. Während de Gaulle Pétain zu lebenslanger Haft begnadigte, wurde Laval hingerichtet.

Die Luftschlacht um England

In lediglich vier Wochen wollte Hitler die Lufthoheit über Großbritannien erringen, um dann über die Insel herzufallen. Doch die Luftschlacht geriet zur ersten Niederlage Hitlers.

Die Flugzeuge schienen klein wie Mücken, zahlreiche kleine, glitzernde Punkte droben am Himmel über dem Ärmelkanal. Die Besatzungen der englischen Frachtschiffe, die im Konvoi durch den Kanal zogen, reckten die Hälse und starrten angestrengt nach oben.

Plötzlich spuckte der aus dem Osten aufgetauchte Schwarm Feuer und Rauch. Man hörte den Kampflärm bis auf die Decks der Schiffe, obwohl die deutschen und englischen Jagdflugzeuge mit bloßem Auge kaum zu unterscheiden waren. Eine Explosion zerriss den Himmel. Dann trudelte im hilflosen Taumel eines der Flugzeuge schwer getroffen in die Tiefe, eine stinkende schwarze Rauchfahne hinter sich herziehend. Die Matrosen brachen in Jubel- und Hurrarufe aus, denn offenbar hatte ein englischer Spitfire-Pilot ein deutsches Messerschmitt-Jagdflugzeug abgeschossen.

Im Juli 1940 waren solche Luftkämpfe über dem Ärmelkanal an der Tagesordnung. Die deutsche Luftwaffe testete die Kampfkraft der RAF, der Royal Air Force. Sie griff mit kleinen Dornier-Bomberstaffeln und Messerschmitt-Jagdflugzeugen den englischen Schiffsverkehr im Ärmelkanal an, um damit die englische Luftabwehr herauszufordern. Diese Sondierungsgefechte dienten dem geplanten Luftangriff auf Großbritannien, der mit Bombenangriffen auf London und andere Großstädte bald in seine heiße Phase gehen sollte.

Englische Abfangjäger
Die englischen Jagdflugzeuge flogen oft in starren Dreierketten. Damit waren sie anfangs leichte Beute für die lockeren und beweglichen Formationen der deutschen Luftstaffeln.

Falsche Einschätzung

Die deutsche Luftwaffe wähnte sich überlegen, versenkte sie doch zahlreiche Schiffe, sodass die englische Admiralität den Frachtverkehr im Kanal bald ganz einstellen ließ. Dass auch die Briten aus diesen Gefechten schnell lernten und sich umstellten, dass Spitfire- und Hurricane-Flugzeuge in niedrigen Höhen gleichwertig bis überlegen waren, dass die RAF in dieser Phase längst nicht ihre wahre zahlenmäßige Stärke zeigte und dass sie vor allem noch den Trumpf des neu entwickelten Radarfrühwarnsystems in der Hinterhand hatte, all dies unterschätzte oder ignorierte die deutsche Seite. Stattdessen versprach Reichsmarschall Hermann Göring, man werde die feindliche Luftwaffe in maximal vier Wochen niederkämpfen.

Als in Großbritannien im Mai 1940 der entschlossene Winston Churchill den zögerlichen Neville Chamberlain als Premierminister ablöste, musste Hitler einsehen, dass er Großbritannien weder umstimmen noch besänftigen konnte, sondern besiegen musste. Zum Zeichen seiner Entschlossenheit ließ

Ein deutscher Heinkelbomber He111 lädt über London seine tödliche Fracht ab.

Churchill durch die englische Marine alle französischen Kriegsschiffe, die sich nach Frankreichs Kapitulation noch in englischen Gewässern befanden, kapern und versenken. Auch die Schiffe in Frankreichs Kolonialhäfen in Nordafrika oder Westindien ließ er beschießen und nahm dabei den Tod von fast 1300 französischen Seeleuten in Kauf. Die Flotte sollte auf keinen Fall den Nazis in die Hände fallen.

Hitler lernte hier eine bittere Lektion, denn bis dahin hatte ihn sein verächtliches Urteil über die „schwachen und kraftlosen“ Demokratien des Westens, denen man nach Belieben auf der Nase herumtanzen konnte, nie getrogen. Churchill hielt mit seiner berühmten Rede vor dem Unterhaus am 19. Mai dagegen, als er sagte: „Krieg gegen eine monströse Tyrannei, wie sie nie übertroffen wurde im finsteren Katalog der Verbrechen der Menschheit, kann nur mit einem Sieg um jeden Preis beendet werden.“ Im Nachhinein galt vielen Churchills kategorisches „Nein“ zu allen deutschen Annäherungsversuchen deshalb auch als die größte moralische Tat des Zweiten Weltkriegs.

Moderne Luftabwehr
In Deutschland wusste niemand, wie groß die Kampfkraft der englischen Luftabwehr war. Die Spionage lieferte nur unzureichende oder falsche Informationen. Die modernen englischen Flakgeschütze holten deutsche Bomber reihenweise vom Himmel.

Ohne Lufthoheit keine Invasion

Hitler sah sich gezwungen, Invasionspläne gegen Großbritannien zu schmieden. Bevor er es wagen konnte, mit Bodentruppen anzugreifen, musste er aber die Lufthoheit erringen. Von den Erfolgen der Luftwaffe im Polen- und Norwegenfeldzug sowie von Görings euphorischen Annahmen über die deutsche Überlegenheit gespeist, entstand der Operationsplan „Adlerangriff“. Danach sollten innerhalb von vier Tagen alle küstennahen Stützpunkte und die englische Luftüberwachung ausgeschaltet und innerhalb von vier Wochen alle wichtigen Flugzeugfabriken und Flugplätze zerstört werden.

Die deutsche Luftwaffe verfügte zu Beginn des Krieges über rund 4000 Kampfflugzeuge und wollte den Sieg über Großbritannien mit drei Fünfteln der gesamten verfügbaren Kräfte erreichen. Eine Luftstaffel unter dem Oberbefehl von General Albert Kesselring sollte Südostengland und London angreifen, eine zweite unter dem Kommando von General Hugo Sperrle sollte den Westen und Nordwesten des Landes bombardieren, und eine dritte Staffel unter General Hans-Jürgen Stumpff sollte vom besetzten Norwegen aus den gesamten Norden Großbritanniens, einschließlich Schottland, unter Beschuss nehmen.

Wer hat die beste Strategie?

Jeder der drei Kommandeure hatte seine eigene Vorstellung davon, wie er die ihm gestellte Aufgabe militärisch lösen wollte. Kesselring wollte beispielsweise sofort London bombardieren, um die Bevölkerung unter Druck zu setzen. Sperrle plädierte dafür, erst die Fliegerhorste anzugreifen. Das Oberkommando in Berlin bestand aber auf einer gemeinsamen Strategie und nahm damit dem deutschen Angriff die nötige Flexibilität.

Frauen im Einsatz
Mit Werbeplakaten warb die englische Luftwaffe Frauen als Freiwillige für die WAAF, die Women's Auxiliary Air Force, an. Dort wurden sie vor allem in der Flugabwehr eingesetzt.

London hatte den Luftkrieg längst erwartet und sich strategisch dafür gerüstet. Die monatliche Produktion von Jagdflugzeugen betrug im Sommer 1940 bereits 440 Stück und war damit doppelt so hoch wie im Deutschen Reich. Das englische Luftverteidigungssystem hatte der Oberkommandierende der RAF, Marschall Hugh Dowding, ersonnen. Er teilte den englischen Luftraum in vier Zonen mit verschiedenen Sektoren und Untersektoren. Jeder Sektor unterstand einer eigenen Befehlszentrale, die jeweils autark über eigene Radarstationen und Luftraumbeobachter verfügte. Die Informationen und Aktivitäten aller Sektoren liefen zentral im Hauptquartier der Luftwaffe zusammen, wo sie sofort ausgewertet, beurteilt und in den Gesamtzusammenhang gestellt wurden. Von dort aus lotste man die Abfangjäger mithilfe von Sprechfunk direkt gegen den Feind. Dass dieses Abwehrsystem effektiver und flexibler funktionierte als die statische deutsche Angriffsmaschinerie, sollte sich bald erweisen.

Ungleiche Kräfteverhältnisse

Zunächst aber sprachen die Zahlen noch für Deutschland. Während die deutsche Luftwaffe monatlich etwa 800 neue Piloten ausbildete, waren es in Großbritannien nur 200, weil es an Schulungsflugzeugen fehlte. Den Mangel an ausgebildeten Kampffliegern glich die RAF aus, indem sie im Lauf der Kämpfe fast 500 freiwillige kanadische, polnische, französische, australische, neuseeländische und tschechoslowakische Piloten in ihre Cockpits setzte. Die drei deutschen Luftflotten, die für den Angriff auf Großbritannien bereitstanden, umfassten im Juli 1940 über 1580 Bomber sowie 800 einmotorige und 300 zweimotorige Jagdflugzeuge. Demgegenüber brachte die RAF lediglich 500 Bomber und knapp 800 Jagdflugzeuge in die Luft, darüber hinaus einige Versorgungs- und Aufklärungsflugzeuge.

Die Operation „Adlerangriff" startete am 12. August. Mit mehr als 200 Bombern unternahm die deutsche Luftwaffe einen ersten Großangriff auf englische Stützpunkte und Marineeinrichtungen, viele weitere ähnliche Großangriffe in den nächsten Tagen und Wochen folgten. Trotz schlechter Sichtverhältnisse, Nebel und Regenschauern, flogen die deutschen Angreifer fast 1500 Einsätze.

Schwachstellen der deutschen Luftwaffe

Schnell offenbarten sich dabei auch die Schwächen der deutschen Luftwaffe. So verfügte das einmotorige Messerschmitt-Jagdflugzeug, das die Bomber begleiten und beschützen sollte, nur über eine geringe Reichweite. Entsprechend knapp war deshalb auch der Aktionsradius der Bomber, wollte man sie nicht ohne Schutz operieren lassen. Es reichten die Spritkapazitäten der Jagdflugzeuge gerade aus, um nach dem Anflug etwa 20 Minuten über London zu operieren, dann mussten sie umkehren. Manchmal erreichten sie mit dem letzten Tropfen gerade noch die französische Kanalküste. Oft genug endete der Kampfeinsatz aber auch wegen Spritmangels in den Fluten des Ärmelkanals. Kampfeinsätze von Frankreich nach London hießen deshalb bei den deutschen Piloten „die große Angstschleife".

Tödliche Waffe
Unter dem Bugbereich des deutschen Bombers Junkers Ju 88 ist im Auge der Bodenwanne die Optik des Bombenzielgeräts zu erkennen.

Flucht aufs Land
Um dem Bombenterror in den Städten zu entgehen, evakuierte man die Schulkinder mit Bussen aufs Land. Ihre wenige Habe war in Papiertaschen oder Kartonkoffern verstaut.

Der deutsche Sturzkampfbomber Junkers Ju 87, der Stuka, der bei den Angriffen auf Polen und Frankreich noch für Angst und Schrecken gesorgt hatte, erwies sich über Großbritannien als ungeeignet. Denn für die beweglicheren englischen Jagdflugzeuge war der Stuka ein wehrloses Opfer, wenn ihn nicht Jagdflugzeuge beschützten. Schon in der ersten Woche nach Beginn der Angriffe hatten die Briten fast 50 Stukas abgeschossen.

Der deutsche Adler wird gerupft

In den ersten zehn Tagen der Operation „Adlerangriff" büßte die deutsche Luftwaffe über 400 Maschinen ein, die Verluste der RAF lagen bei 120 Maschinen. Die Hurricane und Spitfire der Briten gingen den gefährlichen deutschen Jagdflugzeugen einfach aus dem Weg und legten sich nur mit den deutschen Bombern an.

Ende August war Deutschland von der angestrebten Lufthoheit über der Insel noch so weit entfernt wie zu Beginn der Angriffe, während die RAF ihrerseits einige Vergeltungs- und Entlastungsangriffe gegen Deutschland geflogen und dabei auch Berlin bombardiert hatte. Der sowjetische Außenminister Molotow hielt sich zu dieser Zeit zu Verhandlungen in Berlin auf und stellte dem deutschen Außenminister Joachim von Ribbentrop, der behauptet hatte, Großbritannien sei so gut wie besiegt, die peinliche Frage: „Wieso sitzen wir dann im Bunker, und wem gehören die Bomben, die hier vom Himmel fallen?"

Hitler persönlich gab den Befehl, nun die Strategie zu ändern und gezielt London zu bombardieren. Die ersten Angriffe konzentrierten sich ab dem 7. September auf die Hafenanlagen im East End. 350 deutsche Bomber, beschützt von fast 700 Jagdflugzeugen, steuerten in zwei Wellen die englische Hauptstadt an und deckten sie mit einem Bombenhagel ein. Die halbe Stadt stand in Flammen, aber Großbritannien ließ sich keineswegs demoralisieren und Churchill nicht zu Verhandlungen zwingen. Mit zwei Großangriffen am 15. September erreichte die Luftschlacht um London ihren Höhepunkt. Sogar der Buckingham-Palast wurde getroffen. Die Königin kommentierte die Treffer kaltblütig: „Ich bin froh, dass wir bombardiert worden sind. Jetzt können wir den Leuten im East End in die Augen sehen."

Bei diesem Großangriff verlor die deutsche Luftwaffe 60 Bomber. Derartige Verluste konnte man auf Dauer nicht ausgleichen, sodass die Strategie der Großangriffe wieder aufgegeben wurde. Stattdessen verlegten sich die deutschen Generäle auf Nachtangriffe.

Ende der Invasionspläne

Ungleich bedeutender als dieses stillschweigende Eingeständnis einer misslungenen Strategie war aber der zeitgleiche Führerbefehl, das Unternehmen „Seelöwe", die eigentliche Invasion Großbritanniens, bis auf weiteres zu verschieben. Einerseits benötigte Hitler die Truppen für seine inzwischen immer konkreteren Pläne eines Russlandfeldzugs, und außerdem stand die nötige Invasionsflotte gar nicht mehr zur Verfügung. Die englischen Bomber hatten nämlich bei ihren Angriffen auf die Häfen in Frankreich und Belgien etliche deutsche Kriegs- und Transportschiffe zerstört.

Da Deutschland aus Propagandagründen die Niederlage nicht eingestehen und zudem englische Kampfkraft auf der Insel binden wollte, gingen die Luftangriffe und Bombardierungen weiter. So fanden im Oktober noch 333 Angriffe auf London statt. Die deutschen Flieger warfen dabei über 7000 t Spreng- und fast 5000 Brandbomben ab. Unter Londons Zivilbevölkerung zählte man 15 000 Tote und 21 000 Verletzte.

Der Bombenterror geht weiter

Mitte November erlebte die Stadt Coventry die schwersten Bombenangriffe dieser Luftschlacht. Sie richteten sich gegen Fabriken und militärische Anlagen, trafen aber vor allem die Zivilbevölkerung. Fast 75 % der Stadt lagen nach den Angriffen in Schutt und Asche. Ähnliche Attacken folgten bis ins Frühjahr 1941 auch auf Birmingham, Manchester, Sheffield, Bristol und Liverpool. Zu gewinnen gab es für die deutsche Luftwaffe dabei längst nichts mehr.

Das Ende der Luftschlacht

Erst im Sommer 1941 stellte die deutsche Luftwaffe ihre Angriffe auf Großbritannien ein. Die Luftschlacht war verloren. Statt Großbritannien zu schwächen, schweißte sie das Land in seinem Hass auf Hitlerdeutschland zusammen, stärkte den Durchhaltewillen der Briten und die Position Churchills. Großbritannien war der moralische Sieger, dem nun die Sympathien der freien Welt, vor allem der USA, galten. Rund 30 000 englische Zivilisten verloren ihr Leben, 32 000 wurden verletzt. Die RAF verlor 1547 Flugzeuge, die deutsche Luftwaffe 2260. Es fielen 2000 deutsche Piloten, etwa 2600 galten als vermisst oder gerieten in Gefangenschaft. Diesen Aderlass konnte die deutsche Luftwaffe nicht kompensieren.

HINTERGRUND

Entscheidend – das Radar

Die deutsche Luftwaffe erlebte eine böse Überraschung, als sie bei Beginn ihrer Angriffe feststellen musste, dass Großbritanniens Jagdflieger von Radar geleitet wurden. Die schon 1936 installierten 21 Frühwarnanlagen erkannten feindliche Flugobjekte auf eine Entfernung von 200 km.

Von der Existenz des Abwehrsystems wusste die deutsche Luftwaffe seit einem Aufklärungsflug eines Zeppelins im Mai 1939. Allerdings konnten die deutschen Spione die Funktionsweise und Fähigkeiten des Systems weder vor noch während des Krieges ergründen.

Abgeschossen
Dank des Radars erwarteten englische Jagdflugzeuge oft bereits die deutschen Bomber. Hier bewacht ein englischer Soldat die Trümmer einer abgeschossenen Junkers Ju 88.

Balkanfeldzug und Kämpfe im Mittelmeer

Die peinliche Niederlage Mussolinis zwang Deutschland zum Eingreifen auf dem Balkan – anfangs mit großem Erfolg.

Entrüstet schlug der Duce mit der Faust auf den Schreibtisch und brüllte seinen Außenminister Galeazzo Ciano an: „Dieser Hitler! Er stellt mich immer wieder vor vollendete Tatsachen. Aber diesmal werde ich es ihm mit gleicher Münze heimzahlen.“ Er deutete auf die ausgebreitete Landkarte. Rote Pfeile zeigten darauf über das Meer nach Albanien und Griechenland. „Hier greifen wir Griechenland an. Und Hitler wird aus den Zeitungen erfahren, dass ich in Griechenland einmarschiert bin.“

Benito Mussolini war wütend, weil Hitler, ohne ihn zu informieren, aus Rumänien einen deutschen Satellitenstaat gemacht hatte. Insgeheim hatte Italien dort eigene Ambitionen gehabt. Nun wollte der Duce es dem Führer zeigen und gab am 15. Oktober 1940

Ein Land kapituliert
Die Eroberung und Besetzung von Jugoslawien erfolgte in wenigen Wochen. Städte und Regionen kapitulierten vor den deutschen Panzereinheiten, die meist ohne ernsthafte Gegenwehr vorrückten.

den Befehl, den italienischen Angriff auf Griechenland vorzubereiten. 13 Tage später rückten 155 000 Italiener von Albanien aus über die Grenzen in Nordgriechenland ein. Als Hitler am darauf folgenden Tag per Sonderzug in Florenz eintraf, um den italienischen Diktator doch noch von seinem Vorhaben abzubringen, war es bereits zu spät. Noch auf dem Bahnsteig – so eilig hatte er es, seinen Triumph auszukosten – gab Mussolini selbstzufrieden die ersten Siege bekannt.

Italiens Angriff bedeutete nur Ärger

Mit Hitler und Mussolini hatten sich zwei Diktatoren zusammengetan, die jederzeit bereit waren, den Verbündeten zu hintergehen. Der italienische Überfall auf Griechenland bereitete Hitler in mehrfacher Hinsicht Kopfschmerzen. Um seinen einzigen echten Bundesgenossen nicht zu verprellen, musste er gute Miene zum bösen Spiel machen und dem Duce sogar die volle Unterstützung für den Feldzug zusichern.

Schon bald zeigte sich, dass die Italiener Hilfe benötigten, weil sie sich mit ihrer Aktion militärisch übernommen hatten. Die Angreifer bezwangen zwar im ersten Ansturm die griechischen Grenzbefestigungen, doch nur wenige Tage später hatte die griechische Regierung unter Diktator Ioannis Metaxas fast 450 000 Soldaten mobilisiert. 80 km hinter der Grenze stoppten sie den italienischen Vormarsch.

Der erwartete Rückschlag

Gleichzeitig passierte, was man im deutschen Generalstab befürchtet hatte: Die Briten nutzten den italienischen Überfall als Vorwand, um die Insel Kreta zu besetzen und die griechischen Häfen zu verminen. Nun verfügte London über Luftstützpunkte, von denen aus es die rumänischen Erdölfelder angreifen konnte. Doch es kam noch schlimmer. Die griechische Armee ging zum Gegenangriff über, jagte den italienischen Aggressor über die Grenze zurück und eroberte auch noch den Großteil Albaniens.

Sieger und Verlierer
Der jugoslawische General Mihai Bodi (2. v. li.) bietet dem deutschen General Maximilian Freiherr von Weichs (links) die Kapitulation an.
Hintergrundbild: Stahlhelm der deutschen Fallschirmtruppe.

Italiens Fiasko zwang Deutschland zum Eingreifen. Deshalb begann das deutsche Oberkommando sofort nach Italiens Niederlage, Pläne für den Vormarsch auf dem Balkan auszuarbeiten. Über den Winter schafften die Nationalsozialisten durch Ungarn und Rumänien ungefähr 700 000 Soldaten nach Bulgarien. Um ungehindert in Griechenland einmarschieren zu können, musste man jedoch Jugoslawien durch Verhandlungen zum Stillhalten überreden. Als Lockmittel bot Hitler erfolgreich Thessaloniki an. Anfang März 1941 erklärte Belgrad daraufhin den Beitritt zum Bündnis der Achsenmächte und machte damit den Weg frei zum Angriff auf Griechenland.

Doch in dieser Situation rebellierte eine Gruppe jugoslawischer Offiziere gegen den Beitritt zum Dreimächtepakt und putschte im Namen des serbischen Königs Peter II. Hitler erboste dieser unerwartete Akt derart, dass er ein Einvernehmen mit der neuen Regierung gar nicht in Betracht zog. Stattdessen befahl er, „alle Vorbereitungen zu treffen, um Jugoslawien militärisch und als Staatsgebilde zu zerschlagen", und nahm sogar in Kauf, dass er wegen der Strafaktion seine Angriffspläne auf Russland verschieben musste.

Der Balkan wird überrollt

In einer einzigen Nacht arbeitete General Alfred Jodl die Angriffspläne aus, und zehn Tage nach dem Staatsstreich waren die Vorbe-

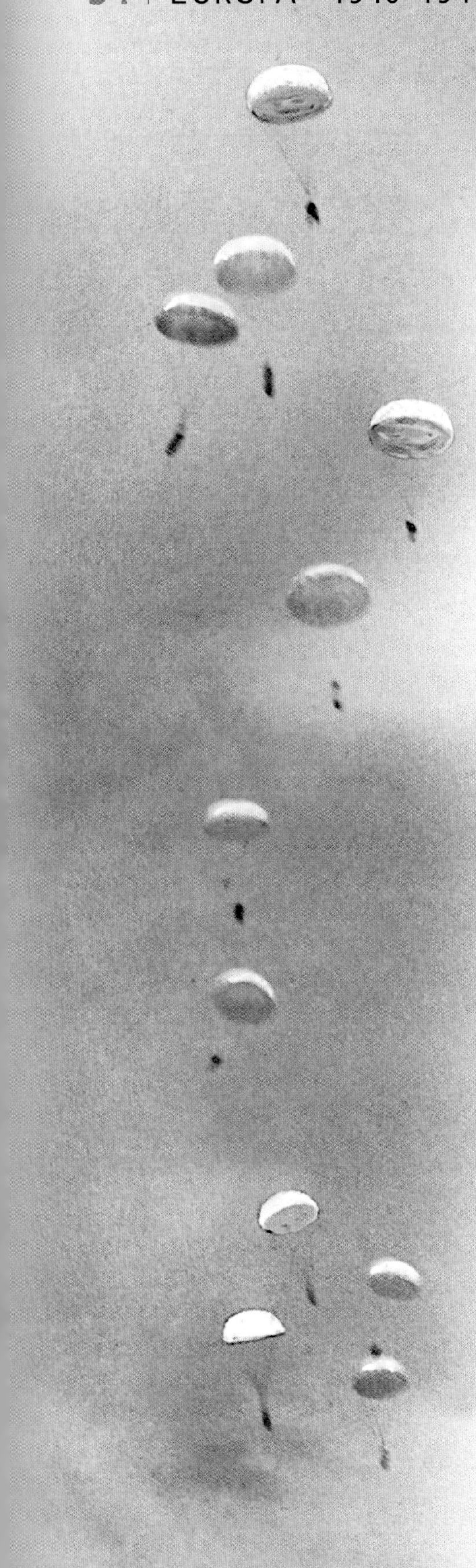

Landung aus der Luft
Mehr als ein Drittel der rund 15 000 deutschen Fallschirmspringer verloren bei dem Luftlandeunternehmen „Merkur" zur Eroberung Kretas ihr Leben.

reitungen abgeschlossen. Zeitgleich erfolgte der Angriff auf Jugoslawien und Griechenland. Im Morgengrauen des 6. April stießen die Bodenstreitkräfte, vorwiegend Truppen aus Österreich, über die Grenzen nach Jugoslawien vor. Gleichzeitig flogen deutsche Bombergeschwader in immer neuen Wellen die Hauptstadt Belgrad an. Die Stadt verfügte über keinerlei Luftabwehr und war den systematischen und flächendeckenden Bombardements hilflos ausgeliefert. Die Aktion mit dem Namen Operation „Bestrafung" forderte binnen drei Tagen 17 000 Menschenleben.

Ohne Chance

Ebenfalls unterstützt von der Luftwaffe, marschierten von Bulgarien aus 15 Infanterie-, vier Panzer-, drei Gebirgs- und drei motorisierte Divisionen in einem dritten Hauptstoß gegen die lebenswichtigen Zentren des Landes. Von Italien und Albanien aus unterstützten italienische Verbände den Einmarsch. Jugoslawien verfügte über etwa 35 Infanterie- und Kavalleriedivisionen, die überall entlang der Grenzen verteilt waren. Den konzentrierten Panzer- und Luftangriffen hatten sie wenig entgegenzusetzen. Schon am dritten Angriffstag brach der Widerstand zusammen und artete schnell in einen ungeregelten Rückzug aus. Bereits am 12. April 1941 wehte die deutsche Flagge über Belgrad. Damit endete die kurze Regierungszeit der Putschisten. Eine Woche später flohen der König und die jugoslawische Regierung nach Athen und von dort nach London ins Exil. Zur gleichen Zeit unterzeichnete das jugoslawische Oberkommando einen Waffenstillstandsvertrag, der Deutschland praktisch die unbeschränkte Verfügungsgewalt über das Land einräumte.

Brutaler Terror der Besatzer

Über 340 000 Jugoslawen gerieten in Kriegsgefangenschaft. Mit Partisanen oder zivilen Widerstandskämpfern verfuhren die Besatzer – in ihrer Mehrzahl Truppen aus Österreich – anschließend mit brutaler Härte. In Pančevo erschossen sie wenige Tage nach der Kapitulation 18 Zivilisten, weitere 18 wurden gehenkt. Wer mit einer Waffe angetroffen wurde, der musste laut Wehrmachtsbefehl auf der Stelle erschossen werden. Ein weiterer Befehl sah für einen getöteten deutschen Soldaten die „Todesstrafe für 50 bis 100 Kommunisten" vor. Im Oktober 1941 erschoss die deutsche Wehrmacht 7000 Geiseln in Kragujevac, unter ihnen 300 Schulkinder.

Die einzelnen Landesteile des Vielvölkerstaats Jugoslawien traf ein unterschiedliches Los. Kroatien, das sich schon immer gegen die Zwangsmitgliedschaft im serbischen Großreich gewehrt hatte, machte gemeinsame Sache mit den Besatzern. Die faschistische Terrorbewegung Ustascha um Ante Pavelić bildete eine eigene Regierung und profilierte sich als willfähriger Partner der Besatzungsmacht.

Die Ustascha-Polizei machte systematisch Jagd auf Serben und Juden. Gewalttätige Übergriffe, Vertreibungen und Massenerschießungen standen auf der Tagesordnung. Rund 2 Mio. Serben auf kroatischem Gebiet wollte die Pavelić-Regierung „zu einem Drittel vertreiben, zu einem Drittel zwangskroatisieren und zu einem Drittel ausrotten". Dieses Vorgehen trieb viele Serben ins Lager der Partisanen, die unter ihrem Anführer Josip Tito den Widerstand gegen die deutschen Besatzer organisierten, und legte den Keim zu den Bürgerkriegen, die das Land 50 Jahre später einholen sollten.

Deutsche Soldaten auf der Akropolis

In Griechenland verliefen die Dinge ähnlich schnell und erfolgreich für die deutsche Seite. Der Angriff begann ebenfalls am 6. April. Die Griechen, die gegen Italien sechs Monate lang heroisch Widerstand geleistet hatten, hielten sich gegen die deutsche Übermacht ganze drei Wochen. Schon am 21. April kapitulierte ein Teil der griechischen Einheiten nach dem deutschen Durchbruch durch die wichtigste Verteidigungslinie, die Metaxas-Linie. In wenigen Tagen standen deutsche Truppen in Thessaloniki und überquerten das Pindosgebirge. Dieser Durchbruch schnitt die noch kämpfenden griechischen Einheiten von den Häfen ab, sodass am 23. April auch die letzten Verbände die Waffen streckten. Reste der griechischen Armee retteten sich in die Häfen der Peloponnes und ergriffen gemeinsam mit dem englischen Expeditionskorps die Flucht Richtung Kreta und Nordafrika. Das englische Korps gab nach kaum zwei Monaten seine Positionen kampflos preis. Am 27. April rollten die deutschen Panzer in Athen ein. Der griechische König Georg II. floh rechtzeitig mit seiner Regierung nach London ins Exil.

Grossbritanniens Macht im Mittelmeer wankt

Vor dem jubelnden Reichstag in Berlin erklärte Hitler, dass er den Balkankrieg nie gewollt habe. Er gab den Briten die Schuld, weil sie versucht hätten, Griechenland und Jugoslawien zu besetzen, um die deutsche Südflanke aufzurollen. An dieser Erklärung stimmte nur, dass Großbritannien vitale Interessen im Mittelmeer hatte. Der Seeweg über den Suezkanal zu den Erdölländern Vorderasiens und zu den Kolonien in Südostasien war für London von größter Bedeutung, und Mussolinis Muskelspiele alarmierten die Briten zu Recht.

Malta oder Kreta?

Mit dem erfolgreichen deutschen Eingreifen in Jugoslawien und Griechenland geriet Großbritannien in eine bedrohliche Lage. Denn nun hielten englische Einheiten nur noch die Stützpunkte auf den Mittelmeerinseln Kreta, Malta und Zypern. Von Malta aus fügten sie der italienischen Flotte seit Kriegsausbruch empfindliche Verluste zu. Während Mussolini nun Hitler bedrängte, zuerst auf Malta zu landen, um die italienische Flotte zu entlasten, rieten die deutschen Generäle zur Einnahme von Kreta. Denn nur von dort aus hätten englische Flieger noch die Möglichkeit gehabt, die rumänischen Erdölfelder von Ploiesti zu bombardieren.

Die Eroberung Kretas war nur aus der Luft möglich. Unter dem Decknamen „Merkur" bot Deutschland 25 000 Soldaten und 1000 Flugzeuge auf. Von griechischen Flughäfen aus starteten die Fallschirmjäger am frühen Morgen des 20. Mai 1941 ihre ersten Angriffswellen. Bei ihren Landungsversuchen erlitten sie erhebliche Verluste. Die ersten beiden Bataillone Fallschirmjäger, die bei Malemes absprangen, wurden fast vollständig aufgerieben, zum Teil schossen die Verteidiger sie schon in der Luft ab. Trotzdem gelang das Luftlandemanöver.

Fallschirme über Kreta

Immer neue Einheiten sprangen über der Insel ab und eroberten Stellung für Stellung. Nach acht Tagen hielten die deutschen Fallschirmtruppen und Gebirgsjäger alle wichtigen Stellungen auf der Insel und durchbrachen die letzte englische Abwehrlinie. Am 28. Mai begann der alliierte Oberkommandierende, der neuseeländische General Bernard Freyberg, mit der Evakuierung seiner verbliebenen Truppen: Nur noch 17 000 von ursprünglich 37 000 Mann waren übrig.

In kurzer Zeit hatte sich die Lage auf dem Balkan und im östlichen Mittelmeer gravierend zugunsten Deutschlands verändert. Die Alliierten mussten sich nach Ägypten zurückziehen. Rumänien, Bulgarien und Jugoslawien standen mit ihren Rohstoffen und produktiven Kapazitäten Deutschland zur Verfügung. Und – für Hitler das Wichtigste – die deutsche Südostflanke war für den unmittelbar bevorstehenden Angriff auf die Sowjetunion militärisch gesichert.

Motiv für die Wochenschau
Deutsche Soldaten posieren mit einem 20-mm-Flugabwehrgeschütz für die deutsche Wochenschau in entspannter Pose vor der Kulisse der Akropolis in Athen.

Der Krieg der Schlachtschiffe

Im Seekrieg fuhren beide Gegner schwere Geschütze auf. Doch nach kurzer Zeit gewannen die Marineeinheiten der Alliierten die Überhand.

Am 27. Mai 1941 versank um exakt 10.36 Uhr der Stolz der deutschen Kriegsmarine in den dunklen Fluten des Atlantischen Ozeans. Der Untergang des Flaggschiffs *Bismarck* 400 km vor der französischen Westküste bedeutete das spektakuläre Ende einer Operation mit dem harmlosen Decknamen „Rheinübung“.

Nur neun Tage zuvor hatte die gerade vom Stapel gelaufene *Bismarck* zusammen mit dem Kreuzer *Prinz Eugen* sowie zwei Zerstörern den Hafen von Gdingen, dem damaligen Gotenhafen und heutigen Gdynia, in der Danziger Bucht verlassen. Die militärische Führung setzte große Hoffnungen in die Jungfernfahrt des neuen Giganten der Meere. Immerhin hatte man sich den Bau des supermodernen Schlachtschiffs, das mit einer ausgeklügelten Waffentechnologie ausgerüstet war, fast 200 Mio. Reichsmark kosten lassen. Eine gigantische Feuerkraft –

Berühmter Namenspatron
Der Stolz der deutschen Kriegsmarine trug den Namen des Reichskanzlers Bismarck. Glück brachte dies der Besatzung nicht.

acht 38-cm- und zwölf 15-cm-Geschütze – sowie insgesamt 2221 Marinesoldaten sollten den englischen Gegner das Fürchten lehren.

Der Kommandant der *Bismarck*, Admiral Günther Lütjens, hatte von der militärischen Führung in Berlin einen klaren Auftrag erhalten. Man wollte endlich Erfolge sehen bei dem Versuch, die englischen Versorgungswege zu blockieren. Trotz intensiver Bemühungen war dies den deutschen Schiffen bisher nicht gelungen, und selbst die Operationen der Schlachtschiffe *Gneisenau* und *Scharnhorst* hatten an dieser negativen Bilanz nichts ändern können. Seit Januar 1941 hatten sie zwar zahlreiche englische Geleitzüge im Atlantischen Ozean angegriffen und tausende von Bruttoregistertonnen versenkt, doch nach wie vor funktionierte der Transport mit Versorgungsgütern für die englische Bevölkerung fast störungslos.

Außerdem fürchteten die Strategen bei der Wehrmacht und in der Marine, dass sich die USA nicht mehr lange aus dem Krieg heraushalten würden. Umso wichtiger erschien es, die englischen Geleitzüge möglichst schnell auszuschalten und vollendete Tatsachen zu schaffen. Die *Bismarck* sollte endlich für den langersehnten Befreiungsschlag sorgen.

Die Alliierten sind gut vorbereitet

Doch bald sollte sich zeigen, dass die Deutschen die Rechnung ohne den Gegenspieler in London gemacht hatten. Drei Tage nach dem Auslaufen entdeckte die englische Luftaufklärung das Geschwader in der Nähe der norwegischen Küste, und die Regierung reagierte unverzüglich: „Versenkt die *Bismarck*!“, lautete kurz und bündig der Befehl, den Premierminister Winston Churchill der englischen Marine erteilte.

Während die beiden deutschen Zerstörer zurückblieben, steuerten die *Bismarck* und die *Prinz Eugen* auf die Dänemarkstraße, die Meerenge zwischen Island und Grönland, zu, und hier erwartete sie bereits die englische Marine. Ins Gefecht warfen die Briten die beiden Schlachtschiffe *Prince of Wales* und *Hood*. Bei letzterem handelte es sich um das größte Schlachtschiff, über das die englische Marine damals verfügte. Es war zwar bereits im Jahr 1920 in Dienst gestellt worden, doch trotz seines hohen Alters galt es immer noch als eines der Prunkstücke unter den modernen Kriegsschiffen.

Die *Bismarck* bestand in dem Duell der Schiffsriesen am 24. Mai 1941 ihre Feuertaufe. Schon nach wenigen Minuten konnten die Deutschen die *Hood* ausschalten. Eine Granate der *Bismarck* traf mitten ins Munitionsdepot des englischen Schlachtschiffs, sodass es in zwei Teile zerrissen wurde. Auf der Stelle begann es zu sinken. Die Bilanz war erschreckend: Da die Besatzung keinerlei Chance hatte, sich zu retten, fanden 1421 Seeleute den Tod, nur drei Mitglieder der Besatzung überlebten das Inferno.

Bevor die *Prince of Wales* den Schauplatz der Schlacht in der Dänemarkstraße fluchtartig verließ, hatte sie mit ihren Granaten allerdings auch auf der *Bismarck* erheblichen Schaden angerichtet. Daher blieb die Admiralität in London trotz des unbefriedigenden Ausgangs der Seeschlacht und des herben Verlusts der *Hood* zuversichtlich. Sobald sie ihren Schock überwunden hatten, setzten die Briten alle Hebel in Bewegung, um die Anordnung Churchills doch noch in die Tat umzusetzen.

Dramatische Rettungsaktion
Sank ein Schiff, so nahm auch der Gegner überlebende Matrosen auf. Im Fall der *Glowworm* konnten 31 Mitglieder der Besatzung aus dem Meer gerettet werden, das von ausgelaufenem Heizöl durchtränkt war.

Um sein Schiff in einem der Atlantikhäfen Frankreichs reparieren zu lassen, gab Admiral Lütjens nach der Schlacht den Befehl, die französische Küste anzusteuern. Die *Prinz Eugen* trennte sich mit neuem Auftrag von der *Bismarck*. Bei der nun einsetzenden Verfolgungsjagd auf das deutsche Schlachtschiff kam den Briten ihre hochentwickelte Technologie zugute. Dank modernster Radartechnik verloren sie die *Bismarck* auf ihrem Weg nach Frankreich nur selten aus den Augen. Aber auch der Zufall spielte der englischen Marine in die Hände. Einmal verschwand die *Bismarck* tatsächlich aus dem Visier der Briten und erst ein längeres Funkgespräch des deutschen Flottenchefs Lütjens verriet den Standort und brachte die Verfolger wieder auf die Spur des Schlachtschiffs.

Tragisches Ende eines Schlachtschiffs

Am Vormittag des 26. Mai 1941 begannen die letzten Stunden der *Bismarck*. Englischen Aufklärern gelang es, die genaue Position des Schiffes ausfindig zu machen. Sofort starteten vom Flugzeugträger *Ark Royal* mehrere Maschinen und griffen an. Ein Torpedo traf das Ruder und machte die *Bismarck* manövierunfähig. Danach hatten die Briten leichtes Spiel. Mehrere Schlachtschiffe und Kreuzer näherten sich mit Volldampf der durchgegebenen Position und nahmen die *Bismarck* gemeinsam unter Beschuss. Flottenchef Lütjens sandte zwar einen Funkspruch nach Berlin: „Wir kämpfen bis zur letzten Granate. Es lebe der Führer!“ Die markigen Worte änderten allerdings nichts an der aussichtslosen Lage – schließlich gab Lütjens den Befehl, dem Gegner zuvorzukommen und die *Bismarck* selbst zu versenken.

Bis heute ist strittig, ob die englischen Torpedos oder die Maßnahmen der Besatzung den großen Hoffnungsträger der deutschen Kriegsmarine am Morgen des 27. Mai 1941 zum Untergang brachten. Kein Zweifel besteht hingegen über die hohe Zahl der Opfer. Nur 115 Besatzungsmitglieder überlebten die Katastrophe. Hunderte von Matrosen fanden in den Flammen und im Wasser

Explosives Treibgut
In den finnischen Gewässern warfen deutsche Marinesoldaten Minen ins Meer. Damit sollten die Schiffe der russischen Ostseeflotte am Auslaufen gehindert werden.

den Tod. 48 Jahre lang lag das Wrack unentdeckt in 4700 m Tiefe am Grund des Meeres, bis es schließlich nach langer Suche aufgespürt werden konnte.

AUCH ZENSUR NÜTZT NICHTS

Für die deutschen Kriegspläne im Atlantischen Ozean bedeutete der Verlust der *Bismarck* einen herben Rückschlag. Am 28. Mai notierte Propagandaminister Joseph Goebbels, nicht ganz korrekt, in sein Tagebuch: „Ein schwarzer Tag: Die *Bismarck* gerät in starke Übermacht, wird von ein paar Lufttorpedos getroffen und sinkt dann. Ein furchtbarer Schlag, der auch vom ganzen Volk so empfunden wird."

Goebbels machte sich sofort daran, die Bevölkerung in der für die nationalsozialistische Führung typischen Weise zu beruhigen: Auf seine Weisung hin verbannte man den Seekrieg aus den Schlagzeilen. Stattdessen sollte sich die Presse auf die Erfolge bei der Besetzung von Kreta konzentrieren: „Ich stoppe rechtzeitig die ganze Propaganda um *Bismarck* und *Hood* und lenke die ganze Nachrichtenpolitik auf das Mittelmeer um." Letztlich ließ sich die Katastrophe aber mit Schweigen auf Dauer nicht verheimlichen. So sehr sich die nationalsozialistische Führung einerseits bemühte, die Opfer zu Helden und Märtyrern zu stilisieren, so tief saß auf der anderen Seite in der Öffentlichkeit der Schock über den Untergang des Schiffes, das immer als unsinkbar gegolten hatte.

Im Atlantischen Ozean kam der deutsche Seekrieg nach dem Desaster merklich ins Stocken. Die Admiralität hielt unverdrossen an ihrem Ziel fest, die Versorgung nach Großbritannien zu unterbinden, obwohl man längst auf verlorenem Posten kämpfte. Das lag nicht nur an der wachsenden militärischen Überlegenheit der Alliierten vor allem nach dem Kriegseintritt der USA im Dezember 1941. Vielmehr boten die großen Schlachtschiffe für die vermehrt eingesetzten Flugzeuge der alliierten Luftwaffe ein leichtes Ziel. Im ungleichen Kampf mit den Schiffen des Gegners im Atlantischen Ozean verließ sich die deutsche Führung mehr und mehr auf den Einsatz von U-Booten.

Ungeachtet der schwieriger werdenden Verhältnisse ging der Krieg der Schlachtschiffe weiter. Im Atlantischen Ozean waren auf deutscher Seite die drei Schlachtschiffe *Gneisenau*, *Scharnhorst* und *Tirpitz* ständig im Einsatz. Gelegentlichen Erfolgen stand jedoch eine deutlich höhere Zahl an Misserfolgen gegenüber.

Als taktische Meisterleistung priesen die Strategen der deutschen Admiralität das Unternehmen „Cerberus". Dabei gelang der *Scharnhorst*, der *Gneisenau* und der *Prinz Eugen* im Februar 1942 das bewundernswerte Kunststück, sich von den westfranzösischen Häfen durch den von den Briten mit Argusaugen kontrollierten Ärmelkanal zu den Marinebasen in Deutschland durchzuschlagen. Dort sollten wichtige Reparaturen vorgenommen werden. Vergeblich versuchte die englische Luftwaffe diesen so genannten Kanaldurchbruch mit Bombern und Torpedoflugzeugen zu stoppen.

Vordergründig handelte es sich um einen Triumph der deutschen Kriegsmarine, der von der Propaganda auch entsprechend gefeiert wurde. Auf

ALLTAGSLEBEN

Auf See und ständig im Einsatz

An diesem Abend ging es hoch her in der Kantine. Beim Kartenspiel und einem Bier versuchten die Seeleute, den grauen oder auch grausamen Alltag auf dem Schlachtschiff zu vergessen.

Auf der *Bismarck* gab es drei solcher Kantinen, in denen sich die Besatzung mit Bier, Zigaretten und Süßigkeiten eindecken konnte. Auch die Offiziersmessen wiesen einigen Komfort auf. In den Mannschaftsräumen herrschte dagegen drangvolle Enge.

Die Furcht vor einem gegnerischen Treffer war ständiger Begleiter. Beim Ruf „Auf Gefechtsstation" eilte jedes Besatzungsmitglied an seinen Platz. Dann ging es buchstäblich um Leben oder Tod. Für unzählige Seeleute wurde das gigantische Kriegsschiff zum stählernen Sarg.

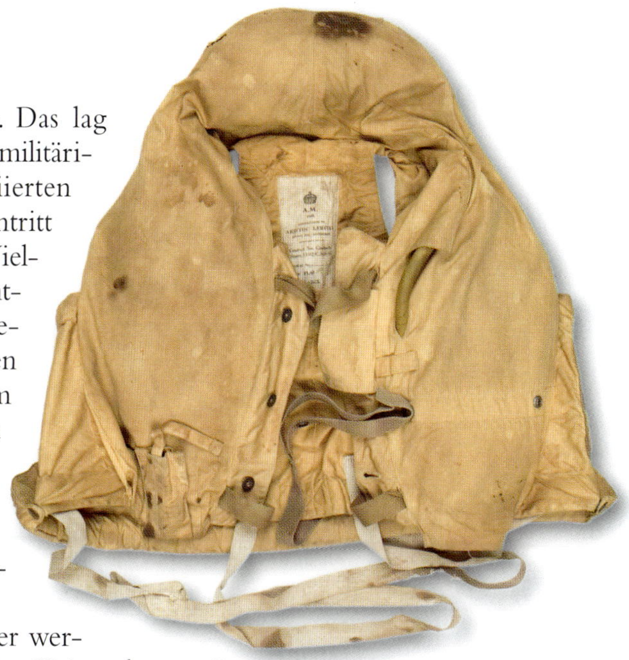

Überleben ist alles
Auch die Besatzungen der im Seekrieg eingesetzten Piloten mussten auf jede Notlage vorbereitet sein. Die englische Luftwaffe rüstete ihre Piloten mit speziellen Rettungswesten aus.

Ende eines Schlachtschiffs
Da die *Tirpitz* nach dem englischen Angriff nicht vollständig sank, sondern kenterte, konnten u. a. 87 der im Schiffsinnern eingeschlossenen Matrosen im letzten Moment gerettet werden.

lange Sicht aber bedeutete das Unternehmen „Cerberus" einen weiteren, besonders herben Rückschlag. Denn mit der Rückkehr der drei Schiffe aus dem Atlantischen Ozean in die Nordsee gab man alle wichtigen Stützpunkte in Frankreich verloren, von denen aus die Nachschublinien der Briten durchschnitten werden sollten.

Die deutsche Marine gerät in die Defensive

Im Dezember 1942 und Januar 1943 operierten die beiden deutschen Schlachtschiffe *Lützow* und *Admiral Hipper* in den arktischen Gewässern der Barentssee, um dort Versorgungsgeleitzüge der Alliierten aufzubringen. Bei diesem Unternehmen, das unter dem Decknamen „Regenbogen" ablief, musste der deutsche Flottenverband trotz zahlenmäßiger Überlegenheit gegen die englischen Einheiten eine empfindliche Schlappe einstecken – nicht nur wegen der schlechten Sichtbedingungen.

In Berlin reagierte Adolf Hitler mit einem seiner berüchtigten Wutanfälle auf die verheerenden Nachrichten aus dem Eismeer. Seinen willfährigen Helfern verkündete er gar, den von ihm nie geschätzten Kampfeinsatz der Schlachtschiffe ganz einzustellen und die Schiffe selbst verschrotten zu lassen. Tatsächlich wurde der Seekrieg der Überwasserstreitkräfte von den Deutschen von nun an nur noch auf Sparflamme geführt.

Einen negativen Höhepunkt bedeutete aus deutscher Sicht das Schicksal der *Tirpitz*. Das Schlachtschiff stand seit Januar 1941 in Diensten der deutschen Marine und lag vor allem in den Fjorden Norwegens. Allein durch seine Anwesenheit bedrohte es alliierte Geleitzüge mit kriegswichtigem Material ins russische Murmansk und band damit erhebliche alliierte Marine- und Lufteinheiten. Am 12. November 1944 flogen über 30 englische Lancasterbomber mehrere Angriffswellen auf die *Tirpitz*. Bereits im ersten Bombenhagel erhielt sie drei Treffer, bei weiteren Angriffen rissen die 1000-kg-Bomben die Bordwand auf, das Schiff bekam Schlagseite und kenterte. Fast 1000 Mann kamen bei dem Angriff ums Leben, rund 800 Mitglieder der Besatzung konnten unter dramatischen Umständen gerettet werden. Bereits knapp ein Jahr zuvor war die nach Norwegen verlegte *Scharnhorst* von englischen Torpedotreffern versenkt worden.

Ruhmloses Ende im Trockendock

Einen Monat vor Kriegsende wurde der 1941 vor allem im Indischen Ozean erfolgreiche Schwere Kreuzer *Admiral Scheer* im Kieler Hafen durch alliierte Bombentreffer zerstört. Die deutsche Bevölkerung nahm diesen Vorgang, anders als den Untergang der *Bismarck* vier Jahre zuvor, kaum noch wahr. Wenige Wochen später, am 3. Mai 1945, wurde die ebenfalls von Bombentreffern beschädigte *Admiral Hipper* im Kieler Dock gesprengt. Zuvor hatte sie noch, wie manches andere Kriegsschiff, für die Evakuierung von über 1500 deutschen Flüchtlingen aus dem Osten gesorgt.

Der Krieg der Diktatoren

Mit dem Überfall auf die Sowjetunion entfesselte Hitler seinen Kreuzzug gegen den Bolschewismus. Doch der geplante Blitzkrieg blieb in den eisigen Weiten des riesigen Landes stecken, und Stalin besiegte die deutsche Wehrmacht.

Das Telefon im Kreml klingelte am 22. Juni 1941 gegen vier Uhr morgens. Schlaftrunken nahm Josef Stalin die Hiobsbotschaft zur Kenntnis: Über 3 Mio. deutsche Soldaten sowie 600 000 mit ihnen verbündete Kroaten, Finnen, Rumänen, Slowaken, Ungarn, Italiener und Spanier überquerten seit etwa einer Stunde mit einer wahren Armada aus 600 000 motorisierten Fahrzeugen und 3650 Panzern die Grenzen zur Sowjetunion. Unter dem Schutz von über 2000 deutschen Flugzeugen befanden sie sich auf dem Vormarsch gen Osten.

Stalin erbleichte. Zwar war ihm der deutsche Truppenaufmarsch an den Westgrenzen nicht entgangen, und die Geheimdienste hatten sogar Hinweise auf das Aufmarschdatum geliefert, doch bis zu diesem Morgen hatte der russische Staatschef auf den deutsch-sowjetischen Nichtangriffspakt von 1939 – den

Deutscher Vormarsch
Der rasche Vorstoß der mobilen Panzergruppen überraschte die Rote Armee völlig.
Hintergrund: Stukas unterstützten den Vormarsch aus der Luft. Bereits im Juli 1941 erlebte Moskau seine ersten Luftangriffe.

Kein Hindernis für Panzer
Vor Einbruch des berüchtigten russischen Winters kamen die deutschen Panzer rasch voran. Selbst natürliche Hindernisse wie Flussläufe konnten sie nicht aufhalten.

Hitler-Stalin-Pakt – vertraut und getreulich die aus dem Handelsvertrag resultierenden Materiallieferungen an Erdöl, Holz, Baumwolle und Metall erfüllt: Der letzte Eisenbahnwaggon mit Getreide passierte noch eine Stunde vor dem deutschen Überfall die Grenze nach Westen.

Der Angriff des ehemaligen Verbündeten ohne Kriegserklärung erwischte Stalin kalt. Die Rote Armee, von den Säuberungswellen der letzten Jahre geschwächt, als der zur Alleinherrschaft strebende Diktator seine Macht mit brutalen Mitteln ausbaute, war auf einen Krieg nicht vorbereitet. Der Kremlchef flüchtete sich resigniert auf seine Datscha und brauchte Tage, bis er sein Volk in einer Rundfunkansprache zum Großen Vaterländischen Krieg aufrief.

Krieg der Weltanschauungen

Hitler frohlockte nach dem gelungenen Überraschungscoup. In vier bis sechs Wochen, so tönte er, würde die Sowjetunion besiegt sein. Die „minderwertige slawische Rasse" hielt er zu einem entschlossenen Widerstand ohnehin für nicht fähig. Von vornherein maß Hitler der Auseinandersetzung im Osten eine ideologische Dimension bei, denn in den Weiten der russischen Steppe sollte der „Lebensraum" für das fortschrittliche, expandierende deutsche Volk gefunden und der entscheidende Sieg über den Bolschewismus errungen werden. Es ging nicht nur um Sieg und Niederlage in einem Eroberungsfeldzug, es ging vielmehr um das tödliche Ringen zweier entgegengesetzter Weltanschauungen.

Nicht umsonst trug die Militäroperation den Namen Unternehmen „Barbarossa": Im Mittelalter hatte Kaiser Friedrich Barbarossa einen Kreuzzug gegen die Muslime im Heiligen Land angeführt. Nun wollte Hitler einen „Kreuzzug gegen die rote Gefahr" des Kommunismus führen. Seine Generäle hielt er vor Kriegsausbruch dazu an, humanitäre Bedenken und Rücksichtnahmen gegenüber Zivilpersonen und Kriegsgefangenen völlig außer Acht zu lassen. Alle aufgegriffenen politischen Funktionäre und kommunistischen Kommissare sollten sofort hinter der Front erschossen werden.

Grausames Vorgehen

Doch nicht nur politisch Andersdenkende, sondern die gesamte als rassisch minderwertig eingestufte Zivilbevölkerung, zu der auch Millionen Juden zählten, gerieten ins Visier von Hitlers Rassenpolitik. Der von SS-Chef Heinrich Himmler ausgearbeitete „Generalplan Ost" sah die planmäßige Germanisie-

ALLTAGSLEBEN

Hunger – der größte Feind der Leningrader

„Der Tod haust in der Stadt. Menschen sterben wie die Fliegen", notierte ein verzweifelter Leningrader im Winter 1941/42 in sein Tagebuch. Während der 900 Tage langen Belagerung durch deutsche Truppen gingen die Bewohner in der von der Außenwelt isolierten Metropole durch die Hölle.

Schlimmer als das Dauerbombardement war der ständige Hunger. „Wir ernährten uns sogar von Tischlerleim, aus dem wir eine Art Sülze kochten", erinnerte sich eine Überlebende. Die Brotration betrug 250 g pro Arbeiter, für Kinder und Angehörige sogar nur die Hälfte. Da es an Mehl fehlte, mischte man dem Brotteig Stroh, Fichtenholz oder Knochen- und Sägemehl bei.

Reihenweise starben die Menschen auf den Straßen oder in ihren Häusern an Entkräftung. Überall lagen Leichen am Wegesrand, da man sie wegen des Dauerfrosts nicht bestatten konnte. Bis zum Ende der Belagerung im Januar 1944 änderte sich die Versorgungslage nicht wesentlich. Die Leningrader versuchten aus allem Essbares zu gewinnen und kochten sogar Lederriemen, Pflanzenreste und Holzspäne aus.

rung Osteuropas vor und setzte die Vertreibung und Ermordung der ansässigen Bevölkerung voraus. Durch diese Zielsetzung wurde die Wehrmacht, unterstützt durch Sondereinsatzgruppen der Waffen-SS und des Reichssicherheitsdiensts, von Beginn der Kriegshandlungen an in einen beispiellosen Rassen- und Vernichtungskrieg einbezogen.

Anfangserfolge der Wehrmacht auf ganzer Linie

Zunächst schien es, als ob sich die erfolgreiche Blitzkriegsstrategie der deutschen Truppen in Russland wiederholen würde. Die riesige, in drei Heeresgruppen unterteilte Invasionsarmee kam zügig voran. Unter dem Befehl Wilhelm Ritter von Leebs besetzte die Heeresgruppe Nord die drei baltischen Staaten und bewegte sich auf Leningrad zu. Die Heeresgruppe Mitte, geführt von General Fedor von Bock, stieß über Minsk und Smolensk auf das Herz des Reiches, Moskau, vor. Und schließlich führte die von General Gerd von Rundstedt befehligte Heeresgruppe Süd ihren Vormarsch in Richtung Ukraine und Donezbecken aus, um die landwirtschaftlichen und industriellen Ressourcen der Sowjetunion zu besetzen und dann die militärisch so wichtigen Ölfelder des Kaukasus zu erreichen.

Der deutschen Wehrmacht gelang es zunächst, die meist völlig überrumpelten sowjetischen Truppen in kühnen Zangenbewegungen zu umgehen und einzuschließen. So siegte die Heeresgruppe Mitte bei Bialystok, Wolkowysk und Minsk kurz hintereinander in drei gigantischen Kesselschlachten und schaltete dadurch nicht weniger als 17 Divisionen der Roten Armee aus. Zugute kam ihr dabei, dass die Luftwaffe der Sowjetunion schon am ersten Tag des Überraschungsangriffs entscheidend geschwächt worden war und ein Viertel ihrer an der Westfront verfügbaren Flugzeuge verloren hatte.

Fatale Fehleinschätzung

Dies erlaubte den mobilen, der Infanterie weit vorauseilenden deutschen Panzereinheiten, immer tiefer in gegnerisches Gebiet vorzurücken. Im Raum von Smolensk stieß die Heeresgruppe Mitte auf 25 russische Divisionen. Nach heftigen Gefechten ergaben sich am 5. August 1941 rund 310 000 russische Soldaten.

Auf der Flucht
Für die Zivilbevölkerung zwischen Donez und Don bedeutete der Einmarsch der Wehrmacht in Russland Flucht, Vertreibung und große Not.

Damit wäre der Weg nach Moskau eigentlich frei gewesen. Doch Hitler verspielte seine Anfangserfolge. Immer stärker redete er dem Oberkommando des Heeres in die militärischen Planungen hinein und überwarf sich mit seinen führenden Generälen über das weitere Vorgehen. Während der Oberbefehlshaber des Heeres, Walther von Brauchitsch, und der Panzergeneral Heinz Guderian einen entschlossenen Vorstoß gegen Moskau befürworteten, um die Rote Armee vor der Hauptstadt entscheidend zu schlagen, gab Hitler Anweisung, die so erfolgreich operierenden Panzergruppen der Heeresgruppe Mitte zur Unterstützung der nördlichen und südlichen Front nach Leningrad und Kiew umzudirigieren. Moskau sollte vorerst nur bombardiert werden.

Schlappe vor Leningrad

Im Norden standen die deutschen Truppen unterstützt von ihren finnischen Verbündeten, vor Leningrad, der zweitgrößten Stadt der Sowjetunion. Schon im Juli hatten sie das letzte natürliche Hindernis, die Luga, überwunden. Die deutsch-finnische Offensive über die Karelische Landenge isolierte die Millionenstadt an der Newa von der übrigen Sowjetunion. Sie blieb nur noch über die Wasserfläche des Ladogasees mit dem Hinterland verbunden. Doch als die Finnen ihre vor dem Winterkrieg 1939 gültigen Grenzgebiete erreichten, stoppten sie ihren Vorstoß. Gleichzeitig stießen die deutschen Verbände auf den erbitterten Widerstand der Leningrader Bevölkerung, die in einem ungeheuren Kraftakt konzentrische Verteidigungslinien um die Stadt angelegt hatte. Erdwälle, Panzergräben, 600 km Stacheldrahtverhau und 5000 Bunker schützten die einstige Zarenresidenz mit ihren barocken Prunkbauten.

Trotz der herbeigeeilten Verstärkung gelang es den deutschen Panzern nicht, diesen Sperrriegel zu überqueren. Stalin schickte seinen besten Feldherrn nach Leningrad, und Georgij Schukow verbesserte die Verteidigung weiter. Im September musste der Befehlshaber der Heeresgruppe Nord, Leeb, kleinlaut zugeben, dass der Vorstoß komplett zum Erliegen gekommen war. In dieser Situation änderte Hitler seine Pläne erneut. Er dirigierte die Panzerverbände um und warf nun doch alle Kräfte gegen die Hauptstadt. Das eingeschlossene Leningrad sollte durch den grausamsten aller Kriegsherren besiegt werden: Bis zum Ende der Belagerung im Frühjahr 1944 verhungerten in der ausgebombten Stadt etwa 1 Mio. Menschen.

Hingegen glückten an der Südfront durch die Vereinigung der Panzerverbände entscheidende Manöver. So konnte der Kessel um Kiew geschlossen und mehr als 600 000 gegnerische Soldaten gefangen genommen werden. Die Kriegsge-

Gefangen unter freiem Himmel
Millionen russischer Soldaten ergaben sich, als sie in riesigen Kesseln von der Wehrmacht eingeschlossen waren. Ein deutscher Soldat bewacht die bei Kiew in Gefangenschaft geratenen Rotarmisten.

fangenen, die nicht nach der Haager Landkriegsordnung behandelt wurden, erwartete ein trauriges Los. In langen, elenden Kolonnen traten sie den Marsch in die Lager an, völlig unzureichend versorgt, von Krankheit und Hunger gezeichnet. Wer unterwegs entkräftet zusammenbrach, wurde einfach erschossen. Von den 5,7 Mio. russischen Soldaten, die sich während des Krieges der Wehrmacht ergaben, starben etwa 3,3 Mio. in Gefangenschaft – auch dies Folge von Hitlers ideologischem Kampf gegen die „slawischen Untermenschen".

Mit der Ukraine fiel die Kornkammer Russlands in die Hände der Eroberer. Anschließend nahm die Heeresgruppe Süd Kurs auf die Industriegebiete an Donez und Don und besetzte Teile der Krim, um von dieser strategisch wichtigen Halbinsel aus die rumänischen Ölfelder vor sowjetischen Übergriffen zu schützen.

Im Schlamm vor Moskau versinkt die Offensive

Nach diesem Erfolg beschloss Hitler Ende September 1941, den entscheidenden Schlag gegen die russische Hauptstadt zu führen. Doch da setzten die ersten Herbstregen ein und verwandelten den Boden in fast unpassierbaren, schlammigen Morast. Die von den Kämpfen entkräfteten deutschen Soldaten mussten hunderte von Kilometern zurücklegen, um die Front bei Moskau zu erreichen. Selbst Kranke und Verwundete schleppten sich am Tag bis zu 40 km weit, da Lazarette und Versorgungsstationen nur in unzureichender Zahl zur Verfügung standen. Der unaufhörliche Regen, die einsetzende Kälte und die schlechte Versorgungslage ließen die Stimmung in der Truppe rasch sinken.

Im Oktober stand sie vor den Toren Moskaus. Panik machte sich in der sowjetischen Hauptstadt breit. Die Menschen verließen fluchtartig die Stadt, verschiedene Regierungsstellen und die ausländischen Botschaften wurden evakuiert, nur Stalin harrte wie ein Fels in der Brandung aus. Er holte Schukow nach Moskau, und der tatkräftige General organisierte sofort den Widerstand. Wie

Kampf gegen den Frost
Um den eisigen Temperaturen standzuhalten, mussten die deutschen Soldaten improvisieren: Sie stopften alte Zeitungen unter ihre Uniformen oder hängten sich Bettzeug zum Schutz gegen die eisige Kälte über. Trotzdem kam es zu schweren Erfrierungen.

schon in Leningrad setzte er die Zivilbevölkerung, darunter viele Frauen, dazu ein, die Verteidigungslinien um die Stadt auszubauen. Gleichzeitig führte er frische Truppenkontingente aus dem entfernten Sibirien heran.

Väterchen Frost als Gegner

Den deutschen Truppen machte der einsetzende Frost schwer zu schaffen. Auf den Wintereinbruch völlig unvorbereitet fehlte es an warmer Kleidung, Treibstoff und Brennmaterial. Schlimme Erfrierungen waren die Folge. Im November versuchte die Wehrmacht mit letzter Kraft, eine Entscheidung zu erzwingen, um in Moskau Winterquartier zu nehmen. Doch das Unternehmen scheiterte. In der Nacht zum 5. Dezember fiel die Temperatur auf –35 °C. Die Panzermotoren streikten, die Waffen froren ein, der Feldzug stand vor dem Scheitern.

Mit der Niederlage vor Moskau fiel eine wichtige Vorentscheidung für den Ausgang des Russlandfeldzugs. Der Winter gab Stalin Zeit, seine Armee zu reorganisieren, die hinter den Ural verlegte Industrieproduktion

Befehl verweigert
Entgegen Hitlers Wünschen begab sich General Paulus (links) in russische Kriegsgefangenschaft. Er stellte sich später dem Nationalkomitee Freies Deutschland zur Verfügung und rief das Ostheer zur Aufgabe auf.

wieder anzukurbeln und eine Gegenoffensive vorzubereiten. Der Eintritt der USA in das Kriegsgeschehen im Dezember 1941 bedeutete für die Sowjetunion zudem massive Rüstungshilfe.

Sündenbock gefunden

Hitler tobte. Er suchte nach Schuldigen für die Misere, fand sie in seinen Generälen und entließ fast komplett die militärische Spitze. Auch der Oberbefehlshaber des Heeres, von Brauchitsch, musste seinen Posten räumen, als der „größte Feldherr aller Zeiten", Hitler persönlich, die Leitung des Heeres übernahm. Eine neue Offensive sollte die Stagnation im Osten überwinden.

Anstelle Moskaus geriet nun wieder der Süden mit seinen ergiebigen Ölquellen im Kaukasus und am Kaspischen Meer ins Zentrum des Interesses. In mehreren Militäroperationen sollte zunächst die sowjetische Hauptmacht im Gebiet zwischen Donez und Don vernichtet und dann der entscheidende Vorstoß in den Kaukasus geführt werden. Zur Absicherung des Unternehmens sollte die Krim vollständig besetzt und die starke Festung Sewastopol erobert werden. Als nach dem Winter der Boden allmählich wieder taute, begann im Mai 1942 die erste Phase der Operation „Blau" mit einem Vorstoß auf der Krim. Die 11. Armee unter General Erich von Manstein vertrieb die auf der Krim verbliebenen sowjetischen Verbände und blies im Juni zum Sturm auf das Bollwerk Sewastopol. Aus über 1300 Rohren feuerten die deutschen Truppen auf die als uneinnehmbar geltenden Forts. Mächtige Geschütze mit den Furcht erregenden Namen *Odin, Thor* und *Dora,* die 7 t schwere Panzergranaten über eine Entfernung von fast 40 km verschossen, kamen dabei zum Einsatz. Mit der geballten Feuerkraft der Artillerie und der Luftwaffe gelang es, Sewastopol niederzuringen. Anfang Juli fiel die völlig zerstörte Stadt, das Tor zum Kaukasus stand offen.

Verzweifelter Kampf ums Öl

Auch weiter nördlich bahnten sich mit der Eroberung des Industriezentrums Charkow erste Erfolge an. Sie verführten Hitler dazu, die wichtige Heeresgruppe Süd in die Heeresgruppen A und B aufzuteilen und zwei Ziele gleichzeitig zu verfolgen: die Eroberung der Ölfelder im Kaukasus und die Vernichtung der russischen Streitkräfte bei Stalingrad, die er im Prinzip für geschlagen hielt. Spöttisch bemerkte Stalin, sein Rivale „jage zwei Hasen gleichzeitig hinterher".

Tatsächlich war die stark angeschlagene Wehrmacht längst nicht in der Lage, beide Aufgaben gleichzeitig zu erfüllen. Die von General Wilhelm List geführte Heeresgruppe A überschritt zwar den Don und besetzte im August die Ölfördergebiete von Krasnodar und Majkop. Allerdings hatten die abziehenden russischen Truppen die Raffinerien angezündet und die Bohrlöcher mit Zement gefüllt, sodass der Erfolg den Eroberern nichts nutzte. Zum Hauptfördergebiet Baku betrug die Distanz weitere 700 km.

Der Brennstoffmangel der deutschen Truppen machte sich nun deutlich bemerkbar. Panzer blieben häufig liegen, der Nachschub musste mithilfe von Karamelkarawanen organisiert werden. Eine Gruppe bayerischer Gebirgsjäger konnte zwar auf dem 5642 m hohen Elbrus, dem höchsten Gipfel des Kaukasus, die Reichskriegsflagge hissen, angesichts des erbitterten russischen Widerstands an den Bergpässen geriet der deutsche Vormarsch aber bald ins Stocken. Bis Februar 1943 trieb die Rote Armee die Deutschen allmählich bis hinter Rostow am Don zurück.

Stadt mit Symbolcharakter

Auch die Heeresgruppe B erwies sich als völlig unzureichend gerüstet. Sie sollte Stalingrad erobern und die Landbrücke zwischen Don und Wolga sperren, um dann die Wolga entlang in den Kaukasus zu marschieren. Die Stadt besaß strategisch als Handels- und Nachschubzentrum Bedeutung. Hier befanden sich ein Traktorenwerk, eine Geschützfabrik und ein wichtiger Metallbetrieb. Unter anderem wurde in Stalingrad der gefürchtete sowjetische Panzer T 34 hergestellt.

Pausenlos bombardierten deutsche Fliegerstaffeln die Wolgastadt, die Stalin im russischen Bürgerkrieg 1918 erfolgreich gegen die Weißgardisten verteidigt hatte. Nun sollte das „Zentrum des Bolschewismus" durch Hitlers Truppen fallen und dem „Weltanschauungskrieg" des deutschen Diktators den größten Triumph bescheren. Diesen Erfolg wollte ihm sein Rivale im Kreml aber nicht gönnen. Er hielt die Zivilbevölkerung zum Durchhalten in der völlig zerstörten Stadt an und gab seinen Soldaten den unmissverständlichen Befehl, sich unter allen Umständen zu halten. Den Vormarsch der deutschen 6. Armee unter General Friedrich Paulus konnte Stalin zwar nicht aufhalten, doch insgeheim rüstete er bereits zum Gegenschlag.

Während Paulus' Soldaten bis Ende September 1942 unaufhaltsam ins Stadtgebiet vordrangen und sich in einen nervenaufreibenden Häuserkampf mit den verbissen kämpfenden Verteidigern einließen, stellte Stalin auf Vorschlag Schukows in aller Eile neue Truppen auf, um die Stadt einzukreisen. Das Menschenreservoir der Sowjetunion schien fast ebenso unbegrenzt zu sein wie ihr Rüstungspotenzial. Durchschnittlich liefen fast 2200 Panzer pro Monat in den Fabriken hinter dem Ural vom Band, während es auf deutscher Seite gerade einmal 500 waren. Unter größter Geheimhaltung und immer nur nachts arbeiteten sich die frischen russischen Kräfte allmählich an die Stadt heran.

Häuserkampf im Winter

Derweil tobte in Stalingrad ein Kampf um Leben und Tod. Um jedes Haus, um jeden Straßenzug wurde erbittert gekämpft. Dabei stellte sich erneut die materielle Unterlegenheit der Wehrmacht heraus. Es fehlte an Munition, Treibstoff und Nahrung. Der Wintereinbruch verschärfte die Versorgungskrise

Fragwürdige Auszeichnung
Dem für besondere Verdienste im Russlandfeldzug verliehenen deutschen Orden gaben die Soldaten zynisch den Namen „Gefrierfleischorden".

Kampf um Ruinen
Im völlig ausgebombten und vom Häuserkampf gezeichneten Stalingrad lebten am Ende der Kampfhandlungen noch etwa 10 000 Zivilisten, darunter knapp 1000 Kinder. Sie hatten ein unvorstellbares Inferno überlebt.

erheblich, Typhus und Ruhr gingen um. Am 22. November 1942 schloss sich der Kessel um Stalingrad, Paulus und seine 6. Armee saßen in der Falle. Als die russischen Truppen die Verbindungswege im Umland kappten, stagnierte der Nachschub auf dem Landweg.

Die deutsche Luftwaffe allein vermochte nicht, die Eingeschlossenen zu versorgen. Statt der benötigten 700 t Nachschub pro Tag trafen nur etwa 100 t ein, oft kamen nur 30 t an. Die Lebensmittelrationen für die deutschen Soldaten wurden drastisch gekürzt. Zu Weihnachten 1942 gab es nur 100 g Brot und 200 g Pferdefleisch pro Mann am Tag.

Endlich frei
Begeistert und erleichtert begrüßten im Sommer 1943 die Einwohner eines befreiten Dorfes im Raum Brjansk in der Ukraine die Rotarmisten.

Mehrmals bat Paulus im Führerhauptquartier um Erlaubnis, einen Ausbruchsversuch wagen zu dürfen, doch Hitler blieb uneinsichtig. „Unter allen Umständen halten", hieß sein Befehl. Damit sprach er praktisch das Todesurteil über seine Truppen, zumal eine Entlastungsoffensive unter Manstein scheiterte. Auch die von den Russen angebotene Kapitulation lehnte Hitler uneinsichtig ab. Im Januar 1943 spaltete eine neue Offensive der Roten Armee den Kessel in einen Nord- und Südteil, sodass keine Verbindung mehr zwischen den Eingeschlossenen bestand.

Kapitulation bei Stalingrad

Hitler beförderte Paulus zum Generalfeldmarschall, um ihn zum „ehrenhaften" Selbstmord zu nötigen. Doch Paulus entzog sich diesem Ansinnen. Als sein Gefechtsstand am selben Tag von russischen Soldaten überrannt wurde, ergab er sich und ging in Gefangenschaft. Am 2. Februar 1943 stellten auch die letzten überlebenden deutschen Soldaten den Kampf ein. 90 000 Männer gerieten dadurch in Kriegsgefangenschaft. Nur 6000 von ihnen sollten später nach Deutschland zurückkehren. Die Rote Armee verlor bei den Kämpfen fast 1 Mio. Mann durch Tod, Verwundung und Gefangennahme.

Die Stimmung schlägt um

Die Niederlage von Stalingrad bedeutete in militärischer wie in psychologischer Hinsicht eine wichtige Wendemarke im Russlandfeldzug. Die nationalsozialistische Propaganda hatte den Kampf um Stalingrad zu einem wahren Heldenepos aufgebauscht. Die sich bis zum letzten Blutstropfen opfernden Soldaten feierte man als standhafte Heroen gegen die „wilden Horden des Bolschewismus", als Verteidiger der europäischen Kultur gegen die Barbaren.

Andererseits sickerten nicht nur durch die Feldpost immer neue bedenkliche Hiobsbotschaften über die ausweglose Situation nach Deutschland. Gedrückte Stimmung machte sich in der Bevölkerung breit. Nach der Niederlage übertrug der deutsche Reichssender drei Tage lang Trauermusik. Die depressive Gefühlslage nutzte Hitler, um die Deutschen endgültig vor die Alternative Krieg oder Untergang zu stellen und den Durchhaltewillen an der Heimatfront zu stärken. Doch mit den Rückzugsgefechten der Wehrmacht dämmerte es immer mehr Deutschen, dass sie den Krieg auch verlieren könnten.

Ganz anders sah es auf der gegnerischen Seite aus: Zum ersten Mal hatte die sowjetische Armee deutsche Truppen in einem gekonnten Umfassungsmanöver eingekesselt und besiegt. Stalins Gewicht gegenüber seinen westlichen Verbündeten stieg durch den Erfolg deutlich. Nun durfte er hoffen, die Front aufzurollen und seine Rotarmisten eines Tages bis nach Berlin zu führen. Tatsächlich trieben die Sowjets die Wehrmacht seit dem Herbst 1943 Schritt für Schritt zurück. 1944 eroberten sie die Südukraine und die Krim zurück, entsetzten das ausgehungerte Leningrad und drangen bis zur Weichsel vor.

Der Holocaust – Völkermord an den Juden

Mit dem deutschen Überfall auf die Sowjetunion begann die letzte Phase der Vernichtung der jüdischen Bevölkerung Europas. Über 6 Mio. Juden fielen ihr zum Opfer.

Am Morgen des 20. Januar 1942 versammelten sich insgesamt 16 Personen im Konferenzzimmer der prächtigen Villa Am Großen Wannsee 56–58 in Potsdam. Der Chef des Reichssicherheitshauptamts, Reinhard Heydrich, hatte zu einer „Besprechung mit anschließendem Frühstück" geladen.

Die Herren verfolgten die Ausführungen Heydrichs aufmerksam und ließen konstruktive Vorschläge zum Thema einfließen. Da es keinerlei kontroverse Diskussionen gab, dauerte die Konferenz nicht allzu lange. Nach dem ausgiebigen Frühstück blieb Heydrich mit seinem Referenten Adolf Eichmann und dem Gestapochef Heinrich Müller zufrieden zurück. Bei einem Cognac gab Heydrich Eichmann letzte Hinweise, wie das Protokoll der Sitzung aussehen sollte.

Als Wannsee-Konferenz ging das Treffen in die Geschichtsbücher ein, und das Protokoll der Sitzung gehört zu den Schlüsseldokumenten des akribisch geplanten und keineswegs heimlich vor sich gehenden Völkermords an den europäischen Juden. Es zeigt, mit welcher Skrupellosigkeit die Funktionäre

Auf dem Weg in den Tod
In Viehwaggons transportierten die Deutschen jüdische Frauen aus Thessaloniki ins Vernichtungslager Treblinka.
Hintergrund: Das Protokoll der Wannsee-Konferenz ist ein Beispiel für die Skrupellosigkeit, mit der Beamte den Völkermord an den Juden umsetzten.

Großdeutsches Reich 1942

Konzentrationslager

Vernichtungslager

1 Mio. Zahl der Toten in den Vernichtungslagern

des NS-Apparats die organisatorische Umsetzung sowie technische Details der „Endlösung der Judenfrage" besprachen, die letztlich die Ermordung von vielen Millionen Juden in Europa bedeutete.

Der Völkermord als Faktum stand bei dem Treffen in Potsdam gar nicht zur Debatte. Es diente lediglich dazu, die Reibungsverluste zwischen den am Vernichtungsprozess beteiligten Reichsinstanzen möglichst gering zu halten. Denn die Wannsee-Konferenz stand keineswegs am Beginn der planmäßigen Ausrottung der jüdischen Bevölkerung in Europa – das Morden hatte schon längst begonnen.

Von der Ausgrenzung zur Vernichtung

Seit der nationalsozialistischen Machtübernahme 1933 hatte die Ausgrenzung und Benachteiligung der Juden in Deutschland Jahr für Jahr zugenommen. Durch zahlreiche diskriminierende Anordnungen wie Berufsverbote und Enteignungen beraubten die Nationalsozialisten sie Schritt für Schritt ihrer wirtschaftlichen Lebensgrundlage. Sämtliche Maßnahmen zielten darauf ab, die Juden zur Auswanderung zu zwingen. Doch trotz der Diskriminierungen verließen bis zum November 1938 nur etwa 170 000 Juden das Deutsche Reich – rund ein Drittel der in Deutschland lebenden Juden.

Die im November 1938 organisierten Pogrome der „Reichskristallnacht" markierten eine neue Stufe der Gewalt gegen die jüdische Bevölkerung. Die staatliche Judenpolitik änderte ihre Strategie der Verdrängung und Vertreibung in die der physischen Bedrohung und Vernichtung. Von nun an dachte die nationalsozialistische Führung über eine „endgültige Lösung der Judenfrage" nach. Verhaftungen, Zwangsarbeit und Ausgehverbote vertrieben die Juden nun gezielt aus dem öffentlichen Leben Deutschlands.

Vorübergehend erwog man damals die so genannte „territoriale Lösung der Judenfrage". Verschiedene Staatsorgane – so das Auswärtige Amt und das Reichssicherheitshauptamt – entwarfen Pläne zur Errichtung großer „Judenreservate" in Osteuropa, auf Madagaskar oder an anderen entfernten Orten. Seit 1939 erprobten die Nationalsozialisten aber auch die später beim Völkermord an den Juden angewendeten Methoden des organisierten Massenmords im Rahmen des „Euthanasie"-Programms an Kranken, Behinderten und Geisteskranken.

Gettos für die Juden

Mit dem Krieg in Polen erreichte die Judenverfolgung ein neues Stadium: Den Überfall begleiteten massive antisemitische Exzesse, an denen sich Soldaten, „Volksdeutsche" und Polen beteiligten. Auf offener Straße schikanierten und quälten sie die jüdischen Einwohner. Die den Truppen der Wehrmacht folgenden Einsatzgruppen ermordeten systematisch missliebige Personen, neben polnischen Politikern, Geistlichen, Lehrern oder Gewerkschaftern auch zahlreiche Juden.

Gleichzeitig konzentrierten die Nationalsozialisten die polnischen Juden in Gettos in größeren Städten. In Warschau, Lodz, Krakau, Tarnów oder Lublin pferchte man sie in eigenen Bezirken auf engstem Raum zusammen. Alle anderen Stadtviertel blieben ihnen fortan verboten. Aufgrund von Deportationen aus dem Deutschen Reich und den besetzten Gebieten stieg die Zahl der Juden in den Gettos des Generalgouvernements Polen kontinuierlich an. Seit Juni 1941 kamen mit

Beginn des Russlandfeldzugs Gettos in Ostpolen, Litauen, Estland, Lettland und Weißrussland hinzu.

In den Gettos mussten die Juden Zwangsarbeit leisten, sie litten unter Hunger, Unterdrückung und Krankheiten aufgrund mangelnder Hygiene. So starben im Winter 1941/42 im Warschauer Getto infolge von Hunger und Seuchen rund 100 000 Menschen. Razzien und Pogrome forderten zahlreiche weitere Todesopfer. Der ins Getto von Lodz verschleppte Prager Publizist Oskar Singer stellte sich angesichts der schlimmen Zustände die Frage: „Wie lange brauchen Europäer, um unter solchen Umständen ihre kulturelle Tünche zu verlieren? … Wie ist es möglich, dass Menschen nicht von Läusen gefressen werden, wenn es keine Möglichkeit gibt, Bettzeug, Leibwäsche und Kleider zu reinigen, zu wechseln, zu lüften? Was heißt Kultur?"

Organisiertes Grauen
Das Modell zeigt das erste Konzentrationslager Dachau kurz vor der Befreiung 1945. Hintergrund: Seit der Einführung des Judensterns 1941 waren die Juden endgültig ausgegrenzt. Jeder konnte sie auf der Straße erkennen und schikanieren.

„Selbstverwaltung" und „Privilegiertenlager"

In den Gettos richteten die Deutschen aus Tarnungs- und Effizienzgründen Ältesten- oder Judenräte und eine jüdische Gettopolizei als eine Art jüdischer Selbstverwaltung ein. Ihre Vertreter mussten die Anordnungen der Deutschen umsetzen und oft die Transportlisten für die Deportationen zusammenstellen. Obwohl die Judenräte mit bestem Gewissen versuchten, die Lage ihrer Glaubensgenossen zu erleichtern, zogen sie sich meist nur deren Hass zu und waren als Handlanger der Deutschen verschrien. In ihnen spiegelt sich die gesamte Tragik des grausamen Systems der Vernichtung.

Eine Sonderrolle spielte das „Privilegiertengetto" Theresienstadt. Ab November 1941 sperrten die Nationalsozialisten in dem gettoähnlichen Lager der alten nordböhmischen Festungsstadt Juden aus Böhmen und Mähren sowie dem Deutschen Reich ein, vor allem ältere und prominente Personen. Im Erlass des Reichssicherheitshauptamts hieß es: „Über 65 Jahre alte und über 55 Jahre alte gebrechliche Juden mit ihren Ehegatten, dann Träger hoher Kriegsauszeichnungen und des Verwundetenabzeichens aus dem Ersten Weltkrieg sowie deren Frauen, ferner jüdische Ehegatten aus nicht mehr bestehenden deutsch-jüdischen Mischehen und schließlich allein stehende Mischlinge." Auch die letzten Vertreter der „Reichsvereinigung der Juden in Deutschland", unter ihnen der bekannte Rabbiner Leo Baeck, wurden hierher verbracht.

Der Schein trügt

So genannte Heimeinkaufsverträge sollten bei den knapp 43 000 österreichischen und deutschen Juden, die ab Juni 1942 nach Theresienstadt deportiert wurden, den Eindruck erwecken, sie wären als Bevorzugte auf dem Weg in ein „Privilegiertengetto". Das versprochene Altersdomizil mit Pflegedienst im Krankheitsfall offenbarte sich aber schnell als Lager mit überfüllten Massenunterkünften.

HINTERGRUND

Das Getto von Warschau

In Warschau, der Stadt mit der größten jüdischen Gemeinde Europas, wurden auf einem Gebiet, das nur 4 km² umfasste, rund 500 000 Juden zusammengepfercht. Ein 3,5 m hoher Zaun umgab das Getto.

Seit dem Frühjahr 1942 wurden täglich etwa 5000 Juden vor allem in das nahe gelegene Vernichtungslager Treblinka gebracht. Im April 1943, als bereits über 300 000 Gettobewohner deportiert worden waren, rief die jüdische Kampforganisation ZOB, der es gelungen war, Waffen in das Getto zu schleusen, zum Aufstand auf.

Bei der Niederschlagung des Aufstands machte die SS das Getto von Warschau komplett dem Erdboden gleich. Mehr als 50 000 Juden wurden getötet. Von den zwischenzeitlich knapp 500 000 Juden des Warschauer Gettos überlebten nur einige tausend die Lager.

Unterernährung, Kälte und unzureichende hygienische Zustände führten zu einer hohen Sterblichkeitsrate unter den Insassen. Dennoch galt Theresienstadt als nationalsozialistisches „Vorzeigegetto“. Weil hierher viele jüdische Künstler und Intellektuelle deportiert worden waren, gab es regelmäßig Konzerte, Lesungen und Theateraufführungen. Die Nationalsozialisten nutzten die kulturellen Aktivitäten für Propagandazwecke und luden 1944 eine Delegation des Internationalen Roten Kreuzes zur Besichtigung des Lagers ein. Neu eingerichtete Cafés, Geschäfte und eine Gettobank vermittelten den Besuchern den Eindruck einer normalen Stadt. Im Vorfeld hatte man besonders viele Häftlinge in Vernichtungslager gebracht, damit das Lager nicht überbevölkert erschien.

Widerstand der Juden

Im Sommer 1942 setzte überall die Räumung der Gettos ein. Die Bewohner deportierte man nach und nach in die neu geschaffenen Vernichtungslager im Osten. Mancherorts hatten sich derweil im Untergrund Widerstandsbewegungen gegen die Unterdrücker formiert, so im Warschauer Getto die Organisation Oneg Schabbat, die sich auf den Kampf gegen die Deutschen vorbereitete. Im April 1943 brach in Warschau der Aufstand der jüdischen Gettobewohner aus und machte den deutschen Besatzern vier Wochen zu schaffen. Schließlich kämpfte die SS den Widerstand in verlustreichen Häuserschlachten blutig nieder. Ende 1943 waren alle Gettos in Polen und der Sowjetunion aufgelöst, ihre Insassen ermordet oder in Lager deportiert.

Die Gettos waren allerdings nur Relaisstationen des Vernichtungsprozesses. Sie bildeten die „Wartesäle der Vernichtung“, aus denen die Juden seit Mitte 1942 zu ihrer fabrikmäßigen Ermordung in die Konzentrationslager deportiert wurden. Diese planmäßige Ausrottung der jüdischen Bevölkerung in ganz Europa begann mit dem deutschen Überfall auf die Sowjetunion.

Spätestens seit dem Frühsommer 1941 bedeutete der Begriff der „Endlösung der Judenfrage“ im nationalsozialistischen Sprachgebrauch eindeutig die physische Vernichtung der Juden. Die Planungen hierfür hatte Reichsmarschall Hermann Göring offiziell am 31. Juli 1941 in die Hände des Chefs der Sicherheitspolizei und des Sicherheitsdienstes, Reinhard Heydrich, gelegt: „…beauftrage ich Sie hiermit, alle erforderlichen Vorbereitungen in organisatorischer, sachlicher und materieller Hinsicht zu treffen für eine Gesamtlösung der Judenfrage im deutschen Einflussgebiet in Europa. Sofern hierbei die Zuständigkeiten anderer Zentralinstanzen berührt werden, sind diese zu beteiligen.“

Massaker von Babi Yar

Die ganz offensichtlich gut vorbereiteten Gewalttaten der Einsatzgruppen der Sicherheitspolizei und des SD nach dem Überfall auf die Sowjetunion zeigen, dass der Entschluss zum Völkermord bereits lange zuvor gefallen war. Vier dem Oberbefehl des Reichsführers SS Heinrich Himmler unterstehende Einsatzgruppen mit einer Gesamtstärke von 3000 Mann verübten unter der Zivilbevölkerung im Baltikum, in der Ukraine, in Weißrussland und Russland Massaker unvorstellbaren Ausmaßes.

Zwischen Juni 1941 und April 1942 ermordeten die Mitglieder der Einsatzgruppen fast 560 000 Menschen, darunter fast die gesamte jüdische Zivilbevölkerung der eroberten Gebiete. Systematisch erschossen sie Männer, Frauen und Kinder in Wäldern,

Heimtückisch
Das Giftgas Zyklon B entfaltet bei 25,7 °C seine tödliche Wirkung. Die SS machte den Juden weis, bei den Gaskammern handele es sich um Duschen.

An der Rampe
Ungarische Juden, die gerade in Auschwitz-Birkenau ankamen, wurden wie alle Neuankömmlinge noch an der Rampe „selektiert". War das Lager überfüllt, trieb man die Juden unmittelbar in die Gaskammern.

Schluchten oder auf freiem Feld und verscharrten sie dann in Massengräbern. Die größte Mordaktion fand bei Kiew statt. Ende September 1941 forderten die Deutschen die jüdischen Einwohner der Stadt auf, sich am nächsten Tag zum Zweck der Umsiedlung am Güterbahnhof einzufinden. An den beiden folgenden Tagen exekutierten sie fast 34 000 Juden in der Schlucht von Babi Yar in einer fließbandartigen Erschießungsaktion per Genickschuss.

Am 2. Oktober meldete man den „Erfolg" der Aktion nach Berlin: „Geld, Wertsachen und Bekleidung" habe man „sichergestellt". Auch die Wehrmacht war durch Absperr- und Sicherungsmaßnahmen an der Aktion beteiligt, begrüßte das Vorgehen offiziell und half am Ende, die Spuren zu beseitigen. Das Massaker fand in aller Öffentlichkeit statt vor den Augen der Wehrmacht, der Polizei und ziviler Besatzungsbehörden.

In den besetzten Gebieten der Sowjetunion sowie in Teilen Südosteuropas setzten die Nationalsozialisten die geplante Ausrottung der Juden vorrangig durch Massenerschießungen wie in Babi Yar um. Etwa 1,25 Mio. Juden wurden von Einheiten der SS, der Polizei und der Wehrmacht auf diese Weise umgebracht.

Aber auch alle anderen Teile Europas, die unter deutschem Zugriff standen, sollten „von Juden gesäubert" werden. Systematisch kämmten daher die Handlanger Adolf Hitlers den Kontinent von West nach Ost und von Süd nach Nord durch. Im Westen bereitete die Gestapo die „Endlösung der Judenfrage" vor: Auf deutschem Staatsgebiet begann die letzte Phase der nationalsozialistischen Judenpolitik im Herbst 1941 mit der bürokratisch durchorganisierten Deportation der Juden.

Schicksal der deutschen Juden

Seit September 1941 mussten die Juden in der Öffentlichkeit den Judenstern tragen. Die Auswanderung, die in den Anfangsjahren des Dritten Reiches noch forciert worden war, wurde im Herbst 1941 verboten. Passentzug und Vermögensbeschlagnahmung verhinderten, dass sich Juden weiter ins Ausland absetzen konnten. Das Reichsbürgergesetz definierte nun: „Der Verlust der Staatsangehörigkeit und der Vermögensverfall trifft auch diejenigen … Juden, die ihren gewöhnlichen Aufenthalt in den von den deutschen Truppen besetzten oder in deutsche Verwaltung genommenen Gebieten haben oder in Zukunft nehmen, insbesondere auch im Gene-

ZEITZEUGEN

Anne Frank: „Die Welt steht auf dem Kopf."

„Heute Morgen ist unser Gemüsehändler verhaftet worden, er hatte zwei Juden im Haus. Das ist ein schwerer Schlag für uns, nicht nur dass die armen Juden jetzt am Rand des Abgrunds stehen, auch für ihn ist es schrecklich. Die Welt steht hier auf dem Kopf. Die anständigsten Menschen werden in Konzentrationslager, Gefängnisse geschickt."

In ihrem Tagebuch berichtete das jüdische Mädchen Anne Frank vom Alltag im Versteck der Familie in einem Amsterdamer Hinterhaus. Jeden Tag fürchteten sie um ihr Leben. Im August 1944 wurde das Versteck der Familie Frank verraten, und bis auf Annes Vater kamen alle Familienmitglieder in Konzentrationslagern ums Leben.

ralgouvernement und in den Reichskommissariaten Ostland und Ukraine." Nun gab es kein Entkommen mehr. Die Falle war zugeschnappt.

Die ersten Züge rollen

Ab November 1941erhielten die Juden nach und nach die Aufforderung, sich zur „Evakuierung" an Sammelplätzen einzufinden. Informationsblätter teilten ihnen mit, dass ihr restliches Vermögen beschlagnahmt war, wie sie ihre Wohnungen zurückzulassen und was sie für ihre Deportation zur angeblichen „Ansiedlung im Osten" mitzunehmen hatten. Sie wurden von den zentralen Sammelorten mit der Eisenbahn abtransportiert. Die erste Welle der Züge aus den deutschen Großstädten von November 1941 bis Januar 1942 mit etwa 50 000 Juden aus Deutschland, der Ostmark und dem Reichsprotektorat Böhmen und Mähren rollte nach Riga und Minsk.

Die Fahrt nach Riga dauerte drei Tage und Nächte. Neben Hunger und Durst quälten die Menschen auch die dauernden Misshandlungen der begleitenden SS-Mannschaften. Nach der Ankunft trieben diese die Menschen bei Eiseskälte in Baracken und Scheunen. Die sanitären Verhältnisse waren desolat, das Essen völlig unzureichend. Täglich starben 20 bis 30 Personen, im hart gefrorenen Boden konnte man sie nicht begraben. Das Lager Jungfernhof und das Getto in Riga bedeuteten für die meisten Deportierten die Endstation. Omnibusse holten die Menschen zu angeblichen Arbeitseinsätzen ab, tatsächlich wurden sie von den Einsatzgruppen im Wald bei Riga erschossen und in Massengräbern verscharrt.

In einer weiteren Serie von Deportationen transportierten die NS-Schergen ab März 1942 rund 55 000 Juden aus Deutschland, der Ostmark und dem Reichsprotektorat in die Durchgangslager Izbica und Piaski. Dort mussten sie Zwangsarbeit verrichten, bevor man sie in die Vernichtungslager Belzec und Sobibór transportierte und dort ermordete.

Am 1. Juli 1943 verloren die Juden in Deutschland sämtliche Rechte, sie unterstanden dem Polizeirecht und durften Rechtsinstanzen nicht mehr anrufen. Zu diesem Zeitpunkt lebten im Reich kaum mehr Juden. Einige wenige waren untergetaucht oder wurden von Deutschen unter Lebensgefahr versteckt, andere lebten im zweifelhaften Schutz von „Mischehen" mit nichtjüdischen Partnern. Offiziell galt das Deutsche Reich als „judenfrei".

Mobile „Gaswagen"

Die Massenerschießungen der Juden waren mühsam und zeitaufwändig und gingen den Tätern trotz aller Skrupellosigkeit an die Nerven. Deshalb begannen die Nationalsozialisten nach neuen und effizienteren Wegen der Massentötung zu suchen. Im Dezember 1941 stellte man in den besetzten Gebieten der Sowjetunion „Gaswagen" in Dienst, mit denen man innerhalb einer 20- bis 30-minütigen Fahrt bis zu 60 Menschen töten konnte. Die Insassen erstickten langsam und qualvoll an den nach innen geleiteten Auspuffgasen.

Zufrieden mit den neuen Tötungsmaschinen, berichteten die Verantwortlichen im Juni 1942 an das Reichssicherheitshauptamt: „Seit Dezember 1941 wurden beispielsweise mit drei eingesetzten Wagen 97 000 verarbeitet,

Plünderung der Opfer
In Auschwitz gefundene Stapel von Koffern bewiesen die systematische Ausplünderung der Juden. Sie waren oft die letzten und einzigen Zeugnisse von den Ermordeten.

ohne dass Mängel an den Fahrzeugen auftraten." Mindestens 30 solcher „Gaswagen" operierten im Bereich der Einsatzgruppen, rund 700 000 Juden fielen den mobilen Tötungsmaschinen zum Opfer.

Die Tötungsphantasie kennt keine Grenzen

Nach demselben Prinzip richtete man in den Vernichtungslagern Belzec, Sobibór und Treblinka auf polnischem Boden ab Herbst 1941 Gaskammern ein. Auch hier kam das Giftgas aus dem Auspuff von Dieselmotoren. Zwischen März 1942 und Oktober 1943 starben in diesen drei Lagern etwa 1,75 Mio. Juden aus Polen und anderen Ländern.

Schließlich entdeckten die Nationalsozialisten ein weiteres Mordinstrument für sich: Seit Herbst 1941 experimentierte der Kommandant Rudolf Höß im Konzentrationslager Auschwitz mit dem blausäureartigen Gas Zyklon B. Es schien für den Massenmord am besten geeignet, da es sich leicht transportieren und anwenden ließ. Das hochwirksame, ursprünglich als Desinfektionsmittel für die Entlausung entwickelte Gas wurde in den Gaskammern des größten Vernichtungslagers Auschwitz-Birkenau zum schrecklichsten Werkzeug des Massenmords. In geringerem Maß mordeten die Deutschen auch in anderen Lagern mit Zyklon B. In den speziell für die Massentötung errichteten Lagern fanden auf diese Weise über 3 Mio. Menschen, darunter mehrheitlich Juden, den Tod. Die Gesamtzahl der Opfer lässt sich nicht genau ermitteln, da nicht alle der zur Tötung bestimmten Häftlinge registriert wurden. Allein in Auschwitz sind aber 1 Mio. Opfer dokumentiert, rund 900 000 Menschen kamen in Treblinka, rund 600 000 in Belzec, rund 250 000 in Sobibór, rund 150 000 in Chelmno und 60 000 bis 80 000 in Majdanek ums Leben.

Unter Bewachung
Während auf dem Appellplatz im KZ Mauthausen die tägliche Zählung der Häftlinge stattfand, beobachteten die Bewacher der SS-Wachmannschaften von einem Bewachungsturm aus ihre Opfer.

Vernichtung durch Arbeit

Zum Repertoire des Völkermords gehörte nicht nur die direkte Tötung. Der Zwangsarbeit in den Konzentrations- und Vernich-

Im Vernichtungslager
Für die Häftlinge des Vernichtungslagers Auschwitz-Birkenau gab es nur zugige Holzbaracken. Die schlechten hygienischen Bedingungen förderten zusätzlich Seuchen.

Befreiung
Nur wenige überlebten das Grauen der Lager. Die Fotos der Überlebenden, die Alliierte nach der Befreiung von Buchenwald machten, zeugen von den unmenschlichen Lebensbedingungen.

tungslagern kam ihre eigene Rolle im Vernichtungsplan zu. Die Häftlinge sollten durch unmenschlich harte Arbeit in Steinbrüchen, beim Straßenbau oder bei Tätigkeiten für deutsche Firmen durch „natürliche Verminderung" dezimiert werden. So starben etwa bei der Herstellung von Buna, einem synthetischen Kautschuk der IG Farben, in einem Nebenlager von Auschwitz etwa 25 000 der 35 000 eingesetzten Häftlinge. Bei dieser „Vernichtung durch Arbeit" betrug die durchschnittliche Lebenserwartung eines jüdischen Häftlings weniger als vier Monate. Die ausgemergelten Zwangsarbeiter starben vor Erschöpfung, durch Krankheit, oder sie wurden nach einiger Zeit als arbeitsunfähig selektiert und getötet.

Die Selektion

Im größten nationalsozialistischen Konzentrations- und Vernichtungslager Auschwitz-Birkenau gab es einen genau festgelegten Ablauf der Vernichtung. Seit Juli 1942 selektierten SS-Ärzte die ankommenden Häftlinge an einer Rampe: Zunächst wurden alle Wertgegenstände aus dem persönlichen Besitz beschlagnahmt. Anschließend entschied die Arbeitsfähigkeit über Leben oder Tod. Arbeitsfähige mussten in den Betrieben deutscher Unternehmen oder des Lagers selbst schuften. Wer nicht oder nach einigen Monaten Arbeit nicht mehr arbeitsfähig war, wurde in den Gaskammern des Vernichtungslagers getötet. In vier riesigen Krematorien beseitigte man die Leichen ohne größere Umstände. Vor der Verbrennung wurden die Leichen der in den Gaskammern Getöteten noch auf alles Verwertbare abgesucht. Skrupellos sammelte man Goldzähne, Brillen oder Haare der Ermordeten und verwertete sie weiter.

Im Oktober 1944 gelang es den Häftlingen der Sonderkommandos in Auschwitz-Birkenau, einen Aufstand zu initiieren. Sie sprengten eines der Krematorien. Kurz darauf ließ Himmler die Tötungen einstellen und die Vernichtungslager abbauen. Im Januar 1945 trat die SS-Besatzung angesichts der herannahenden Sowjettruppen den Rückzug an. Die noch gehfähigen Häftlinge wurden auf einen Todesmarsch in Richtung Westen geschickt. Am 27. Januar 1945 befreite die Rote Armee die in Auschwitz und seinen Nebenlagern verbliebenen Insassen.

Ein unvorstellbarer Genozid

280 000 der rund 500 000 deutschen Juden gelang es, rechtzeitig aus Deutschland zu emigrieren. Allerdings bedeutete das nicht für alle die Rettung vor dem Holocaust, da sie nach Kriegsausbruch in ihren Zufluchtsorten nicht selten von der nachrückenden deutschen Armee eingeholt wurden. Die Zahl der ermordeten deutschen Juden liegt zwischen 160 000 und 195 000. Ungefähr 15 000 überlebten als Partner in Mischehen, weniger als 6000 überstanden die Lager im Osten und eine kleine Gruppe überlebte in Verstecken im Untergrund.

Doch die Zahl der ermordeten deutschen Juden wird bei weitem übertroffen von den Opfern des Völkermords, die polnische oder sowjetische Staatsbürger waren. Insgesamt wurden mindestens 6 Mio. Menschen aus Deutschland, Polen, der Sowjetunion, aber auch sämtlichen besetzten Ländern Europas planmäßig ermordet – allein weil sie Juden waren.

Der Luftkrieg über Europa

Hornissenschwärmen gleich verdunkelten die Bombergeschwader den Himmel über Europa. Das Bombardement ganzer Städte bezog in bislang ungekanntem Ausmaß die Zivilbevölkerung in das Kriegsgeschehen ein.

In der Nacht zum Palmsonntag heulten in Lübeck um 23.16 Uhr schrill die Sirenen: Bombenalarm. Das war im dritten Kriegsjahr nichts Neues für die Einwohner der altehrwürdigen Hansestadt an der Trave. Doch an diesem 29. März 1942 öffneten sich die Schleusen des Himmels in einer völlig neuen Dimension. 400 t Spreng- und Brandbomben prasselten auf die historische Altstadt herab und verwandelten das verwinkelte System aus Häusern, Lagerhallen und engen Gässchen innerhalb von 20 Minuten in ein tosendes Flammenmeer. Die Feuerwehr kam mit den Löscharbeiten nicht mehr nach. Als es ihr gelang, am folgenden Tag den Brand einzudämmen, waren 800 000 m² Altstadt ausgebrannt, darunter der Dom, die Marienkirche und das berühmte Buddenbrookhaus. 320 Lübecker Bürger fanden in dem Glutofen den Tod.

Der Herr des Bombenhagels

Jenseits des Kanals konnte der Chef des englischen Bomberkommandos, Luftmarschall Arthur Harris, mit dem Erfolg seiner Offensive zufrieden sein. Lübeck mit seinen leicht entzündlichen Fachwerkbauten diente nämlich als Probelauf für eine neue Art der Kriegführung aus der Luft, die mit gezielten Angriffen auf geschlossene Siedlungsgebiete die gegnerische Zivilbevölkerung aufs Korn nahm. Harris, unter Kollegen auch als „Bomber-Harris" bekannt, war Churchills Mann fürs Grobe. Er hatte sich bereits in blutigen Kolonialkriegen einen Namen gemacht, bevor ihn der englische Premierminister am 22. Februar 1942 als neuen Chef in das Hauptquartier der Bomberflotte nach High Wycombe holte.

Die politische Entscheidung zum strategischen Bombenkrieg fiel allerdings lange vor Harris' Berufung. Schon während der Luftschlacht um England 1940 trugen sich Churchill und seine Militärstrategen mit dem Gedanken, Bevölkerungszentren aus der Luft zu zerstören, um damit den Durchhaltewillen der Zivilbevölkerung zu untergraben.

Todeslast vom Himmel
Mit den B-17-Bombern besaßen die USA ein robustes viermotoriges Flugzeug, das über 4000 kg Bombenlast transportieren konnte.

Zerstörtes Köln
Die Rheinmetropole musste bis Kriegsende 262 Fliegerangriffe über sich ergehen lassen. Danach waren 95 % der Altstadt zerstört, u. a. auch die wichtige Rheinbrücke und Teile des Domes.

Kurz vor dem Start
Dieser kanadische Funkoffizier eines Lancasterbombers nahm zwei Brieftauben mit zum Einsatz für den Fall eines Absturzes oder des Ausfalls der modernen Kommunikationstechnik an Bord.

Darüber hinaus ließen sich militärische Ziele und zivile Siedlungsgebiete im 20. Jh. ohnehin kaum mehr unterscheiden, gab es doch in fast jeder größeren Stadt kriegswichtige Rüstungsbetriebe. Je länger der Krieg dauerte, umso mehr sanken zudem die Hemmungen, den jeweiligen Gegner aus der Luft zu terrorisieren. Was Hitlers Luftwaffe 1939 und 1940 in Warschau, Rotterdam, London und Coventry vorgemacht hatte, schlug nun auf den deutschen Kriegsschauplatz zurück.

Kampf gegen die Städte

Die Area Bombing Directive des englischen Luftfahrtministeriums vom 14. Februar 1942 erhob die neue Strategie der flächendeckenden Bombardierung zum Prinzip und gab als Hauptangriffsziel an, „von nun an den Kampfgeist der gegnerischen Zivilbevölkerung zu untergaben“. Und der als skrupellos geltende Harris perfektionierte den Luftkrieg in bislang ungekanntem Ausmaß. Der erfolgreiche Lübecker Probelauf bestätigte seine mit wissenschaftlicher Akribie ausgetüftelte Vorgehensweise. Um ein verheerendes Großfeuer zu entfachen, ließ er Stabbrandbomben und schwere 250-Pfund-Benzol-Kautschuk-Bomben in festgelegter Reihenfolge abwerfen: Zuerst sprengten schwere Luftminen und Sprengbomben, so genannte Blockbuster, Dächer, Fenster und Brandmauern der Häuser weg, danach folgten Brandstäbe und Phosphorbomben, die das Mobiliar der abgedeckten Wohnungen entfachten. Eine Reihe von Spreng- und Splitterbomben verhinderte im Anschluss das Ausrücken der Feuerwehrmannschaften, riss Krater in die Straßen und zerstörte die Wasserleitungen.

Kein Entkommen im Feuersturm

Den Ausschlag gab die Schnelligkeit der Angriffswellen: Gelang es, die Löscharbeiten zu behindern, so erledigte das um sich greifende Flammenmeer den Rest von selbst. Vereinigten sich die Einzelbrände zu einem gigantischen Großbrand, konnte dieser unter besonders „günstigen“ klimatischen Bedingungen zum gefürchteten Feuersturm anschwellen. Dabei bildete sich über dem Brandherd eine Heißluftsäule, die Sauerstoff aus allen Winkeln und Ritzen nach oben abzog und zu einem alles vernichtenden Orkan anwuchs.

Veteran des Luftkriegs
Mitglieder der australischen Luftwaffe beluden den viermotorigen Lancasterbomber, der vom englischen Lincolnshire zum Einsatz nach Deutschland flog.

Wer in den Bannkreis dieses Feuersturms geriet, verglühte sofort zu Asche. Aber auch in Luftschutzbunkern und Kellern drohte der Tod durch Kohlenmonoxidvergiftung oder Überdruck.

ALLIIERTE ÜBERLEGENHEIT

Die alliierte Luftwaffe konnte das flächendeckende Städtebombardement nur durchführen, weil ihr eine ausreichend große Bomberflotte mit genügend Ladekapazitäten sowie eine wendige Begleitjägermannschaft, die feindliche Kampfflugzeuge von den schweren Bomberverbänden abhielt, zur Verfügung stand. Dabei erwies sich die RAF, die Royal Air Force, in technischer Hinsicht ihrem Gegner auf dem Kontinent als weit überlegen. Die 1942 in Dienst gestellten Halifax- und Lancasterbomber sowie verbesserte Präzisionszielgeräte und der Einsatz von so genannten Pathfinder-Staffeln, die den Bombengeschwadern vorauseilten und den Luftraum über dem Zielgebiet mit Leuchtraketen markierten, boten die entscheidenden Vorteile im Luftkampf.

Den Deutschen, die auf die Bombardierung Lübecks und Rostocks mit Angriffen auf die historischen Stadtkerne von Exeter, Bath oder York antworteten, gelang es nie, im Bombenkrieg die Initiative zu ergreifen. Der strategische Luftkrieg blieb eine Angelegenheit der Alliierten und spielte sich vorzugsweise über dem deutschen Luftraum ab.

UNGEHEURE BOMBENMENGEN

Welch gewaltige Kapazitäten der englische Luftmarschall aufbieten konnte, zeigte im Mai 1942 der 1000-Bomber-Angriff auf Köln. Noch nie hatte eine so gewaltige Armada den Luftraum durchpflügt. Selbst Ausbildungs-, Marine- und Reserveflugzeuge waren aufgeboten worden, um diese gewaltige Luftflotte zusammenzustellen. Sie im großen Verband zu manövrieren und zu koordinieren, glich einer logistischen Meisterleistung. Harris wollte trotz des hohen Risikos zu neuen Dimensionen im Luftkampf vorstoßen. Nicht umsonst trug das Experiment den Codenamen „Operation Millennium". 1350 Sprengbomben und 460 000 Brandbomben gingen über Köln nieder, 480 Menschen kamen dabei ums Leben. Aus Rache ließ Hitler daraufhin den alten Bischofssitz von Canterbury bombardieren. Das System von Zerstörung und Vergeltung nahm seinen unheilvollen Verlauf.

ZUSAMMENSPIEL DER KRÄFTE

Seit 1942 unterstützte die 8. US-Luftflotte mit ihren B-17-Bombern die RAF. Mit diesem äußerst robusten Flugzeugmodell, den „fliegenden Festungen", konnte man sogar Tageinsätze über feindlichem Gebiet fliegen. Im Januar 1943 stimmten die westlichen Alliierten auf der Konferenz von Casablanca ihre Luftkriegführung miteinander ab. Die US-Luftwaffe sollte nun tagsüber Präzisionsangriffe auf militärisch bedeutende Ziele wie die deutsche U-Boot-, Flugzeug-, Kugellager- oder Ölversorgungsindustrie fliegen, während die RAF ihre Nachtangriffe auf deutsche Städte fortsetzte. Der gemeinsame

STANDPUNKT

Dresden – Bombenterror als militärische Strategie?

Die Vernichtung der Stadt Dresden löste schon unter den Zeitzeugen eine heftige Kontroverse über die moralische Rechtfertigung des schrankenlosen Städtebombardements aus.

Zum Zeitpunkt des Luftangriffs weilten etwa 950 000 Menschen in Dresden, darunter viele Flüchtlinge aus dem Osten, die der Roten Armee zu entkommen hofften. Insbesondere die zweite Angriffswelle zielte auf hohe Verluste unter den vor dem tosenden Feuersturm auf die Elbwiesen und in den Großen Garten geflüchteten Menschen ab. Auch die Bombardierung am nächsten Tag ließ sich kaum mit militärischer Notwendigkeit begründen.

Die Kritiker des strategischen Luftkriegs brandmarkten deshalb den Angriff auf Dresden als reinen Terror- und Willkürakt der Alliierten. Demgegenüber argumentierten die Befürworter, dass Dresden als Verkehrsknotenpunkt und Industriezentrum auch strategische Bedeutung besaß und dass zahlreiche Firmen unter Decknamen für die Rüstungsindustrie produzierten und in den Listen des Waffenamts der Wehrmacht geführt wurden.

Dresden
Bis heute gilt Dresden als mahnendes Symbol für die grauenvolle Brutalität des totalen Luftkriegs.

Frauen an der Heimatfront
Im Lauf des Krieges zogen die Alliierten immer mehr Frauen zu Hilfsdiensten in der Armee heran. So versuchten sie, durch Teleskope feindliche Flugzeuge zu identifizieren.

Bombenkrieg diente nicht zuletzt als Entlastungsargument gegenüber Stalin, der auf die Eröffnung einer zweiten Front in Europa drängte. Da insbesondere Großbritannien noch nicht für ein großes Invasionsunternehmen gerüstet war, sicherte Churchill dem sowjetischen Diktator zu, „nahezu jede Wohnung in fast jeder deutschen Stadt“ aus der Luft zu zerstören.

In Casablanca legte man als vorrangigen Zielraum das Ruhrgebiet fest, die Waffenschmiede Deutschlands. Zwischen März und Juli 1943 flogen englische Bomber, unterstützt von US-Tagesangriffen, 21 deutsche Großstädte an. Die Krupp-Werke in Essen erinnerten einen dänischen Korrespondenten nach einem der schweren Bombardements an Luftaufnahmen von Pompeji, denn allein auf das 30 km lange Firmenareal fielen 20 000 Brand- und 125 Sprengbomben. Auch Bochum, Dortmund, Duisburg, Düsseldorf, Krefeld, Remscheid und Wuppertal traf das Unglück aus der Luft. Fein säuberlich klebte „Bomber-Harris“ die Luftbildaufnahmen der völlig zerstörten Städte in blaue Alben, um sie als Beweise seines durchschlagenden Erfolgs an Stalin, den Buckingham-Palast und die Regierung in London zu schicken.

Propaganda bis zum Schluss
Je prekärer die Situation wurde, umso stärker aktivierten die Nationalsozialisten die Heimatfront. Selbst Frauen und Jugendliche zog man als Flakhelfer oder Luftnachrichtenhelferinnen heran.

Der angepeilte Erfolg des Bombardements blieb aus

Über eines konnten jedoch auch die Erinnerungsbilder nicht hinwegtäuschen: Das eigentliche Ziel des Flächenbombardements, das Brechen des moralischen und industriellen Rückgrats des deutschen Aggressors, erreichte man nicht. In Hauskellern und Luftschutzbunkern Schutz suchend rückte die deutsche Bevölkerung angesichts des Bombenterrors eher noch enger zusammen. Der Kampf ums Überleben beschäftigte die Menschen viel mehr als eine mögliche Rebellion gegen Hitler. Berlin war weit und der Feind aus der Luft nah. Noch näher lag das Schicksal der eigenen Familie und die Rettung der einzig noch verbliebenen Habe.

Auch die Industrieproduktion kam nicht zum Erliegen. Der deutsche Rüstungsminister Speer verlegte die Fabrikation an abgelegene Orte, teilweise auch unter Tage, und glich die Verluste unter der Arbeiterschaft mit Heerscharen von Zwangs- und Fremdarbeitern aus. So erreichte die Kriegsgüterproduktion ihren Höhepunkt im Oktober 1944. Zudem musste die alliierte Luftwaffe große Verluste einstecken. Vom Boden abgefeuerte Flugabwehrraketen und besser ausgerüstete deutsche Jagdgeschwader dezimierten die aus Großbritannien kommenden Bomberstaffeln beträchtlich. Auch die zur Ablenkung des Bodenradars von der alliierten Luftwaffe ausgestreuten Staniolstreifen irritierten die deutsche Abwehr nur anfänglich. Erst als die USA zum Schutz ihrer Bomber das neue Jagdflugzeug P-51 Mustang einsetzten, gelang es, die eigene Verlustquote entscheidend zu reduzieren.

Welche Wucht der Luftkrieg im Sommer 1943 entwickelte, zeigte das Beispiel Hamburg. Die Operation „Gomorrha" trug ihren Namen völlig zu Recht: Wie in der alttestamentarischen Geschichte der von Gott gezüchtigten sündhaften Städte Sodom und Gomorrha regnete es in Hamburg buchstäblich „Schwefel und Feuer" vom Himmel. Zwischen dem 24. Juli und 3. August gingen in vier Nächten 9000 t Spreng- und Brandbomben auf die Stadt nieder. Sie entfachten einen Feuersturm, der mit 270 km/h durch die Straßen fegte und eine Temperatur von 800 °C erreichte. Fast 30 000 Einwohner kamen ums Leben, fast die Hälfte des Wohnraums wurde ein Opfer der Flammen.

Danach geriet die Reichshauptstadt ins Visier der Bomber. Von November 1943 bis März 1944 flogen die Alliierten 16 Großangriffe auf Berlin. Trotz verheerender Zerstörungen – 1,5 Mio. Berliner wurden obdachlos, 10 000 verloren ihr Leben – gelang es nicht, einen Feuersturm wie in Hamburg zu entfachen, obwohl US-Piloten in der Wüste von Utah den Angriff auf maßstabsgetreu nachgebaute Berliner Mietskasernen geübt hatten. In der Stadt mit ihren breiten Straßenzügen und weiten Hinterhöfen konnte sich kein Feuersturm entwickeln.

Luftkrieg ohne Unterlass

Ein Ende des Wahnsinns ließ sich trotz der erlittenen Zerstörungen nicht absehen. Beide Seiten bastelten eifrig an „Wunderwaffen". Erwog Churchill den Einsatz von Milzbrandbomben, experimentierten deutsche Forscher in Peenemünde auf der Ostseeinsel Usedom mit unbemannten Flugbomben und Fernraketen, deren erste Exemplare 1944 in London und Antwerpen einschlugen.

Dieser ungebrochene Vernichtungswille des NS-Regimes veranlasste die US-Militärstrategen, den Luftkrieg weiter zu verstärken. Angesichts der bevorstehenden Invasion in der Normandie erschien es besonders nötig, die deutschen Transportwege und die Flugzeugindustrie auszuschalten. So flog die US-Luftwaffe vom 20. bis zum 25. Februar 1944 schwere Angriffe gegen die Zentren der deutschen Luftfahrtindustrie in Augsburg, Schweinfurt, Regensburg und Stuttgart. Vor allem die Zerstörung der Hydrierwerke zeigte den gewünschten Erfolg: Die Treibstoffversorgung der deutschen Luftwaffe sank drastisch, sodass die Luftherrschaft allmählich an die alliierten Streitkräfte überging.

Kriegsentscheidend?

Im August 1944 stimmte US-Präsident Franklin D. Roosevelt der von Churchill vorgeschlagenen Operation „Donnerschlag" zu. Im Rahmen dieser Offensive versank auch die Elbmetropole Dresden in Schutt und Asche. In der Nacht zum 14. Februar 1945 verbrannten oder erstickten rund 40 000 Menschen in dem flammenden Inferno. Auch unwiederbringliche Kunstschätze wie die Dresdner Frauenkirche, das Schloss, die Semperoper oder der berühmte Zwinger verschwanden aus dem Stadtbild. Trotz laut geäußerter Zweifel in der internationalen Öffentlichkeit nach Sinn und Zweck des entfesselten Bombenkriegs kam es in den letzten Kriegsmonaten zu weiteren Zerstörungen. So erlagen Pforzheim, Würzburg, Hildesheim, Paderborn und Potsdam kurz vor der Kapitulation Deutschlands dem „Feuer, das vom Himmel fiel".

HINTERGRUND

V2 – Hitlers „Wunderwaffe"

Der deutsche Ingenieur Wernher von Braun arbeitete mit einem Team von Forschern, Professoren und Facharbeitern an der Konstruktion einer Fernrakete. Die „Wunderwaffe" V2 wurde zum Prototyp aller späteren transportablen, ballistischen Raketen. Als das Forschungszentrum Peenemünde 1943 von englischen Bomben getroffen wurde, verlegte man die Raketenproduktion in die unterirdischen Stollen des KZ Mittelbau Dora im Harz.

Am 8. September 1944 verließ die erste V2 ihre Abschussrampe in Richtung London. Ihre fehlende Zielgenauigkeit und ihre geringe militärische Nutzlast von unter 1 t Sprengstoff erfüllten nicht die hohen Erwartungen.

Einsatzbereit Abschussbereit stand diese V2-Rakete auf der Startrampe in der Heeresversuchsanstalt Peenemünde.

Das Ende Mussolinis – die Befreiung Italiens

Als die Alliierten in Süditalien landeten, waren die Stunden des Duce gezählt. Doch die Deutschen verhalfen ihm zu einer zweiten Chance.

Wie an jedem Sonntag begab sich Italiens Regierungschef Benito Mussolini am Nachmittag des 25. Juli 1943 zur königlichen Audienz in die Villa Savoia in Rom. Bereits am Eingang erwartete König Viktor Emanuel III. seinen ahnungslosen Ministerpräsidenten. Doch die mit Orden bepflasterte Uniform eines Marschalls von Italien, die der König in den fast 2000 Audienzen der letzten 21 Jahre nie getragen hatte, ließ Mussolini das Blut in den Adern erstarren, und im eleganten Salon erklärte Viktor Emanuel III. die sofortige Entlassung des Ministerpräsidenten.

Lapidar fügte der König hinzu, er habe Mussolini bereits durch Marschall Pietro Badoglio ersetzt, dann geleitete er den Duce wortlos zum Portal, wo er sich kurz und

Gelungene Invasion
Die US-Militärs nannten ihre Landung auf Sizilien Operation „Husky". Der englische Premierminister Winston Churchill sprach von einem „Stoß in den weichen Unterleib" der Achsenmächte.

unterkühlt verabschiedete, und zog sich sofort in seine Gemächer zurück. Die zuvor mit seinen Beratern abgesprochene Verhaftung Mussolinis würdigte er keines Blickes. In diesem Augenblick läutete Viktor Emanuel III. das Ende der Ära Mussolini ein.

Kein guter Frühling

Im Kriegsjahr 1943 hatten militärische Misserfolge, wirtschaftliche Probleme und innere Krisen die antifaschistische Opposition in Italien gestärkt. Den italienischen Soldaten in Nordafrika, im Osten und an der Balkanfront dämmerte mittlerweile, dass sie als Kanonenfutter verheizt wurden. So wandte sich die Stimmung in Italien zunehmend gegen den Duce, selbst in Unternehmerkreisen spekulierte man bereits mit dem Ende Mussolinis.

Das faschistische System Italiens stand kurz vor dem Zusammenbruch. Als im März 1943 in Norditalien 200 000 Arbeiter in einen organisierten Massenstreik traten, kam es zu antifaschistischen Parolen. Zwei Monate später blieb Mussolini selbst bei einer seiner berühmten Propagandareden die Abkehr seines Volkes nicht verborgen: Am 5. Mai trat er zum letzten Mal auf den Balkon des Palazzo Venezia in Rom, um mit seinen bekannten Gesten euphorische Kriegsstimmung zu verbreiten, aber die Römer zerstreuten sich vor dem Ende seiner Ansprache ohne das übliche Duce-Gehabe rasch in alle Winde. Mussolini hatte sein Volk nicht mehr im Griff.

Überraschungscoup

Die Lage spitzte sich zu, als in der Nacht vom 9. auf den 10. Juli 1943 Briten und Amerikaner mit 160 000 Soldaten, 600 Panzern und 1000 Kanonen auf Sizilien landeten und die Küste von Syrakus im Osten bis Licata im Westen besetzten. Die Achsenmächte überraschte der aus Nordafrika gestartete Angriff vollkommen. Aufgrund gefälschter Informationen hatten sie die alliierte Landung auf Sardinien oder in Spanien erwartet. Obwohl die deutschen und italienischen Verteidiger

Esel statt Panzer
Die Amerikaner schätzten bei ihrer Landung in Sizilien Maultiere als Transportmittel der Armee. Mit ihnen beförderten sie Munition, Proviant, Wasser und sonstiges Gepäck.

Mangelhafte Ausrüstung
Das italienische Karabinergewehr galt als veraltet, ungenau und verfügte über eine geringe Gefechtsweite. Aus Kapazitätsgründen wurde es dennoch auf deutsche Munition umgearbeitet.

Ende eines Alptraums
Am 4. Juni 1944 marschierten alliierte Truppen unter dem Jubel der Bevölkerung in Rom ein.

mit etwa 350 000 Soldaten zahlenmäßig überlegen waren, konnten die Küstendivisionen dem gegnerischen Vorstoß nicht standhalten. Anfang September setzten die alliierten Streitkräfte aufs italienische Festland über und wurden dort von den auf Frieden hoffenden Italienern jubelnd begrüßt.

Italien feiert den Abgang des Duce

Während auf Sizilien der Union Jack und das Sternenbanner wehten, braute sich in Rom in den höchsten Kreisen das verhängnisvolle Komplott gegen Mussolini zusammen. Seit 1922, als die Faschisten die Regierung Italiens übernommen hatten, war es zu keinem Konflikt zwischen Italiens Krone und Mussolini gekommen. Nun aber stellte sich der König hinter sein Volk und beschloss gemeinsam mit den Mitgliedern des Senats die Absetzung Mussolinis. Am Abend des 24. Juli 1943 übergab der Faschistische Großrat nach einer Mehrheitsentscheidung mit 19 zu 8 Ratsstimmen den militärischen Oberbefehl an den König und entzog damit dem Regime und seinem Führer das Vertrauen.

Nach dem historischen Zusammentreffen zwischen Viktor Emanuel III. und Mussolini am Folgetag wurde der Duce verhaftet und in einem Ambulanzwagen zunächst in eine römische Kaserne und später in das Gefängnis auf dem Gran Sasso d'Italia in den Abruzzen gebracht. Die Nachricht vom Sturz Mussolinis verbreitete sich wie ein Lauffeuer und versetzte ganz Italien in Aufregung. In einer Radiobotschaft am Abend des 25. Juli 1943 berichtete Badoglio selbst der Welt vom Staatsstreich.

Scharenweise zogen die Menschen durch Rom und verkündeten in Sprechchören das Ende des Krieges. In Pantoffeln oder im Nachthemd stürmten die Römer auf die Straße, umarmten sich, lachten oder weinten. Symbole der Macht wie Rutenbündel, Kaiseradler und Mussolinibilder wurden zerstört, aus den Fenstern der Ministerien geworfen, mit Seilen hinter Autos hergezogen oder verbrannt. In einer Metallfabrik schoben Arbeiter einen Bronzekopf des Gestürzten in eine hydraulische Presse: Zerquetscht und platt wie eine Flunder kam er wieder heraus. Redakteure der Wochenschau filmten die Szene zufällig, sie fand in den folgenden Wochen beim Publikum in den römischen Kinos großen Anklang. Die hysterischen Massen ließen König und Badoglio hochleben, und selbst als der frisch gebackene Regierungschef am darauf folgenden Tag den Ausnahmezustand über Italien verhängte, ebbte der Jubel nicht ab.

Wehrmacht in Italien

Der neue Ministerpräsident Italiens löste die faschistische Partei kurzerhand auf. Gemeinsam mit dem König erklärte er aber offiziell, Italien wolle den Krieg weiterhin loyal an der Seite des Verbündeten Deutschland fortsetzen. Im Führerhauptquartier in Berlin traute man den Schwüren Italiens allerdings nicht und entsandte binnen weniger Wochen sechs Infanterie-, eine Panzer- und eine motorisierte Division nach Norditalien.

Innenpolitisch verfolgte die Regierung Badoglio einen harten Kurs und bezog keine eindeutige Position gegen den Faschismus, im Gegenteil! Nur zögerlich wurden politische Gefangene wieder auf freien Fuß gesetzt, einstige Führungskräfte und Parteifunktionäre blieben unbestraft, während man gegen Demonstranten und Streikende hart vorging.

Geheime Verhandlungen

Badoglio fürchtete nämlich die 300 000 in Italien stationierten deutschen Soldaten, die nur auf den Befehl warteten, die italienischen Streitkräfte zu entwaffnen. Seine Regierung musste aber Zeit schinden, um mit den Alliierten in Geheimverhandlungen möglichst günstige Bedingungen auszuhandeln: Man wollte die Monarchie des Hauses Savoyen retten und bei Kriegsaustritt zumindest einen Teil der nordafrikanischen Kolonien halten.

Erst am 8. September 1943 erfuhr die italienische Öffentlichkeit, dass die Regierung und die Alliierten in Cassibile auf Sizilien einen geheimen Waffenstillstand vereinbart hatten. Aus Angst, den deutschen Einheiten in die Hände zufallen, flohen König Viktor Emanuel III., Badoglio und die hohen staatlichen Amtsträger auf dem Seeweg ins süditalienische Brindisi, wo sie sich in die Obhut der Alliierten begaben. Die Regierung machte sich aus dem Staub und überließ das Land seinem Schicksal. Weder die italienischen Militäreinheiten noch die Zivilbevölkerung wussten, wie es weitergehen sollte.

Drei Tage später hatte die Wehrmacht die führungslosen italienischen Truppen in ihrem Zugriffsbereich entwaffnet und gefangen genommen. Italien stand von den Alpen bis zur Frontlinie rund 100 km südlich von Rom unter deutscher Kontrolle. Auch auf dem Balkan, in Griechenland und in Frankreich wurden umgehend die italienischen Soldaten entwaffnet und nach Deutschland deportiert.

Italiens Partisanenbewegung

Um einer Deportation zu entgehen, zogen sich zahlreiche Männer in die Gebirgsregionen der Emilia-Romagna, des Piemont und Liguriens zurück. Hier bildeten sie die ersten Partisanenbanden, die dann später in der italienischen Widerstandsbewegung Resistenza zusammenflossen.

ALLTAGSLEBEN

Grausame Besatzungszeit

Vergeblich versuchten sich die Dorfbewohner zu verstecken. Seit 6.30 Uhr morgens erschossen deutsche Soldaten jeden, den sie antrafen, in den Häusern, Ställen, auch auf dem Kirchplatz. Im toskanischen Sant' Anna starben am 12. August 1944 rund 560 Menschen, fast alle Häuser wurden zerstört und die Tiere getötet.

In den Besatzungsjahren fielen Juden, Partisanen und italienische Zivilisten brutalen Massakern und Geiselerschießungen zum Opfer, die oft als Sühnemaßnahmen für Attentate und Sabotageakte der Resistenza verübt wurden.

Berg des Todes
Der vier Monate dauernde Kampf um Monte Cassino kostete rund 20 000 deutsche und 12 000 alliierte Soldaten das Leben.

Hitler konnte nun nicht mehr mit einer aktiven Unterstützung seines einstigen Partners auf den Schlachtfeldern rechnen, doch brauchte er die Gewissheit, dass ihm Italien zumindest nicht in den Rücken fiel. Da er eine Rückversicherung benötigte, sollte der Duce eine zweite Chance bekommen. In einem kühnen Handstreich befreiten deutsche Fallschirmjäger am 12. September 1943 Mussolini aus seinem Gefängnis in den Abruzzen. Kurz darauf traf der Duce mit Hitler zusammen, beriet über die neue Lage und ließ wenig später über das Radio die Wiedererrichtung des faschistischen Regimes und der faschistischen Partei mit Alessandro Pavolini an der Spitze verkünden.

Mussolinis Rückkehr

Drei Tage später, am 15. September 1943, kehrte Mussolini unter deutschem Schutz nach Italien zurück und gründete eine neue faschistische Republik. Rom lag zu dicht an der Front und kam daher als Regierungssitz nicht infrage. Aus diesem Grund richtete sich die neue Staatsspitze in Norditalien, am malerischen Gardasee rund um das Städtchen Salò, ein.

Die von Deutschland abhängige faschistische Republik von Salò sollte den Krieg aufseiten Hitlers bis April 1945 fortführen. Mussolini erklärte dem von den Alliierten besetzten Südteil Italiens den Krieg und führte parallel dazu in Norditalien einen gnadenlosen Kampf gegen die italienischen Partisanen. Italien wurde durch die militärische Lage damit geteilt.

Schlacht um Florenz
In einem erbitterten Stellungskampf versuchte die Wehrmacht, Florenz zu halten. US-Fallschirmjäger belegten den Gegner jenseits des Arno mit MG-Feuer.

Alliierter Durchbruch bei Monte Cassino

Zunächst erfolglos, versuchten alliierte Truppen, von Unteritalien aus die starken deutschen Linien im Westen Italiens zu knacken. Erst im Januar 1944 gelang der entscheidende Durchbruch: US-Truppen landeten im Rücken der deutschen Front bei Nettuno und Anzio und begannen sofort mit Frontalangriffen auf die von der Wehrmacht stark befestigten Stellungen um die Stadt Cassino. Im Verteidigungskonzept der deutschen Truppen spielte der 520 m hohe Monte Cassino, auf dessen Gipfel sich die im Mittelalter erbaute Benediktinerabtei erhob, eine wichtige Rolle. Überraschende Sturmangriffe und unerbittliche Grabenkämpfe rund um Cassino sollten Angreifer und Verteidiger bis Ende Mai 1944 tausende von Opfern kosten.

Doch dann begingen die Alliierten einen fatalen Fehler: Sie bombardierten gezielt das altehrwürdige Benediktinerkloster, weil sie hinter den Klostermauern eine deutsche Funk- und Aufklärungsstation vermuteten. Am 15. Februar 1944 warfen 229 US-Kampfflugzeuge rund 500 t Spreng- und Brandbomben ab. Sie wussten nicht, dass General Albert Kesselring, der deutsche Oberbefehlshaber in Italien, mit Rücksicht auf die historische Bedeutung des Kulturdenkmals bereits im Dezember 1943 verboten hatte, das Kloster in die deutschen Verteidigungsstellungen mit einzubeziehen. Das Betreten eines festgelegten Sperrkreises um das Gebäude war Wehrmachtssoldaten untersagt. So hielten sich zum Zeitpunkt des todbringenden Angriffs nur Mönche und Flüchtlinge, zumeist Frauen und Kinder, in den Kellergewölben des Klosters auf, das bis auf die Grundmauern zerstört wurde.

Am 17. Mai 1944 erteilte Kesselring den Befehl zum Rückzug seiner Truppen nach

Befreiender Racheakt
In einer grausigen Prozedur wurden die Leichen von Benito Mussolini, seiner Geliebten Clara Petacci und seiner Berater geschändet und dann kopfüber an einer Tankstelle in Mailand öffentlich aufgehängt.

Norden. Die deutsche Verteidigung in Süditalien brach daraufhin zusammen, und wenig später konnten alliierte Verbände kampflos und unter dem Jubel der Bevölkerung in das von der Wehrmacht geräumte Rom einmarschieren. Ebenso freudig und lautstark feierte man den Einzug der Alliierten am 26. Juli in Pisa und am 4. August in Florenz. Die Wehrmacht zog sich in den folgenden Wochen hinter die 320 km lange Apenninstellung zurück, die sich von La Spezia über den Apennin bis in das ostitalienische Rimini erstreckte.

Alliierte und Partisanen gewinnen die Oberhand

Der ungewöhnlich harte Winter 1944/45 brachte die italienische Front zum Erliegen. Nach der alliierten Invasion in der Normandie war die Apenninenhalbinsel längst zu einem Nebenschauplatz des Kriegsgeschehens geworden. Als die Alliierten Mitte April 1945 in die Poebene vorrückten, begann die deutsche Verteidigung zu bröckeln. Gleichzeitig riefen die bewaffneten Partisanenverbände zum nationalen Aufstand auf und befreiten die meisten Städte Mittel- und Oberitaliens. Noch heute wird daher der 25. April in Italien als Tag der Befreiung vom Faschismus gefeiert.

Kein Entkommen für den Duce

Mussolini befand sich in einer aussichtslosen Lage. Das Gebiet seiner faschistischen Marionettenregierung fiel in die Hände der Partisanen, während sich die Wehrmacht zurückzog. Mussolini löste die „Republik von Salò" auf und versuchte nach erfolglosen Verhandlungen mit den Partisanen, nach Deutschland zu fliehen. Aber aufgebrachte kommunistische Widerstandskämpfer vereitelten seine Flucht: Am 28. April 1945 wurden Benito Mussolini, seine Geliebte Clara Petacci und die mitreisenden Berater ohne Gerichtsverfahren bei Dongo am Comer See aufgegriffen und erschossen. Nur zwei Tage später kapitulierten die deutschen Truppeneinheiten in Italien.

Invasion der Alliierten – das Ende Deutschlands

Nach der spektakulären Landung der Alliierten in der Normandie dauerte der Krieg noch weitere elf Monate.

Der längste Tag
Unter großen Verlusten gelang es den Alliierten, Soldaten und Kampfmaterial an Land zu bringen und einen Brückenkopf zu errichten.

Würden sie tatsächlich kommen? Schon seit Wochen herrschte bei den an der Normandieküste stationierten deutschen Soldaten gespannte Erwartung. Im Frühjahr 1944 zweifelte fast niemand mehr daran, dass die Invasion der Alliierten unmittelbar bevorstand, die Frage war nur, wo sie stattfinden würde. Die meisten deutschen Militärs glaubten wie Adolf Hitler, der Gegner würde bei Calais, an der engsten

Stelle des Ärmelkanals, angreifen. Nur Feldmarschall Erwin Rommel war anderer Ansicht. Seit er im Januar den Küstenabschnitt um das kleine normannische Örtchen Colleville-sur-Mer besichtigt hatte, war der erfahrene „Wüstenfuchs“ überzeugt, dass der kilometerlange Sandstrand ein ideales Gelände für einen alliierten Angriff von der Seeseite darstellen würde. Aufgrund der schlechten Witterung Anfang Juni aber schien eine Invasion der Alliierten zu diesem Zeitpunkt ausgeschlossen. Rommel entschloss sich daher, seinen Posten vorübergehend zu verlassen, um seine Frau an ihrem Geburtstag in Stuttgart zu überraschen.

In der Morgendämmerung des 6. Juni 1944 sahen deutsche Wachposten bei Colleville-sur-Mer plötzlich dunkle Schatten am Horizont, die allmählich größer wurden. Über das Meer nahte eine gewaltige Armada von Schiffen: War die Invasion der Alliierten wider Erwarten doch bereits angelaufen? Tatsächlich hatte General Dwight D. Eisenhower, Oberbefehlshaber der alliierten Streitkräfte in Europa, eine kurzfristige Wetterbesserung genutzt und befohlen, die Operation „Overlord“ zu starten.

Nun endlich sollte die „Festung Europa“ gestürmt werden. Mehr als 6700 Schiffe näherten sich dem 80 km breiten, kaum befestigten Küstenabschnitt zwischen Caen und Cherbourg, während Transportflugzeuge im Hinterland Landetruppen absetzten. Derweil bombardierten riesige Verbände Straßen und Bahnknotenpunkte und unterbrachen so die Nachschubmöglichkeiten der Deutschen, die der geballten Übermacht der Alliierten ohnehin nur wenig entgegenzusetzen hatten.

INVASION UNTER GROSSEN OPFERN

Dennoch leisteten sie erbitterten Widerstand. Am Abend dieses „längsten Tages“, der als D-Day in die Geschichte einging, waren die Strandabschnitte Utah, Omaha, Gold, Juno und Sword mit Toten und Verwundeten übersät. Doch die Alliierten konnten sich behaupten und eine erste Bresche in die Mauer der „Festung Europa“ schlagen. Bereits am 12. Juni besaßen sie einen 100 km breiten Landekopf, der 30 km tief ins Land hineinreichte, und sie drängten immer weiter vor.

Nach langen Kämpfen eroberten die alliierten Truppen am 19. Juli die nordfranzösische Stadt Caen, und Ende des Monats gelang es ihnen schließlich, die Stellungen der Wehrmacht bei Avranches zu durchstoßen. Spätestens mit der Vernichtung der deutschen Panzerverbände im „Kessel von Falaise“, die mit der Gefangennahme von 50 000 deutschen Soldaten endete,

„Vereint für die Befreiung“
Das in Großbritannien gedruckte Propagandaplakat von 1944 sollte sowohl den Kampfeswillen der Franzosen als auch der anderen Alliierten stärken.

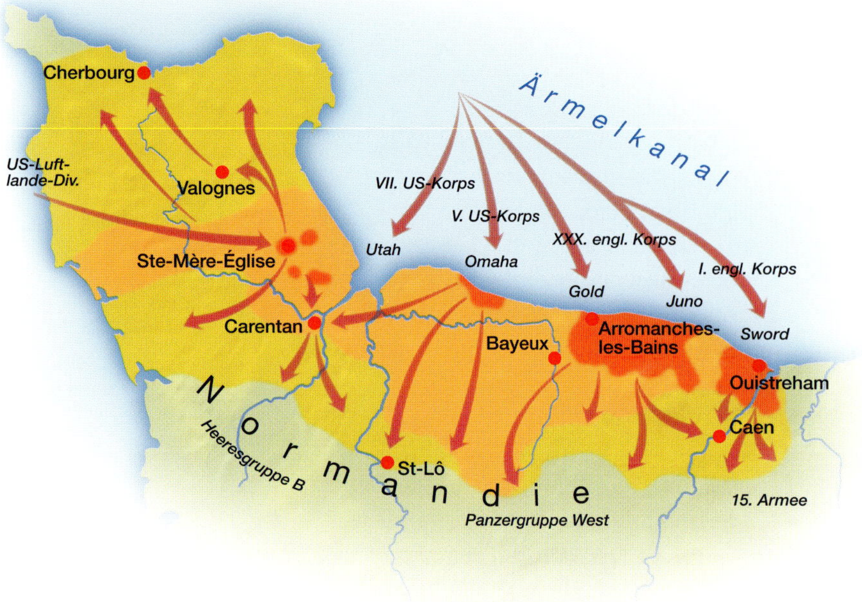

alliierte Brückenköpfe am D-Day (6.6.44)

alliierter Frontverlauf am 17.6.44

alliierter Frontverlauf am 24.7.44

alliierter Angriff

war am 16. August der deutsche Verteidigungsring durchbrochen. Unaufhaltsam näherten sich die alliierten Truppen dem besetzten Paris.

Bereits am Tag zuvor lief die Operation „Dragoon“ an. Unter diesem Decknamen verbarg sich die Landung amerikanischer und freifranzösischer Streitkräfte an der französischen Mittelmeerküste zwischen Toulon und Cannes. Sie trafen nur auf geringen deutschen Widerstand und konnten in den folgenden Tagen rasch in Richtung Norden vorstoßen. In Anbetracht der immer näher rückenden Befreiung rief nun auch die Résistance in Paris erfolgreich zum Aufstand gegen die deutschen Besatzer auf. Hitler reagierte erwartungsgemäß mit dem Befehl, die Stadt notfalls bis zum bitteren Ende zu verteidigen und, sollte die Niederlage unvermeidlich sein, sämtliche historischen Gebäude und Monumente der Seinemetropole durch Sprengungen vollständig zu zerstören. Dem widersetzte sich der deutsche Kommandant General Dietrich von Choltitz, und als am 25. August eine französische Panzerdivision unter General Philippe Leclerc in Paris einmarschierte, übergab Choltitz die Stadt nach ersten Schießereien nahezu unbeschädigt an die Franzosen.

General de Gaulle in Paris

Endlich war Paris wieder frei! Noch am gleichen Tag hielt Charles de Gaulle, Führer der provisorischen Regierung der französischen Republik und Oberbefehlshaber der FFL, der Freien Französischen Streitkräfte, eine flammende Ansprache und erklärte enthusiastisch, Paris habe sich selbst befreit. Dass die US-Truppen dabei unverzichtbare Vorarbeit geleistet hatten, ließ er aus taktischen Gründen unter den Tisch fallen.

Den Rhein im Visier

Zur gleichen Zeit rückten alliierte Truppenverbände unter dem englischen Feldmarschall Bernard Montgomery an Maas und Niederrhein vor. Vorrangiges Ziel war es, den Hafen von Antwerpen in die Hände zu bekommen, um so die Nachschubversorgung zu sichern. Am 17. September begann daher im Raum von Arnheim das größte Luftlandeunternehmen des Zweiten Weltkriegs. Die Alliierten setzten 35 000 Fallschirmspringer ab, die an Maas, Waal und Rhein Brückenköpfe errichten sollten, um anschließend den Rhein bei Arnheim zu überqueren und gen Osten ins Ruhrgebiet vorzustoßen.

Zunächst verlief alles reibungslos. Doch während die US-Einheiten wie geplant die wichtigsten Brücken einnehmen konnten,

HINTERGRUND

Ein Zeichen – das Attentat auf Hitler

Im Lauf des Zweiten Weltkriegs regte sich bei Wehrmachtsoffizieren, aber auch Zivilisten zunehmend Widerstand gegen die Politik Hitlers. Mehrere Versuche, den Führer durch ein Attentat zu beseitigen, schlugen aber fehl.

1944 arbeitete Claus Graf Schenk von Stauffenberg, anfangs ein Anhänger Hitlers, gemeinsam mit anderen Gleichgesinnten konkrete Umsturzpläne aus, die nach der Tötung Hitlers in Kraft treten sollten. Stauffenberg selbst wollte den Anschlag am 20. Juli 1944 durchführen. An diesem Tag sollte im ostpreußischen Hauptquartier „Wolfsschanze“ eine Lagerbesprechung mit Hitler stattfinden.

Doch der Anschlag mit der in einer Aktentasche versteckten Bombe misslang. Die Druckwelle der Explosion war geringer als erwartet. Hitler kam mit nur leichten Verletzungen davon und machte die Attentäter bald aus. Stauffenberg und seine Helfer wurden daraufhin standrechtlich erschossen.

Letzte Vorbereitungen
Fünf Tage vor dem Attentat erkundete Stauffenberg bei einem Treffen mit Hitler in der „Wolfsschanze“ das Terrain.

gerieten die Briten in Schwierigkeiten. Sie wurden immer stärker von deutschen Panzerverbänden bedrängt, sodass es ihnen nicht gelang, die strategisch wichtige Brücke von Arnheim zu erobern. Vergeblich versuchten US-Bodentruppen, zu den eingeschlossenen Briten vorzudringen. Am 25. September mussten sie sich der unerwartet starken deutschen Übermacht ergeben.

Der Misserfolg der alliierten Landeoperation bei Arnheim bedeutete jedoch den letzten großen Abwehrsieg für die deutschen Kampfverbände. Schon jetzt stand so gut wie fest, dass Deutschland den Krieg verloren hatte. Im Herbst 1944 verlor das Deutsche Reich auch noch seine letzten Bundesgenossen: Finnland schloss mit der Sowjetunion einen Waffenstillstand, und auch Rumänien, längst am Ende seiner Kraft, wechselte die Seiten, nachdem es seit August im Visier der Roten Armee stand. Damit verlor Deutschland wichtige Rohstoffquellen, in erster Linie das rumänische Öl.

Sturm auf den Westwall

Unterdessen konnten die Alliierten ihren Siegeszug fortsetzen. Im September erreichten sie die deutsche Grenze zwischen Trier und Aachen und durchbrachen den legendären Westwall. Dabei handelte es sich um ein etwa 630 km langes deutsches Verteidigungssystem aus über 18 000 Bunkern, Stollen, Gräben und Panzersperren. Der Westwall – von

Triumph vor Triumphbogen
Die Pariser bereiteten General Charles de Gaulle einen großartigen Empfang und jubelten ihrem Helden und Befreier auf den Champs-Élysées zu.

den Alliierten spöttisch nur „Siegfriedlinie" genannt – verlief von Kleve an der niederländischen Grenze bis nach Weil am Rhein kurz vor der Schweiz. Hitler hatte die Verteidigungsanlage zwischen 1938 und 1940 errichten lassen, aber jetzt zeigte sich, dass ihr Nutzen gering war. Am 21. Oktober fiel Aachen als erste deutsche Großstadt in die Hände der Alliierten. Entgegen dem ausdrücklichen Befehl Hitlers entschloss sich der deutsche Militärbefehlshaber zur Kapitulation. Nach mehrtägigen erbitterten Kämpfen konnten die US-Panzerverbände in die völlig zerstörte Stadt einziehen.

Die letzte Reserve?

Die Deutschen verloren mit Aachen eine wichtige Schlüsselstellung für die Verteidigung des Ruhrgebiets und gerieten nun zunehmend in die Defensive. Doch statt den Krieg zu beenden, fabulierte Hitler von einer angeblichen „Wunderwaffe" und trieb die Verteidigungsmaßnahmen aufs Äußerste. So befahl er, aus zumeist nicht für den Wehrdienst Tauglichen, Gebrechlichen und Greisen den „Volkssturm" zu bilden. Außerdem schickte man immer mehr Jugendliche in den aussichtslosen Kampf. Dem „Volkssturm" fehlte nicht nur fast jegliche Ausbildung, er war auch völlig unzureichend ausgerüstet.

Derweil ergoss sich über die deutsche Zivilbevölkerung über Rundfunk und Zeitungen eine Flut von Durchhalteparolen und Drohungen für den Fall der „Feigheit vor dem Feind", also der Desertion oder dem Heraushängen weißer Fahnen. Standgerichte sollten den erlahmenden Wehrwillen der Truppe wie auch der Bevölkerung durch harte Strafen, etwa Tod durch Erschießen oder Erhängen, aufrechterhalten.

Verbissen kämpften die Deutschen weiter. Zwischen Aachen und dem Norden Luxemburgs starteten Verbände der Wehrmacht am

Am Ende
Unter den wachsamen Augen eines US-Infanteristen zogen gefangene deutsche Soldaten nach Westen, während sich die Nachschubkarawane der Alliierten in die entgegengesetzte Richtung an die Front bewegte.

16. Dezember 1944 die Ardennenoffensive. Mit ihr wollte Hitler die alliierten Invasionstruppen im Westen zurückschlagen, um sich dann verstärkt dem Krieg an der Ostfront widmen zu können.

Sinnlose Verluste

Tatsächlich schien das Manöver zunächst zu gelingen. Die in diesem Gebiet nur relativ schwach vertretenen US-Verbände wurden von der unerwarteten Offensive der Wehrmacht vollkommen überrascht, sodass die Deutschen anfangs einige bedeutende Geländegewinne verzeichneten. Doch rasch erholten sich die Alliierten von ihrem Schock, organisierten Verstärkung und holten zum Gegenschlag aus. Bereits an Weihnachten zeichnete sich das Scheitern der Ardennenoffensive ab. Die Wehrmacht konnte sich nur noch verteidigen und versuchte unter großen Verlusten, die Stellung zu halten. Im Bombenhagel der Alliierten mussten sie schließlich den Rückzug antreten, bis sie Mitte Januar wieder zurückgeschlagen waren. Etwa 100 000 Soldaten kamen bei der Ardennenoffensive ums Leben.

Die Front im Osten

Trotz allem löste die Ardennenoffensive bei den Alliierten Besorgnis aus. Verfügte die Wehrmacht womöglich über bislang noch unbekannte Reserven? Um das Ende des Krieges zu beschleunigen, wandte sich der englische Premierminister Winston Churchill an Stalin und bat um einen sowjetischen Großangriff an der Ostfront.

Die Rote Armee hatte bereits am 22. Juni 1944, dem Jahrestag des deutschen Überfalls auf die Sowjetunion, eine erste Großoffensive gegen die deutsche Heeresgruppe Mitte gestartet. Bis Ende des Monats gelang es den sowjetischen Verbänden, rund 300 km nach Westen vorzudringen und die deutsche Ostfront zu durchbrechen. Die Heeresgruppe Mitte wurde unter großen Verlusten vernichtend geschlagen und bis auf die Linie Kowno–Brest–Litowsk zurückgedrängt. Ende Juli standen sowjetische Verbände bereits an der Grenze Ostpreußens. Nur weil der Nachschub wegen des unerwartet schnellen Vordringens der Roten Armee neu organisiert werden musste, ließ Stalin die Offensive unterbrechen.

Sieger und Besiegte
Die Zeit der Besatzungen war nicht einfach. Vergeblich wehrt sich diese Frau dagegen, dass der sowjetische Soldat ihr Fahrrad konfisziert.

Auf der Flucht

Am 21. Januar 1945 überschritt die Rote Armee die deutsche Reichsgrenze und stand tags darauf vor Breslau. Ende des Monats befand sich das oberschlesische Industrierevier nach heftigen Kämpfen vollständig in der Hand der Sowjets. Zu diesem Zeitpunkt war auch fast ganz Ostpreußen von der Roten Armee besetzt. Der Großteil der ostpreußischen Bevölkerung versuchte, sich durch eine überstürzte Flucht nach Westen in Sicherheit zu bringen. Berichte über Gräueltaten, Morde und Vergewaltigungen, die die Russen bei ihrem Vormarsch aus Rache an den Deutschen verübt hatten, ließen Panik ausbrechen.

Nach der Einkreisung Ostpreußens durch die Rote Armee blieb den Menschen nur noch die Flucht über das zugefrorene Frische Haff zur Frischen Nehrung und dann in Richtung Danzig. Doch den Weg dorthin über vereiste Straßen bei hohen Minustemperaturen überlebten viele Flüchtlinge nicht. Bei der Überquerung des Frischen Haffs

ZEITZEUGEN

Flüchtlingstrecks gen Westen

„Ich kann mich an eine junge Frau mit einem Baby auf dem Arm erinnern, das war gefroren – tot. Sie war richtig durchgedreht, aber was sollten wir Jungs denn machen? Wir haben sie weitergeschickt ...", erinnerte sich Rudi Powilleit, ein damaliger Hitlerjunge, Jahrzehnte später. Aus Furcht vor den Russen flüchteten seit Januar 1945 hunderttausende deutscher Zivilisten in endlosen Trecks gen Westen. Und wurden dabei von sowjetischen Bombern und Tieffliegern verfolgt. Ein Pilot schilderte die Angriffe so: „Es war unübersehbar: Zehntausende von Deutschen zogen auf schmalen Wegen dahin. Da konnten wir das Ziel nicht verfehlen. Es ist heute unvorstellbar, wie viele Menschen wir mit unseren Bomben und Granaten in den Tod schickten."

Flucht zu Fuß
Eine Großfamilie versuchte, mit dem Wichtigsten bepackt, Berlin zu erreichen.

brachen Pferdewagen ein, Menschen und Tiere ertranken im eiskalten Wasser. Und selbst die Glücklichen, die es bis Danzig schafften, waren längst nicht in Sicherheit. Wer nicht per Schiff über die Ostsee evakuiert werden konnte, musste versuchen, zu Fuß oder mit der Eisenbahn das Reichsgebiet westlich der Oder zu erreichen, ständig in Gefahr, von Tieffliegern beschossen zu werden.

Das Glück mit der Brücke

Während im Februar 1945 Churchill, Roosevelt und Stalin auf der Konferenz von Jalta über das künftige Schicksal Deutschlands entschieden, drängten nach dem Einbruch im Osten auch die Westalliierten immer weiter vor. Mehr und mehr zerbröckelte die deutsche Front, und Anfang März standen die alliierten Truppen am Rhein.

Überrascht stellten sie fest, dass es bei Remagen tatsächlich noch eine intakte Eisenbahnbrücke gab! Die Deutschen hatten bei ihrem Rückzug auf das Ostufer des Stromes alle Brücken hinter sich gesprengt, um den alliierten Streitkräften das weitere Vorrücken zu erschweren, und auch unter der Remagener Ludendorffbrücke waren große Mengen Sprengstoff montiert. Doch er zündete nicht. Deshalb konnten die heranrückenden US-Soldaten am 7. März 1945 ihren ersten rechtsrheinischen Brückenkopf erobern. Vergeblich versuchte die deutsche Luftwaffe in den nächsten Tagen, die Brücke doch noch zu zerstören.

Die Brücke von Remagen hatte den Übergang über den Rhein zwar erheblich erleichtert, doch nun kam die US-Armee nur langsam in Richtung Osten voran. Erst ein zweiter Brückenkopf über den Rhein, den alliierte Verbände unter Montgomery bei Wesel errichten konnten, diente als erfolgreicher Ausgangspunkt für den Vorstoß in die Norddeutsche Tiefebene.

Handschlag an der Elbe

Auf breiter Front drangen die alliierten Truppen seit April nach Nord- und Süddeutschland vor, während sich die Rote Armee immer weiter nach Westen vorkämpfte. Am 25. April 1945 kam es in Torgau an der Elbe zu dem berühmten historischen Treffen amerikanischer und sowjetischer Soldaten. Sie begrüßten einander per Handschlag. Am gleichen Tag schloss die Rote Armee den Ring um Berlin: Die letzte Phase des Krieges begann.

Schon seit Mitte April waren die deutschen Militärs überzeugt, dass man den Krieg endgültig verloren hatte. Nur Hitler, der sich tief unter der Erde im Führerbunker verbarrikadiert hatte, wollte von alledem nichts wissen und vertraute auf die Schlagkraft von Armeen, die es schon längst nicht mehr gab. Zu diesem Zeitpunkt stand die Rote Armee nur noch 60 km von Berlin entfernt, und es war lediglich eine Frage der Zeit, wann die Sowjets die Reichshauptstadt einnehmen würden. Vergeblich hatte die Wehrmacht kurz zuvor versucht, den Gegner am Oderbruch aufzuhalten.

Am frühen Morgen des 16. April startete der sowjetische Großangriff auf Berlin. Drei Heeresgruppen standen bereit, dem Dritten Reich den Todesstoß zu versetzen. Sie umfassten über 2,5 Mio. Soldaten, rund 6000 Panzer sowie mehrere zehntausend Geschütze und Granatwerfer. Jetzt sollte das „letzte

Aufgebot" Berlin retten. Doch der gewaltigen sowjetischen Übermacht standen nur 44 000 deutsche Soldaten gegenüber, notdürftig unterstützt von 42 000 Angehörigen des „Volkssturms" sowie 5000 Hitlerjungen.

Berlin ist verloren

Einige waren mit unvermindertem Fanatismus bereit, für „Führer, Volk und Vaterland" ihr Leben zu geben, der Großteil der Berliner Bevölkerung hatte freilich längst resigniert. Die Menschen lebten in ausgebombten Häusern ohne Wasserversorgung, über der ganzen Stadt lag beißender Qualm, und es roch nach Feuer und Leichen. Wie Hohn wirkten die Plakate, die nach wie vor den „Endsieg" verkündeten. Die nationalsozialistische Propagandamaschinerie lief unbeirrt bis zum bitteren Ende weiter.

Am 25. April war Berlin eingeschlossen. Hitler verweigerte die Kapitulation und befahl, bis zum letzten Blutstropfen zu kämpfen. Im blutigen Häuserkampf mussten die Sowjets die Reichshauptstadt erobern, Straßenzug um Straßenzug, Haus um Haus, Stockwerk um Stockwerk. Die ebenso grausame wie sinnlose Aktion kostete zehntausende von Deutschen und Russen gleichermaßen das Leben. Erst jetzt erkannte Hitler die völlige Ausweglosigkeit der Situation und beschloss, die Konsequenzen zu ziehen: Er diktierte sein politisches Testament, ein unglaubliches Dokument des Hasses und der Uneinsichtigkeit, und entzog sich am 30. April 1945 der Verantwortung für seine Verbrechen durch Selbstmord.

Nur zwei Tage später eroberte die Rote Armee Berlin vollständig, die Wehrmachtstruppen mussten kapitulieren. Ausgelassen feierten die Rotarmisten ihren Sieg über Deutschland, hissten auf dem Reichstag die Rote Fahne und ließen den Wodka in Strömen fließen.

Hitler hatte in seinem Testament Großadmiral Karl Dönitz zum Nachfolger bestimmt. Um möglichst vielen Deutschen die Gelegenheit zu geben, aus dem sowjetischen Einflussbereich zu entkommen, unterzeichnete Dönitz zunächst nur Teilkapitulationen einzelner Frontabschnitte, bevor er am 8. Mai 1945 die Gesamtkapitulation unterschreiben musste, die einen Tag später in Kraft trat. Damit war der Zweite Weltkrieg in Europa beendet.

Weil die Sowjets fürchteten, eine Zusammenarbeit der Westalliierten mit der Dönitz-Administration könne zu einer Allianz gegen die UdSSR führen, wurde die provisorische Regierung am 23. Mai aufgelöst, und ihre Mitglieder kamen in Gefangenschaft. Von diesem Augenblick an gingen die Rechtsbefugnisse an die alliierten Militärbefehlshaber in Deutschland über.

Siegerpose
Als Zeichen ihres Sieges hissten Sowjetsoldaten demonstrativ die Rote Fahne auf dem zerstörten Reichstagsgebäude. Berlin bot ein Bild der Zerstörung: Die Hälfte der rund 1,5 Mio. Wohnungen war schwer beschädigt, ein Drittel völlig unbewohnbar.

AMERIKA

Der Krieg in Südamerika

Das spektakulärste Militärereignis in Lateinamerika war die Selbstversenkung des deutschen Panzerschiffs *Admiral Graf Spee* in der Mündung des Rio de la Plata vor Montevideo.

Die *Admiral Graf Spee* verließ elf Tage vor Beginn des Zweiten Weltkriegs Wilhelmshaven mit dem Ziel Südatlantik. Am 26. September 1939 erhielt Kapitän Hans Langsdorff den Befehl, feindliche Handelsschiffe aufzubringen, um den englischen Nachschub aus Übersee zu behindern.

In den folgenden zwei Monaten versenkte die *Graf Spee,* wie sie kurz genannt wurde, neun alliierte Handelsschiffe mit einer Gesamttonnage von 50 000 BRT. Soweit möglich, übernahm Kapitän Langsdorff alle Überlebenden, warnte sogar oft die Besatzungen kurz vor der Versenkung ihrer Schiffe, sodass diese noch in die Rettungsboote steigen konnten. Die festgesetzten Offiziere blieben an Bord der *Graf Spee,* die Mannschaften übernahm das Begleitschiff *Altmark*.

Am 13. Dezember näherte sich der Kaperfahrer der Mündung des Rio de la Plata

Ende in den Fluten
Noch vier Tage nach der Explosion brannte die *Admiral Graf Spee,* bevor sie endgültig im Mündungsdelta des Rio de la Plata sank.

vor der Küste Südamerikas, als um 5.52 Uhr der Ruf des Ausgucks erschallte: „Schiffe backbord voraus!". Kapitän Langsdorff vermutete einen alliierten Konvoi und ließ sein Schiff mit gleich bleibender Geschwindigkeit und Südostkurs auf den Gegner zulaufen. Kurz darauf stellte Langsdorff fest, dass es sich bei den Schiffen um ein alliiertes Kreuzergeschwader handelte: um den englischen Schweren Kreuzer *Exeter,* Flaggschiff des Kommodore Harwood, den englischen Leichten Kreuzer *Ajax* und den neuseeländischen Leichten Kreuzer *Achilles.*

Schlacht ohne Entscheidung

Kommodore Harwood ließ die *Graf Spee* aus drei verschiedenen Richtungen angreifen, um auf diese Weise die Feuerkraft des Verbands bestmöglich auszunutzen. Kapitän Langsdorff konzentrierte sich auf die Beschießung der *Exeter*, die, kampfunfähig getroffen, hinter einer künstlichen Nebelwand verschwand.

Nach etwa 90 Minuten befahl Kommodore Harwood, das Gefecht, in dem erstmals die Radarmessung angewandt wurde, zu beenden. Obwohl das deutsche Panzerschiff etwa 20 Treffer erhalten hatte und zudem 36 Mann gefallen sowie 60 Verwundete zu beklagen waren, blieb seine Kampfkraft erhalten. Allerdings hatten Granaten tiefe Löcher in die Bordwand gerissen, die die Manövrierfähigkeit in schwerem Wetter stark einschränkten. Außerdem hatten Küche und Bäckerei irreparable Schäden erlitten, sodass die Verpflegung der über 1000-köpfigen Besatzung nicht mehr möglich war. Daraufhin beschloss Langsdorff, den nächsten neutralen Hafen anzusteuern: Gegen Mitternacht lief die *Graf Spee* in den Hafen von Montevideo in Uruguay ein.

Im Exil
Die Mannschaft der gesunkenen *Admiral Graf Spee* reiste in die 200 km entfernte argentinische Hauptstadt Buenos Aires. Das Foto zeigt Kapitän Langsdorff (Mitte) mit Besatzungsmitgliedern bei der Ankunft.

Die uruguayische Regierung gewährte Kapitän Langsdorff nach erheblichem diplomatischen Druck Londons lediglich 72 Stunden Aufenthalt für die Reparaturen. Diese Zeit benötigten die Briten nämlich, um den Flugzeugträger *Ark Royal* und das Schlachtschiff *Renown* als Verstärkung herbeizuführen.

Keinesfalls in Feindeshand

Geschickt verbreitete Meldungen von Radio BBC über starke englische Kräfte vor der Mündung des Rio de la Plata ließen Kapitän Langsdorff vermuten, dass die feindlichen Einheiten bereits vor dem Hafen warteten. In dieser für das deutsche Panzerschiff fatalen Lage – die Artillerie verfügte nur noch über einen Munitionsvorrat für eine Gefechtsdauer von knapp 80 Minuten – fragte Langsdorff bei der deutschen Seekriegsleitung in Berlin an, ob er eine Selbstversenkung vornehmen dürfe, um der feindlichen Vernichtung zu entgehen.

Als Berlin dies bejahte, holte die *Graf Spee* am 17. Dezember 1939 um 18.15 Uhr die Anker auf und glitt langsam den La Plata hinab. Nach drei Seemeilen ließ Langsdorff ankern und Sprengsätze im ganzen Schiff anbringen und scharf machen. Die 40 Mann Restbesatzung – der größte Teil hatte das Schiff bereits in Montevideo heimlich verlassen – stiegen in die heruntergelassene Beiboote und ruderten in den Hafen zurück. Um 19.52 Uhr erschütterte eine gewaltige Detonation den Rio de la Plata. Langsam versank das deutsche Panzerschiff in den Fluten des Südatlantiks.

Auf dem Weg in den Krieg
Bei einer Militärparade in Rio de Janeiro demonstrierte Brasilien kurz nach dem Kriegseintritt 1942 Stärke. Die Soldaten tragen neben den Fahnen ein Porträt des Präsidenten Vargas.

Zwei Tage später fand man Langsdorff tot in seinem Zimmer im Marinearsenal in Buenos Aires. Er hatte sich in Uniform, auf der Reichskriegsflagge ausgestreckt, erschossen. Am 22. Dezember wurde der Schiffskommandant auf dem deutschen Friedhof von Buenos Aires unter großer Beteiligung der Bevölkerung beigesetzt. Auch alliierte Offiziere, darunter einige von versenkten und gekaperten Schiffen der *Graf Spee,* erwiesen ihm die letzte Ehre.

Sympathien für Deutschland

Die Besatzung der *Graf Spee* wurde in Argentinien interniert, genoss aber große Bewegungsfreiheit. So konnten sie ungehindert die Nachbarstaaten Brasilien, Paraguay und Uruguay besuchen. Nach dem Krieg blieben viele Besatzungsmitglieder in Argentinien, ließen sich hier nieder und gründeten Familien.

Die freundliche Aufnahme in Südamerika beruhte auf der traditionellen Sympathie der Bevölkerung gegenüber den Deutschen. Der starke Einfluss der deutschstämmigen Einwohner einiger Länder machte sich vor allem in Chile und Argentinien bemerkbar. Außerdem herrschten in einigen Staaten diktatorische Regime, die die politische Nähe zu Nazideutschland pflegten. So erklärten die neutralen südamerikanischen Staaten auch erst spät – und dann erst auf massiven politischen Druck der USA hin – den Achsenmächten den Krieg.

Argentinien nutzte seine Neutralität dazu, die eigene Industrialisierung weiter voranzutreiben, und die seit Juli 1943 regierende Militärjunta änderte an der achsenfreundlichen Politik nichts. Wegen der von den Exporten in die USA abhängenden argentinischen Fleisch- und Getreideproduktion sah sich die Junta letztlich gezwungen, im März 1945, knapp zwei Monate vor Ende der europäischen Kampfhandlungen, Deutschland den Krieg zu erklären.

Auf welcher Seite?

In Chile versuchten die Präsidenten P. Aguirre Cerda, J. Méndez Arancibia und J. A. Ríos Morales, im Interesse des Landes zwischen den Gegnern des Zweiten Weltkriegs zu jonglieren. Zwar brach Chile schon im Januar 1943 die diplomatischen Beziehungen zu den faschistischen Mächten Europas ab und schloss sich politisch den Alliierten an, doch erst Anfang1945 erklärte es auch formell Deutschland und Italien den Krieg.

Anders sah die Situation in Brasilien aus. Hier regierte seit 1930 Präsident Getúlio Dornelles Vargas mit diktatorischen Vollmachten. Vargas, einer der bedeutendsten Staatsmänner Brasiliens des 20. Jh., erkannte trotz der ideologischen Nähe zu den Faschisten die weltpolitischen Realitäten. So trat Brasilien am 21. August 1942 aufseiten der Alliierten in den Krieg ein. Die USA konnten nun auf dessen riesige Rohstoffreserven zurückgreifen. Überdies räumte die Regierung in Rio de Janeiro den USA gegen erhebliche Wirtschaftshilfe die Nutzung der großen Militärflughäfen von Natal und Recife ein. Darüber hinaus arbeiteten brasilianische Soldaten und Techniker an der Erstellung alliierter Versorgungsbasen in Nordafrika mit. Schließlich stellte Brasilien ein 25 000 Mann starkes Expeditionskorps, das sich bis 1945 im Verband der 5. US-Armee unter General Mark W. Clark bei der Eroberung Italiens, u. a. in der Schlacht von Monte Cassino, durch Tapferkeit und Ritterlichkeit auszeichnete.

U-Boot-Krieg im Atlantik

Mit U-Booten versuchte Deutschland Großbritanniens Nachschub über den Atlantik lahm zu legen. Das Vorhaben scheiterte, und aus Jägern wurden Gejagte.

Tagelang schon lag die *U 47* unter Kapitän Günther Prien vor Scapa Flow und der Küste der Orkneyinseln. In dem geschützten Marinestützpunkt der englischen Marine herrschte reger Schiffsverkehr. Ganz langsam pirschte Prien sich näher heran. Tauchen ließ sich in den flachen Gewässern nur bedingt. Immer bestand die Gefahr, dass Fischerboote oder Küstenkreuzer das deutsche U-Boot entdeckten.

In der Abenddämmerung des 13. Oktober 1939 befahl Prien die Einfahrt in den Hafen von Scapa Flow, und die tollkühne Operation gelang tatsächlich. Gegen Mitternacht lag das deutsche U-Boot wie der Hecht im Karpfenteich im Hafen. Auf allen Molen standen Geschütze, auf den Kais herrschte noch Verkehr, Scheinwerfer bestrahlten die Szenerie. Die *U 47* stand direkt vor dem englischen Schlachtschiff *Royal Oak*. Unweit davon ankerte die *Repulse,* ein weiteres Kriegsschiff. Um genau 0.59 Uhr feuerte die *U 47* ihren ersten Torpedo ab. Der Schiffsrumpf der *Royal Oak* bebte. Prien ließ rasch die Torpedorohre nachladen und wagte einen zweiten Angriff. Binnen kürzester Zeit trafen gleich drei deutsche Torpedos ins Schwarze. Die *Royal Oak* mit ihren fast 1250 Mann Besatzung an Bord bekam Schlagseite, kenterte und sank. 833 Besatzungsmitglieder fanden den Tod, nur 414 konnten sich retten.

Fersengeld nach erfolgreichem Coup

In dem nun folgenden Tumult schlich sich Kapitän Prien mit der *U 47* unbehelligt aus dem Kriegshafen hinaus. Trotz hektischer Verfolgungsjagd englischer Patrouillenboote und einem wahren Wasserbombenhagel mogelte sich die *U 47* dicht unter Land südwärts davon und erreichte schließlich das offene Meer. Dieses Husarenstück war bereits der zweite spektakuläre Erfolg der deutschen

Ungeheuer aus der Tiefe
Das Foto aus dem Jahr 1942 zeigt ein deutsches U-Boot vom Typ II beim Auftauchen. Die leisen und äußerst beweglichen deutschen U-Boote waren in den ersten Kriegsjahren der Schrecken des Atlantiks.

U-Boot-Flotte während des Zweiten Weltkriegs. Bereits am 17. September 1939 hatte die *U 29* unter Kapitän Otto Schuhart westlich vor Irland den englischen Flugzeugträger *Courageous* versenkt. Lediglich gut die Hälfte der 1200 Mann Besatzung konnte sich damals retten.

U-Boote als Hoffnungsträger der Kriegsmarine

Die beiden Triumphe verführten den deutschen Oberbefehlshaber der Kriegsmarine, Admiral Erich Raeder, und den Befehlshaber der U-Boot-Flotte, Admiral Karl Dönitz, allerdings auch zu der euphorischen Annahme, mit den U-Booten könne das Deutsche Reich diesmal – im Gegensatz zum Ersten Weltkrieg – den Seekrieg im Atlantik gewinnen. Dabei verfügte Dönitz bei Kriegsbeginn lediglich über 57 U-Boote, davon waren nur 26 hochseetauglich. Nur ein Drittel dieser Flotte konnte jeweils direkt am Feind operieren, das zweite Drittel befand sich auf dem An- oder Abmarsch, das letzte Drittel in den Stützpunkten zur Wartung bzw. Reparatur.

Auf dieses kleine Rudel einsatzbereiter U-Boote stützten sich große Hoffnungen: Sie sollten die alliierten Nachschubwege über den Atlantik lahm legen. Gleichzeitig hatten sie die Aufgabe, die englische Kriegsflotte zu beschäftigen, sie dauerhaft in Atem zu halten, ihren Aktionsradius einzuengen und ihr möglichst großen Schaden zuzufügen. Um dieses Konzept der Admiralität zu verwirklichen, liefen bis Kriegsende über 1100 Hochsee-U-Boote vom Stapel, die Anfangszahl von 57 wurde also fast verzwanzigfacht.

Doch schon die ersten Kriegstage zeigten, welche Komplikationen der U-Boot-Krieg auslösen konnte. Denn wie im Ersten Weltkrieg lag den Deutschen daran, einerseits den Schiffsverkehr von und nach Amerika zu unterbinden, andererseits aber die USA nicht zu sehr zu provozieren.

Rücksicht auf neutrale USA

Die Neutralität der USA bedeutete für das Dritte Reich freie Hand in Europa. Doch diese Neutralität stand von Anfang an auf wackligen Füßen, und es gab keinen Zweifel daran, wem die Sympathien der USA galten – zumal Deutschland bereits einen schweren Fehler begangen hatte. Am 3. September gegen 21.00 Uhr hatte die *U 30* unter Oberleutnant Fritz Lemp 300 km nordwestlich der schottischen Küste den Passagierdampfer *Athenia* der amerikanischen Donaldson-Linie versenkt. Lemp hielt das Schiff irrtümlich für einen Hilfskreuzer. 112 Menschen starben, darunter 28 US-Bürger. Empört schlachteten die US-Medien den Vorfall aus und verglichen ihn mit der Versenkung der *Lusitania* durch die Deutschen 1915.

Deutsche Passagierschiffe gerieten ebenfalls unter Beschuss. Im Nordatlantik stellte im Dezember 1939 ein englischer Zerstörer die *Columbus*, die sich daraufhin selbst versenkte. US-Kriegsschiffe, die die *Columbus* seit ihrem Auslaufen aus dem mexikanischen Veracruz ständig beschattet hatten, nahmen die Besatzung auf.

Danach wurden aufgrund der Neutralitätserklärung alle Passagierschifffahrten von den USA nach Großbritannien, Frankreich und Deutschland eingestellt. Fahrten nach Italien blieben vorläufig ausgenommen. Dies ermöglichte den privaten amerikanischen Linien, weiterhin einen Dienst nach Europa anzubieten mit dem Zielhafen Genua. Findige Reeder fanden auch andere Möglichkeiten, die Bestimmungen zu umgehen. So übertrug etwa die United States Line acht ihrer Schiffe der unter belgischer Flagge laufenden Société Maritime Anversoise.

Zu diesem Zeitpunkt war die US-Regierung noch sorgsam darauf bedacht, die von ihr verkündete Neutralität auf den Weltmeeren auch wirklich umzusetzen. US-Handelsschiffe durften nicht bewaffnet sein, und US-Bürger, die auf den Schiffen der am Krieg beteiligten Nationen reisten, konnten ausdrücklich nicht auf den Schutz der US-Regierung zählen.

Andererseits verkündete die von den USA initiierte Interamerikanische Konferenz in Panama schon im Oktober 1939 Sicherheitszonen in den Gewässern der westlichen Hemisphäre südlich von Kanada. Die Krieg führenden Mächte wurden gewarnt, innerhalb dieser etwa 300 bis 1000 km breiten Zone militärische Aktionen zur See vorzunehmen.

Atlantiktransporte nur noch im Konvoi

Den Fehler aus dem Ersten Weltkrieg wiederholten die Alliierten und ihre Verbündeten nicht: Die Transportschiffe sollten nicht mehr allein über die Meere fahren. Großbritannien sicherte seine Nachschublinien über den Atlantischen Ozean mittels Geleitzügen. So wie die Spanier einst ihre Goldschätze vor

Nachwuchs gesucht
Mit aufwändigen Plakaten versuchte die US-Marine dringend benötigte Rekruten anzuwerben.

Im Konvoi übers Meer
Zerstörer, Korvetten und Kanonenboote begleiteten die Frachter während ihrer Fahrt über den Atlantischen Ozean.

ZEITZEUGEN

Zwischenfall vor New York

„Staunend betrachteten wir diese einzigartige Millionenstadt; wir sahen Long Island mit seinen Piers, beobachteten den hastenden, eilenden Verkehr all der vielen Hafenfahrzeuge, der Schlepper und Barkassen ... Niemand ahnte, dass wir uns in den Hafen geschlichen hatten ... Neue Beute ließ nicht lange auf sich warten. Ein großer, voller Tanker kam nichts ahnend an, die Torpedos flitzten los, trafen in die Maschinenräume, entzündeten die Ladung und lösten eine gigantische Feuersäule aus, die wohl 300 bis 400 m in den Himmel stieg. Der Tanker sackte langsam ab und blieb ... vor der New Yorker Hafeneinfahrt auf Grund stehen. Wir liefen ab ..."

Für die deutsche Propaganda berichtete der U-Boot-Kommandant von der spektakulären Versenkung eines Tankers in New York. Hintergrund dieser Attacke war die Aktion „Paukenschlag", bei der im Januar 1942 fünf deutsche U-Boote den nur schwach gesicherten Schiffsverkehr zwischen New York und Neufundland angriffen und zahlreiche Frachter versenkten.

Piraten mithilfe von Konvois geschützt hatten, so sicherten jetzt die Briten ihre Handelsrouten über den Atlantischen Ozean. Der Zwang, sich in Geleitzügen zu organisieren, bedeutete allerdings einen Erfolg für den Feind. Zunächst mussten die beladenen Dampfer in Häfen gesammelt werden, bis ein Geleitzug komplett war. Oft konnten die Schiffe nicht die kürzeste Route nehmen, und die schnelleren Schiffe mussten auf die langsamen warten. Außerdem war der Zielhafen meist völlig überlastet, wenn plötzlich gleich mehrere Dutzend Schiffe abgefertigt werden mussten.

Die Dampfer eines Geleitzugs fuhren in dicht aufgeschlossenen Kolonnen, hintereinander aufgereiht wie an einer Perlenkette. Einige schnelle Zerstörer übernahmen die Spitze des Zuges, sicherten seine Flanken und bildeten die Nachhut. Damit sollten sie verhindern, dass deutsche U-Boote in diesen Kreis einbrechen und die Dampfer angreifen konnten.

Abwehr von Tieffliegern
Die deutschen U-Boote verfügten über Flugabwehrkanonen. Es handelte sich dabei um ein so genanntes Zwillingsgeschütz.

Gefürchtet – Wasserbomben und U-Boot-Fallen

Bei Patrouillenfahrten versuchten die Zerstörer, möglichst früh die feindlichen U-Boote zu orten und sie dann entweder zu zwingen, unter Wasser zu bleiben oder mit Wasserbomben, Minen oder Netzen gänzlich auszuschalten. Deutsche U-Boote, die sich an die Wasseroberfläche wagten, griffen die Alliierten mit Flugzeugen an oder beschossen sie mit ihrer Schiffsartillerie.

Besonders fürchteten U-Boot-Besatzungen die heimtückischen U-Boot-Fallen. Kreuzer und Zerstörer tarnten sich als harm- und wehrlose Frachtdampfer. Tauchte ein deutsches U-Boot auf, um die Besatzung zur Aufgabe des Schiffes zu zwingen, setzten die getarnten Kriegsschiffe plötzlich zum Rammstoß an und feuerten aus allen Rohren. Weitaus gefährlicher noch waren die Wasserbomben. Je präziser das Sonar den genauen Aufenthalt eines U-Bootes ermitteln konnte, desto tödlicher wirkte diese Waffe. Gegen eine gut gezielte Wasserbombe gab es für die U-Boote keinen Schutz.

Umgekehrt verbreiteten U-Boote bei Fracht- und Kriegsschiffen nicht weniger Schrecken. Da die unsichtbaren und lautlosen Angreifer überall plötzlich auftauchen konnten, zwangen sie die feindliche Kriegsflotte zur ständigen Defensive: Eine U-Boot-Attacke glich einem Hinterhalt. Noch unter Wasser feuerten die U-Boote ihre todbringenden Torpedos ab. Zielsicher fanden diese ihren Weg in den anvisierten Schiffsbauch, rissen ihn mit enormer Sprengkraft auf und versenkten ihr Opfer, ohne dass dieses den Feind auch nur gesichtet hatte. Die deutschen U-Boote schlichen sich auch an den feindlichen Küsten entlang bis in die Häfen, legten Minen oder hängten sich schon hier an auslaufende Konvois, um sie dann auf offener See anzugreifen.

Die deutsche Rudeltaktik

Die Besetzung Norwegens im April 1940 band die deutsche U-Boot-Flotte für mehrere Monate. Aktionen gegen die Handelsschifffahrt im Atlantik kamen in dieser Zeit fast zum Erliegen. Dann jedoch begann mit dem Führerbefehl zur verschärften Luft- und Seekriegführung gegen Großbritannien die zweite Phase der Atlantikschlacht. Sie sah neben dem uneingeschränkten U-Boot-Krieg in den Gewässern um Großbritannien ausdrücklich auch die totale Blockade des Handelsverkehrs vor.

Deutsche U-Boote griffen nun die Geleitzüge in Rudeln an. Bei dieser Taktik fielen mehrere U-Boote die Konvois an und nahmen sich einen Dampfer nach dem anderen vor. Mit ihren starren Formationen boten die Geleitzüge für die beweglichen U-Boote ein leichtes Ziel. Allein in der zweiten Augusthälfte 1940 fielen so 31 alliierte Handelsschiffe den deutschen Attacken zum Opfer.

Was heisst neutral?

Schon seit 1940 war klar, dass die USA ihre Neutralität sehr einseitig zugunsten Großbritanniens auslegten. So verlegte man die eigene Sicherheitszone bis zur Atlantikmitte, um sich vor den deutschen U-Booten zu schützen. Ein angloamerikanisches Abkommen vom September 1940 sah vor, dass die USA den Briten 50 Zerstörer aus dem Ersten Weltkrieg überließen und dafür eigene Luft- und Seestützpunkte in Neufundland und auf den englischen Karibikinseln errichten durften. Vom US-Embargo über die Ausfuhr von hochwertigem Schrott und Stahl wurde Großbritannien ausdrücklich ausgenommen.

Um den Deutschen zuvorzukommen, landeten Anfang 1941 US-Marineinfanteristen auf Island. Im März 1941 enterten US-Soldaten in amerikanischen Häfen mehr als zwei Dutzend deutsche und dänische Schiffe und übergaben sie den Briten. Die Besatzungen wurden wegen angeblicher Spionage angeklagt und eingesperrt. Und schließlich gestattete die Regierung der US-Marine, deutsche und italienische Schiffe in eigenen Hoheitsgewässern ohne vorherige Formalitäten zu beschießen. Von neutralem Verhalten konnte daher keine Rede mehr sein.

Für Großbritannien hing vom erfolgreichen Kampf um die Nachschublinien über den Atlantischen Ozean das nackte Überleben ab. Ab Dezember 1940 wirkten sich dann die verbesserten Abwehrmethoden aus. Englische Abhörspezialisten knackten den Verschlüsselungscode der Enigma, einer Chiffriermaschine, die das deutsche Militär im Funkverkehr einsetzte. Ins Hintertreffen gerieten die Deutschen vor allem aber wegen des teilweise völlig neu entwickelten Ortungssystems. Ihre Erfolge nahmen rasch ab,

Schwimmender Flughafen
Nach dem Ersten Weltkrieg wurde der englische Kreuzer *Courageous* in einen Flugzeugträger umgebaut. Er ging schon in den ersten Kriegstagen durch einen deutschen U-Boot-Angriff verloren.

Schrecken der Tiefe
Die Seeleute beobachteten die Detonation einer gerade abgeworfenen Wasserbombe. Diese Sprengsätze, groß wie Teerfässer, explodierten in einer vorbestimmten Tiefe und zwangen so die deutschen U-Boote zum Auftauchen.

als die Alliierten das Radar entwickelten. Es lieferte den Alliierten ein präzises Bild der deutschen U-Boot-Aufstellungen, sodass sie ihre Konvois entsprechend umlenken konnten. Außerdem ermöglichte es die Ortung deutscher U-Boote in der Nacht und bei schlechtem Wetter. Die Geleitschiffe in den Konvois verfügten bald über Ortungsgeräte, die sofort anschlugen, wenn sich feindliche U-Boote in Schussweite befanden. Auch das Geleitzugsystem wurde optimiert. Kanadische und US-Schiffe eskortierten die englischen Handelsschiffe bis zur Mitte des Atlantischen Ozeans, dort übernahmen dann englische Schiffe und Flugzeuge.

NEUE SCHIFFSGENERATION

Gleichzeitig fanden US-Schiffskonstrukteure Mittel und Wege, die Tonnageverluste in der Handelsschifffahrt schnell wieder auszugleichen. Die US-Werft Kaiser konstruierte die so genannten Liberty-Schiffe. Diese schweißte man aus vorgefertigten Teilen zusammen, sodass sie in kürzester Zeit einsatzbereit waren. Die Oregon Shipbuilding Corporation baute auf ihrer Werft in Portland einen solchen Frachter in der Rekordbauzeit von nur zehn Tagen zusammen. Die Briten vereinbarten 1941 die jährliche Lieferung von 50 Liberty-Schiffen, während die kanadische Regierung 450 orderte. Bis Ende des Krieges liefen in der Kaiser-Werft über 2700 Liberty-Schiffe vom Stapel. Sie konnten bis zu 10 000 t Fracht oder – zu Mannschaftstransportern umgerüstet – auch über 600 Soldaten transportieren.

Mit dem Kriegseintritt der USA mussten die deutschen U-Boote im Atlantischen Ozean keinerlei Rücksicht mehr auf die Neutralität der USA nehmen. Allein im Januar 1942 versenkten deutsche U-Boote insgesamt 27 US-Handelsschiffe. Der große Frachter *Lafayette* musste im Hafen von New York einen Torpedotreffer hinnehmen und brannte aus. Bis zum April verloren die USA 500 000 BRT Frachtraum, fast so viel, wie in den drei Jahren zuvor.

In feindlichen Gewässern

Im Mai 1942 torpedierte ein deutsches U-Boot im kanadischen Sankt-Lorenz-Strom einen alliierten Frachter, und im gleichen Monat drangen deutsche U-Boote sogar in die Mississippimündung vor. Im Juni versenkten sie vor der Ostküste der USA weitere 210 000 BRT. Niemand an der Ostküste hatte damit gerechnet, dass vom Meer her Gefahr drohen könnte. Es existierten keine Küstenschutzeinheiten. Die Großstädte kannten keine Verdunklungsmaßnahmen und boten mit ihren leuchtenden Silhouetten ein hervorragendes Ziel. Anfangs sträubte sich die US-Marine gegen das bewährte englische Konvoisystem und büßte bitter dafür. So versenkten deutsche U-Boote im Frühjahr 230 US-Handelsschiffe. Tagsüber lagen sie getaucht vor der Küste, nachts kamen sie an die Oberfläche und überfielen den ein- und auslaufenden Schiffsverkehr.

Flugzeugträger im Geleitzug

Allmählich stellten sich die Alliierten auf die neue Gefahr ein. Sie griffen nun die deutschen Stützpunkte an der französischen Atlantik- und Kanalküste an und erschwerten so das Auslaufen. So legten die Briten den deutschen U-Boot-Stützpunkt Saint-Nazaire Anfang 1943 zeitweise lahm, indem sie einen mit 5 t Dynamit beladenen englischen Zerstörer vor der Hafeneinfahrt sprengten und dabei die U-Boot-Schleuse beschädigten.

Zum Schutz ihrer Geleitzüge griffen die Alliierten zudem auf Flugzeugträger zurück. Seither konnten die wendigen Jagdflugzeuge aus der Luft mit Wasserbomben wirkungsvoll Jagd auf U-Boote machen. Weitere Unterstützung kam von den Langstreckenbombern der US-Kriegsmarine. Der Erfolg war enorm. 60 % aller nun versenkten deutschen U-Boote gingen auf das Konto der Luftstreitkräfte. Die Deutschen errangen ihren letzten großen Erfolg im März 1943, als ein Rudel von 19 U-Booten einen alliierten Geleitzug angriff und dabei 21 Schiffe mit rund 140 000 BRT versenkte.

Das Ende des U-Boot-Krieges ermöglichte die Invasion

Danach richteten die deutschen U-Boote keinen großen Schaden mehr an. Ganz im Gegenteil fügten die Alliierten 1943 der deutschen U-Boot-Flotte die höchsten Verluste zu. Zwischen April und August büßte die deutsche Kriegsmarine im Atlantik immerhin 135 U-Boote ein.

Die Versenkung von 13 Schiffen eines alliierten Geleitzugs im August desselben Jahres, der letzte derartige Erfolg überhaupt, bezahlte die deutsche Seite mit dem Verlust von sieben U-Booten. Das zeigte, wie gefährlich ein derartiger Angriff inzwischen geworden war. Angesichts dieser Verluste verkündete Admiral Dönitz das Ende der Geleitzugschlacht im Nordatlantik.

Diese Entscheidung trug wesentlich zur Wende im allgemeinen Kriegsgeschehen zugunsten der Alliierten bei. Völlig ungehindert brachten sie nun auf dem Seeweg fortwährend Nachschub an Personal und Material über den Atlantischen Ozean und zu den europäischen Kriegsschauplätzen. Diese gewaltigen Mengen an Rüstung und Soldaten sorgten für die alliierte Überlegenheit und machten schließlich die Landung auf Sizilien und die Invasion in der Normandie erst möglich. In beiden Fällen leistete die Kriegsmarine kaum noch Widerstand, und die deutschen U-Boote spielten keine Rolle mehr. In Londonderry in Nordirland kapitulierte im Mai 1945 der Großteil der noch verbliebenen deutschen U-Boote.

Chiffriermaschine Enigma
An den deutschen Entschlüsselungscode gerieten die alliierten Geheimdienstler nur durch einen Zufall. Sie fanden ihn mitsamt einer Enigma in einem aufgebrachten deutschen U-Boot im Mai 1941.

Kanada – treuer Verbündeter der Alliierten

Von Beginn an stand Kanada aufseiten der Alliierten. Der Krieg bescherte dem Land einen Wirtschaftsboom.

Bis zuletzt glaubte William Mackenzie King nicht an den Ausbruch eines Krieges. Adolf Hitlers Überfall auf Polen im September 1939 traf den friedliebenden Politiker, der eine Abneigung gegen jede Art von Gewalt hegte, umso überraschender. Der kanadische Premierminister war vier Jahre zuvor zum dritten Mal wieder gewählt worden und hatte auf einer Konferenz im Jahr 1937 einen durchaus passablen Eindruck von Hitler gewonnen. Seinem englischen Kollegen Neville Chamberlain gegenüber beschrieb er Hitler seinerzeit als einen vernünftigen Mann.

Nun musste er umgehend das Parlament zusammenrufen, obwohl ihm nichts ferner lag, als sein Land, das schon im Ersten Weltkrieg treu an der Seite des Mutterlands gekämpft hatte, erneut mit diesem heiklen Thema zu konfrontieren. Entgegen allen Erwartungen verlief die Abstimmung des kanadischen Unterhauses am 9. September 1939 einstimmig, und Kanada erklärte am nächsten Tag dem Deutschen Reich den Krieg. Nach dem Angriff auf den US-Luftwaffenstützpunkt Pearl Harbor im Dezember 1941 folgte auch die Kriegserklärung an Japan.

Wie viel Krieg?

Wie schon beim Ausbruch des Ersten Weltkriegs stand auch diesmal die Öffentlichkeit geschlossen hinter der Entscheidung der Regierung und zeigte sich bereit, sich an internationalen Maßnahmen zu beteiligen. Um sein Land zu schonen, verfolgte King eine gemäßigte Strategie, die zunächst nur den Einsatz freiwilliger Rekruten in Übersee vorsah. Doch er ahnte schon, dass es dabei nicht bleiben würde. Die Kanadier glaubten anfangs, ihr Land würde Großbritannien ausschließlich mit der Lieferung von Kriegsmaterial, Rohstoffen, Industriegütern und Nahrungsmitteln an den Kriegspartner unterstützen. Über das Ausmaß der Verpflichtungen wurden sie sich aber rasch bewusst. Denn bereits im Dezember forderte Großbritannien eine erste kanadische Division an.

Kanada gerät in Zugzwang

An ihrem Zielort, der Militärbasis nahe Aldershot, angekommen, mussten die Soldaten das harte englische Militärtraining über sich ergehen lassen. Pausenloser Drill bei eisigen Temperaturen – es war der kälteste Winter in Großbritannien seit 1894 – machte aus ihnen ein kampftaugliche Truppe. Als dann 1940 in rascher Folge Dänemark, Norwegen, die Niederlande und Belgien von Hitler besetzt wurden und zu allem Übel Frankreich kapitulierte und Italien Deutschlands Kriegspartner wurde, musste die kanadische Führung ihre Strategie ändern. Großbritannien und die Länder seines Weltreichs kämpften nun allein gegen Deutschland und benötigten schnelle und unkomplizierte Hilfe. Doch an der kanadischen Heimatfront meldeten sich immer weniger Freiwillige für den Kriegseinsatz.

Noch im Frühjahr 1940 hatte King im Hinblick auf anstehende Wahlen das schwie-

Seite an Seite kämpfen der englische Löwe und der kanadische Biber.

— TO VICTORY
CANADA

Der Feind lauert überall
Groß war die Angst in der kanadischen Öffentlichkeit vor deutschen Spionen. Propagandaplakate warnten davor, sich zu offenherzig zu geben.

rige Thema der allgemeinen Wehrpflicht bewusst aus dem politischen Programm herausgehalten. Bis dahin basierte das militärische System auf Freiwilligkeit. Doch kaum ein Kanadier meldete sich freiwillig zum Kriegsdienst, und so ließ der Premierminister, sobald seine Partei die Wahlen gewonnen hatte und unter dem Druck der englischen Regierung, ein neues Gesetz verabschieden: Im Juni 1940 trat ein Gesetz in Kraft, das für alle Kanadier die allgemeine Wehrpflicht vorschrieb. Allerdings galt sie ausschließlich zur Verteidigung Kanadas, und die Dienstpflicht bezog sich nur auf das Heimatland. Bei dieser Entscheidung blieb es für die nächsten zwei Jahre, obwohl die englischsprachigen Kanadier auf eine aktive Beteiligung kanadischer Soldaten auf den europäischen Schlachtfeldern drängten, während die Frankokanadier jeden Einsatz außerhalb Kanadas ablehnten.

Material statt Personal

Erneut zog sich Kanadas Premier King geschickt aus der Affäre und organisierte ein groß angelegtes Programm zur Unterstützung der Alliierten, ohne die eigenen Männer in den Krieg zu schicken. Überall im Land wurden den Streitkräften der englischen Krone die militärischen Einrichtungen der kanadischen Armee zu Übungszwecken zur Verfügung gestellt. In Großbritannien wie in den USA war zudem der Bedarf an Kriegsmaterial schier unerschöpflich, und in dieser Hinsicht kam der Krieg für das schwer von der Weltwirtschaftskrise geplagte Kanada gerade recht. Schließlich suchte jeder vierte Arbeiter zu Beginn der 1940er-Jahre einen Job. Außerdem hatte eine verheerende Dürreperiode in den 1930er-Jahren in den Provinzen Alberta, Saskatchewan und Manitoba schwere Schäden in der Landwirtschaft verursacht.

Ungeahnter Aufschwung

Voll Euphorie und Hoffnung auf bessere Zeiten verdingten sich über 1 Mio. Menschen in der kanadischen Rüstungsindustrie und produzierten etwa 800 000 Militärfahrzeuge, Schiffe, Flugzeuge und Waffen samt Munition, um den wachsenden Bedarf der eigenen, aber auch der verbündeten Streitkräfte zu decken. Gleichzeitig expandierten der Bergbau sowie die Metall- und die Energieindustrie. In den berühmten Schiffswerften in Neuschottland und Neubraunschweig wurde eifrig für die Ausrüstung der kanadischen Marine gearbeitet: Tag und Nacht verließen Zerstörer, Fregatten, Hilfsschiffe und U-Boote die Werftanlagen, sodass die kanadische Marine zeitweise als die drittgrößte nach der US- und der englischen Marine galt. Die Seestreitkräfte wuchsen von ihrer Friedensstärke von 5000 Mann im Verlauf des Zweiten Weltkriegs auf 90 000 Mann; die Luftwaffe weitete ihr Personal binnen sechs Jahren von 4000 auf über 200 000 Mitglieder aus. Fast jeder vierte Flieger der englischen Bombergeschwader war ein Kanadier. Montreal schickte insgesamt 45 Flugzeugstaffeln zu den Kriegsschauplätzen.

In der Zwischenzeit tobte der Krieg im Westen Europas, und Großbritannien forderte ab 1942 immer neue kanadische Divisionen zur Unterstützung an. Nun sah sich der kanadische Premierminister gezwungen, seine anfängliche Zusage, kanadische Soldaten nicht gegen ihren Willen in Übersee einzusetzen, zu revidieren. Unter dem Protest vor allem der französischstämmigen Bevölkerung führte King am 27. April 1942 eine Volksabstimmung durch. Es ging um die Frage, ob Kanada seine Soldaten mittels einer obligatorischen Wehrpflicht zum Krieg nach Europa schicken dürfe. Zwei Drittel der Wähler stimmten dem Referendum zu, ein Ergebnis, das besonders die Gemüter der frankophonen Bevölkerung erregte.

In der größten Provinz Kanadas, Quebec, hatte man das landesweite Plebiszit mit über 70 % abgelehnt und leistete nun gewaltsam Widerstand gegen die Einberufung zum Militär. Bis 1944 machte der auf friedlichen Konsens bemühte King von der Ermächtigung keinen Gebrauch. Doch als sich die Lage in Europa dramatisch änderte und die alliierte Invasion in der Normandie und in Flandern bis zum Herbst 1944 immense Verluste forderte, geriet Kanada unter starken politischen Druck seiner Verbündeten.

Der kanadische Verteidigungsminister James L. Ralston verlangte vom Parlament endlich die Zustimmung zur Entsendung wehrpflichtiger Soldaten nach Europa. Als sich die Regierung weigerte, trat Ralston zurück und überließ das Feld seinem Kollegen, dem ehemaligen Oberkommandeur der kanadischen Streitkräfte in Großbritannien, Andrew McNaughton. Auch dieser forderte die Verlegung kanadischer Wehrpflichtiger nach Übersee. Schweren Herzens musste King nun dem Verlangen seines Verteidigungsministers zustimmen: So wurden 16 000 Wehrpflichtige eingezogen und gegen ihren Willen nach Europa eingeschifft.

Der Protest hielt sich bei den Frankokanadiern Quebecs in Grenzen, da sich inzwischen die Einsicht durchgesetzt hatte, dass ein anderer Premierminister noch härtere Maßnahmen getroffen hätte. Außerdem kapitulierten schon nach wenigen Monaten nacheinander Deutschland und Japan, und das Problem erledigte sich von selbst: Die meisten kanadischen Wehrpflichtigen erreichten die Front erst kurz vor Kriegsende im Mai 1945, knapp 100 von ihnen verloren im Kampf ihr Leben. Insgesamt beliefen sich die Verluste Kanadas im

HINTERGRUND

Ein Highway durch Alaska

Die USA und Kanada schlossen im März 1942 ein Wegerechtsabkommen über die Nutzung des gerade fertig gestellten Alaska Highways. Die 2300 km lange Schotterpiste führte von Dawson Creek in der kanadischen Provinz Britisch-Kolumbien in den US-Bundesstaat Alaska. Die USA übernahmen die Baukosten innerhalb Kanadas, im Gegenzug stellte Kanada das Baumaterial zur Verfügung und verzichtete auf Steuern und Zölle entlang der Wegstrecke. Für die USA war der Highway eine strategisch wichtige Straßenverbindung nach Alaska.

Im Gleichschritt für die Krone
Rekruten der 48. Highlanderdivision übten den Gleichtakt. Kanada verfügte im Zweiten Weltkrieg über die größte Berufsarmee seiner Geschichte.

Zweiten Weltkrieg allerdings auf ungefähr 42 000 Tote und Vermisste.

Einige erfolgreiche Einsätze gingen im Zweiten Weltkrieg auf das Konto der kanadischen Soldaten: Trotz der Querelen um die Wehrpflicht standen etwa 1 Mio. Männer unter Waffen und kämpften von Japan bis in die Normandie gegen die Truppen der Achsenmächte.

Mädchen für alles
Für nur zwei Drittel der männlichen Besoldung bauten Frauen in einer Waffenfabrik in Toronto hunderte von Maschinengewehren für die Briten zusammen.

An allen Fronten im Einsatz

Über 100 kanadische Piloten unterstützten das englische Militär bei der Luftschlacht um England im Sommer 1940. Im August 1942 führten kanadische Streitkräfte die Landungsoperation „Jubilée“ an, die zwar an der Gegenwehr der Wehrmacht scheiterte, den Alliierten aber wichtige Erkenntnisse für die zwei Jahre später erfolgreich verlaufende Landung an der Küste der Normandie lieferte. 1943 wurden zwei kanadische Divisionen von Großbritannien nach Sizilien und Süditalien verschifft, wo sie an der alliierten Invasion teilnahmen.

Bei der Landung in Nordfrankreich schließlich deckten kanadische Truppen die linke Flanke der alliierten Front ab. An der Offensive beteiligten sich die Kanadier mit 112 Kriegsschiffen. Im Frühjahr 1945 nahm ein kanadisches Oberkommando in den Niederlanden die Kapitulation der deutschen Streitkräfte entgegen. Außerdem spielte Kanada eine wichtige Rolle bei der Sicherung der Nordatlantikroute: 27 versenkte deutsche U-Boote gingen auf das Konto der kanadischen Marine.

Wichtiger Beitrag der Frauen

Großes leisteten auch die über 45 000 kanadischen Frauen, die während des Zweiten Weltkriegs für die Rüstungsindustrie und das kanadische Militär arbeiteten. Das Canadian Women's Army Corps warb um junge Frauen, die mindestens 21 Jahre alt waren und mit einem gewissenhaften und moralisch unbedenklichen Charakter überzeugten. Nach dreimonatigem Training in den Militärlagern von Quebec, Ontario oder Alberta wurden die Frauen auch in Übersee eingesetzt und arbeiteten dort als Wäscherinnen, Köchinnen, Fahrerinnen und Sekretärinnen. Nach 1944 dienten etwa 3000 Frauen in den unmittelbaren Kriegsgebieten. Von den ungefähr 7000 Krankenschwestern, die zumeist englische Verwundete unter schwierigsten Bedingungen auf den Schlachtfeldern in Westeuropa betreuten, verloren bis Kriegsende rund 50 ihr Leben.

Kanada stärkte sein Ansehen in der Welt durch die aktive Unterstützung der Alliierten im internationalen Kriegsgeschehen. Die gute Kooperation mit den USA während des Krieges führte zu engen diplomatischen Beziehungen der beiden Nachbarstaaten. Gemeinsam wurde über die Bildung eines Verteidigungsrats, den Bau des Alaska Highways und die Errichtung von US-Flugstützpunkten in Kanada entschieden.

1945 hatte sich Kanada von den Folgen der Wirtschaftskrise erholt und war zur viertgrößten Industrie- und Militärmacht der Welt aufgestiegen. Das Land verdankte diesen Wirtschaftsboom seinen hervorragenden sozialen Einrichtungen in den Bereichen Kindergeld, Altersrente, allgemeine Kranken- und Arbeitslosenversicherung.

Die USA – von der Neutralität zum Alliierten

Die Amerikaner drängten auf Neutralität. Doch je länger der Krieg dauerte, desto mehr wurden die USA hineingezogen, tatkräftig unterstützt von Roosevelts Regierung.

Nein zum Krieg
Mit Postern und Ansteckern warben die Kriegsgegner für ihre Sache (oben). Frauen demonstrierten vor dem Kapitol gegen den Kriegseintritt der USA (unten).

Harry Smith saß in seinem Büro im 39. Stock des Woolworth-Wolkenkratzers und blickte durch das Fenster hinunter auf das quirlige Leben in den Straßen New Yorks. Ja, er hatte es geschafft. Er war zum Abteilungsleiter ernannt worden, und drüben tippten sich die Stenotypistinnen, über die er jetzt gebot, die Finger wund.

Er verdiente jetzt 700 Dollar im Monat, konnte sich einen Studebaker leisten, und Weihnachten 1939 würde wunderschön werden, denn seine Frau erwartete ihr erstes Kind. Was kümmerten einen Amerikaner die Ereignisse im fernen Europa. Die Kriegsgegner hatten Recht, wenn sie sich gegen eine Einmischung der USA in Europa wandten und Amerika in den Mittelpunkt rückten. Also stellte Harry Smith gespannt das Radio an, um die angekündigte Rede Franklin D. Roosevelts zu verfolgen. Mit ihr wollte der Präsident die Haltung der USA zu Polen klarstellen, jenem Land, das von einem gewissen Hitler überfallen worden war. Smith hatte – wie die Mehrzahl der Amerikaner – keine Ahnung, wo Polen lag, und von Hitler hatte man auch noch nicht viel gehört.

Roosevelt hielt eine sehr patriotische Rede und versprach, was die Amerikaner hören wollten: Die USA blieben neutral. Seit sich in Europa der Konflikt zwischen den alten Erbfeinden wieder zuspitzte, hielt die überwiegende Mehrheit der US-Bürger eine Einmischung ihres Staates für die größte Dummheit, die das Land begehen konnte. Man hatte andere Sorgen: Nach der gerade überwundenen Wirtschaftskrise leckte das Land seine Wunden. Die Menschen sehnten sich nach Wohlstand, Aufschwung und sozialem Frieden.

Unmittelbar nach dem deutschen Überfall auf Polen am 1. September 1939 veröffentlichte das von George Gallup gegründete erste moderne Meinungsforschungsinstitut eine Umfrage, wonach nur 2 % der Amerikaner eine Intervention der USA in Europa befürworteten. Der Volksheld Charles Lindbergh sprach der Mehrzahl seiner Landsleute aus der Seele, als er erklärte, es sei ein Unding, in Europa Demokratie und Freiheit verteidigen zu wollen, wenn die eigene Nation dadurch in einen Krieg verwickelt werde, den vier Fünftel der eigenen Bevölkerung ablehnten.

Himmelwärts
Der 259 m hohe Wolkenkratzer des Rockefeller Centers wurde im Stil des Art déco erbaut und 1939 feierlich eröffnet.

Ist der Präsident neutral?

Roosevelts Neutralitätserklärung vom September 1939 beruhigte die Bevölkerung nicht wirklich. Die Maßnahmen, die er zur Wahrung der Neutralität verfügte, fielen zwar Anfang 1939 strenger aus als 1914 bei Ausbruch des Ersten Weltkriegs: Krieg führende Nationen erhielten keine Kredite, US-Handelsschiffe durften sich nicht bewaffnen, und es galt ein strenges Waffenembargo.

Doch einige Zeitungen erinnerten daran, dass Roosevelt noch nie aus seinen Sympathien zu Großbritannien und Frankreich einen Hehl gemacht habe. Auch verschiedene Senatoren äußerten den Verdacht, die USA sollten erneut in einen ausländischen Krieg hineingezogen werden. Was meinte der Präsident etwa mit der Bemerkung, er werde nicht fordern, dass jeder Amerikaner auch in Gedanken neutral bleibe?

Das säte Zweifel an Roosevelts innerer Haltung. Aber auf die kam es an, denn noch galt in den USA, dass über Neutralität oder Intervention nahezu allein der Präsident entschied. Die widerstrebende Position Roosevelts zu den vom Kongress 1937 und 1938 verabschiedeten Neutralitätsgesetzen hatte noch niemand vergessen. Angesichts der unverhüllten Aggressionen der deutschen und japanischen Regierungen hatte Roosevelt den Kongress stets vor einer demonstrativen Neutralität gewarnt, doch zunächst stieß er bei der Legislative auf taube Ohren.

Die Neutralität bröckelt

Das sollte sich rasch ändern, und schon im November 1939 erreichte Roosevelt eine Überarbeitung des Neutralitätsgesetzes. Die neue Fassung erlaubte jetzt den Export von Waffen und Munition an Krieg führende Nationen, allerdings nur, wenn der Käufer die Lieferungen selbst in US-Häfen abholte und bar bezahlte. Senator William Borah, ein Gegner des Gesetzes, erklärte treffend: „Wir suchen alle Risiken und Gefahren zu vermeiden, aber wir stellen sicher, alle Profite zu erhalten."

An der Börse in New York glühte die Kriegslunte bereits. Aktien der Stahl- und Kupferindustrie, die Papiere von Chemie- und Ölfirmen und natürlich die Wertpapiere der Rüstungskonzerne verbuchten in kurzer Zeit enorme Kursgewinne. Man nannte diese Aktien *war babies*. Die Möglichkeit, nach dem überarbeiteten Neutralitätsgesetz mit Krieg führenden Nationen Handel treiben zu können, berechtigte die Finanzwelt zu kühnen Hoffnungen. Manch einer prognostizierte explodierende Umsätze und sollte Recht behalten. Als Kehrseite der Medaille kletterten allerdings bald auch die Preise für Konsumgüter.

HINTERGRUND

Gegen den Kriegseintritt

Im Frühjahr 1940 gründete Robert Elkington Wood das America First Committee mit dem Ziel, den Kriegseintritt der USA zu verhindern. Die Gruppierung Keep America Out of War Congress wurde von Avery Brundage, dem späteren IOK-Präsidenten, angeführt.

Hinter dem Slogan „SOS – Save our Sons" versammelten sich die Anhänger der unterschiedlichsten Strömungen: Pazifisten, Antisemiten, Faschisten und Rooseveltgegner, vor allem aber Familien mit wehrpflichtigen Söhnen. In Reden, Aufmärschen und bei Streiks vertraten sie vehement ihre gemeinsame Sache.

Großbritannien mit Kriegsmaterial zu unterstützen, stockten den Rüstungsetat um 18 Mrd. Dollar auf, genehmigten ein Programm zum Bau von 50 000 Flugzeugen und den Ausbau der Kriegsmarine, die in die Lage versetzt werden sollte, einen Krieg auf zwei Ozeanen zu führen. Zudem fror man die Guthaben aller von Deutschland überfallenen Länder ein und verabschiedete schließlich trotz heftiger öffentlicher Proteste ein Gesetz über die allgemeine Wehrpflicht für alle Männer im Alter zwischen 21 und 36 Jahren.

„Dieses Gesetz über eine Wehrpflicht in Friedenszeiten schmeckt nach Totalitarismus", kritisierten die Gegner.

Für Frieden Kriegsgegner demonstrierten vehement gegen die Regierung.

Kriegsgegner in der Defensive

Noch wahrten die USA die politische und militärische Neutralität. Der Zeitungsherausgeber William Allen White gründete ein Komitee zur „Verteidigung Amerikas". Seine Bewegung forderte Hilfestellung jeder Art für die Alliierten. Unterdessen verlor die isolationistisch gesinnte Bewegung America First umso mehr an Zustimmung, je bedrohlicher Deutschland in Europa von Sieg zu Sieg eilte. Auch die Haltung des US-Kongresses geriet allmählich ins Wanken. Seit Anfang 1940 ließ er sich von der Regierung Schritt für Schritt Maßnahmen abringen, die die amtlich verkündete politische Neutralität systematisch untergruben.

So bewilligten die Abgeordneten in mehreren Raten insgesamt 37 Mio. Dollar, um

Vor allem aber roch es nach Krieg, wie alles, was die US-Politik im Sommer und Herbst 1940 unternahm: Sie verbot den Export von Stahl und Flugbenzin nach Japan, sie untersagte Streiks in der Rüstungsindustrie, sie gründete ein Ministerium für Zivilverteidigung, sie schloss die deutschen Konsulate, sie schickte Marinesoldaten nach Island, um die Insel noch vor den Deutschen zu besetzen, und die US-Marine erhielt den Schießbefehl auf deutsche U-Boote. Um die Zustimmung des US-Senats zu umgehen, erlaubte Roosevelt dem Militär per Verwaltungsabkommen, alte und überflüssige Waffen im Tausch gegen karibische Stützpunkte an Großbritannien abzutreten. Der Kongress gewährte außerdem finanzielle und militärische Hilfen „zu Verteidigungszwecken" für Lateinamerika. Roosevelt erteilte dem FBI den Geheimauftrag, Ermittlungen zu Spionage und Spionageabwehr zu unternehmen. Ein Gesetz vom Juni 1940 zwang rund 5 Mio. Ausländer, die in den USA lebten, sich künftig strengsten Kontrollen zu unterziehen.

Gipfeltreffen an Bord
Großbritanniens Premier Churchill (rechts) und US-Präsident Roosevelt trafen sich vom 9. bis 12. August 1941 abwechselnd auf den Kriegsschiffen *Prince of Wales* und *Augusta* zu gemeinsamen Beratungen.

Um die erhitzten Gemüter seiner Landsleute zu beruhigen, erklärte Roosevelt in einer Rundfunkansprache, er wolle die USA unter allen Umständen aus dem Krieg heraushalten. Er sagte aber auch, man müsse dem Nachbarn, dessen Haus brennt, den Gartenschlauch leihen. Auch in der Folgezeit hielt Roosevelt die amerikanische Nation über seine Ansichten und Absichten mittels seiner berühmten Rundfunkansprachen, den so genannten Kamingesprächen, auf dem Laufenden.

Unerhörter Plan des Präsidenten

Dabei verblüffte er die Nation mit der Ankündigung, für eine dritte Amtsperiode als Präsident kandidieren zu wollen – ein in der Geschichte der USA bisher einmaliges Unterfangen. Seit George Washington auf eine dritte Amtszeit verzichtet hatte, hatte es niemand gewagt, von diesem ungeschriebenen Gesetz abzuweichen. So stieß Roosevelt zunächst auf heftige Opposition im Kongress und in der Bevölkerung. Senator Robert Taft aus Ohio warf dem Präsidenten vor, er zerstöre eine geheiligte Tradition. Senator Arthur Vandenberg aus Michigan bezichtigte ihn des Wortbruchs und des Betrugs am Wähler. Andere warfen ihm krankhaften Starrsinn vor, Verrat an der amerikanischen Geschichte und dergleichen mehr. Die Republikaner, die den unbekannten Senator Wendell Willkie gegen Roosevelt ins Rennen schickten, versuchten ihn im Wahlkampf in die Nähe der kommunistischen Sowjetunion zu rücken. Zudem prangerten sie Roosevelts Kriegsvorbereitungen an. Er habe das Land immer näher zum Kriegseintritt hindirigiert, gemeinsam mit der kriegslüsternen Wallstreet, deren moralische Skrupellosigkeit er doch eigentlich bekämpfen wollte.

Der alte und neue Präsident

Die letzte Gallup-Erhebung vor den Wahlen ergab, dass noch immer etwa 80 % der Amerikaner eine Kriegsbeteiligung ablehnten. Trotzdem erhielt Roosevelt am 5. November 1940 über 27 Mio. Stimmen, rund 23 Mio. wählten Willkie. Die Presse erklärte den Wahlausgang mit der Parole: Wechsle nie während eines Rennens das Pferd. Angesichts der Krise in der Welt herrschte in den USA eine Stimmung konzentrierter Wachsamkeit, die Roosevelt zu seiner Wiederwahl verhalf.

Im ersten Kamingespräch nach seiner Wiederwahl verkündete Roosevelt, er wolle die USA zum „großen Arsenal der Demokratie" machen und könne deshalb die selbst auferlegten Beschränkungen bei der Unterstützung der Alliierten nicht mehr aufrechterhalten. Bereits Anfang 1941 erließ der Kongress das Leih- und Pachtgesetz, das den USA erlaubte, den europäischen Alliierten Waffen und Munition zu liefern, ohne dass diese sofort bezahlen mussten. In der feierlich-idealistischen Rede der Vier Freiheiten legitimierte Roosevelt dieses Gesetz. Vier Freiheiten, so Roosevelt, gelte es weltweit zu verteidigen: Die Freiheit der Meinungsäußerung, die Freiheit der Religionsausübung, die Freiheit von wirtschaftlicher Not und die Freiheit von Furcht.

Die Atlantikcharta

Neben Großbritannien profitierten vor allem Russland und China von diesem Gesetz. Nach Deutschlands Angriff auf die UdSSR im Juni 1941 strömten gewaltige Mengen an amerikanischen Fahrzeugen, Flugzeugen, Waffen und Munition an die russische Front. Vom Jeep bis zur Konservenbüchse, so zählte ein Kriegsbeobachter auf. Dabei kümmerte es Roosevelts Regierung nicht, dass man dieselbe UdSSR unterstützte, die sich an der Aufteilung Polens beteiligt hatte und im eigenen Land diktatorisch regierte.

1941 gaben die USA mehr Geld für Rüstung aus als für soziale Wohlfahrt und öffentliche Aufträge. Englische und amerikanische Militärs trafen sich zu ersten geheimen Besprechungen. Im April 1941 weiteten die USA ihre Sicherheitszone bis zur Mitte des Atlantiks aus. In US-Häfen enterte die US-Marine deutsche und dänische Schiffe und übergab die Besatzungen der englischen Spionageabwehr. Von Neutralität konnte somit keine Rede mehr sein.

Im Sommer 1941 trafen sich Roosevelt und der englische Premierminister Winston Churchill vor Neufundland und beratschlagten die gemeinsamen Kriegsziele. Dabei formulierten sie die Atlantikcharta, einen Katalog von Zielen für eine Neuordnung der Welt nach dem Krieg. So versprachen sie den Verzicht auf territoriale Erweiterung, definierten das Recht aller Völker, sich ihre Regierungen selbst zu wählen, proklamierten einen Abbau von Handelshemmnissen, die Freiheit der Meere und die Freiheit von Furcht und Not.

Der letzte Funken

Wie aber konnte Roosevelt in den Krieg eintreten, ohne formal den ersten Schritt zu tun? Als sich im September 1941 ein US-Zerstörer und deutsche U-Boote beschossen, änderte das nichts an der ablehnenden Haltung der US-Bürger. Die Versenkung von US-Schiffen löste allerdings längst nicht die gleiche Empörung aus wie im Ersten Weltkrieg die Versenkung der *Lusitania*.

Ganz im Gegenteil warnte die mächtige Hearst-Presse im Herbst 1941 immer noch in flammenden Leitartikeln davor, sich von Großbritannien in den Krieg hineinziehen zu lassen. Man konfrontierte Roosevelt mit seinem Versprechen von 1940, als er im Wahlkampf verkündet hatte: „Unsere Jungs werden in keinen ausländischen Krieg geschickt.“ Doch da überfielen am 7. Dezember 1941 die Japaner Pearl Harbor und lösten Roosevelts Dilemma.

Mit der Welt jonglieren
Im Film *Der große Diktator* entlarvte Charlie Chaplin 1940 den Größenwahn des NS-Staates und seines Führers.

Die USA greifen in die Kämpfe ein

Eine Welle des Patriotismus erfasste die USA nach dem Kriegseintritt. Der Kampf zwischen Gut und Böse begann für jeden Amerikaner, einschließlich Superman.

Als Amerikas Hausfrauen am Morgen des 7. Dezember 1941 ihre Radioapparate einschalteten, erlebten sie eine Überraschung. Statt der populären, allmorgendlichen Liebessoap *Moonshine and Honeysuckle* sendeten NBC und CBS, die beiden großen Rundfunkanstalten des Landes, das gleiche Programm. In einer Sondersendung ging es nur um ein Thema: „Krieg gegen Amerika! Überfall auf Pearl Harbor!" Man drehte lauter und vergaß das Frühstück. 30 Mio. Haushalte in den USA standen unter Schock: Die Japaner hatten Hawaii angegriffen!

Die meisten US-Bürger wussten nicht einmal, wo Hawaii eigentlich lag. War das nicht eine sonnige Insel mit barbusigen Schönheiten irgendwo im Pazifik? Und jetzt spuckte das Radio immer blutigere Nachrichten aus: 2400 tote US-Soldaten, fast 200 Flugzeuge zerstört, elf große Kriegsschiffe versenkt oder irreparabel getroffen. Die Katastrophe traf das Selbstbewusstsein der USA tief. Die am kontroversesten diskutierte Frage der vorangegangenen drei Jahre – Neutralität oder Kriegseintritt – war plötzlich keine mehr.

Kampfausrüstung
Diese Kopfhaube vom Typ 03 mit Fliegerbrille und Sauerstoffmaske trugen Piloten der US-Luftwaffe bei ihren Einsätzen.

Vorbei mit der Neutralität

Am 8. Dezember erklärten die USA Japan den Krieg. Die Antwort des japanischen Verbündeten ließ nicht auf sich warten, Berlin reagierte seinerseits mit der Kriegserklärung an die USA. Präsident Franklin D. Roosevelts Dilemma, wegen der pazifistischen und isolationistischen Stimmung im Land keine US-Soldaten zur Unterstützung der Alliierten nach Europa schicken zu können, hatte sich von selbst gelöst.

Ein Land bebt vor Empörung

„Auf beinahe elektrische Weise", so heißt es bei Arthur Miller, habe Japans Angriff die „nationale Entschlossenheit zum Krieg" bei den Amerikanern hergestellt. Das überraschte politische Analysten seinerzeit keineswegs. Englische Experten hatten bereits seit Kriegsausbruch überlegt, was die USA zum Kriegseintritt bewegen könnte. Ergebnis ihrer Analyse: Es bedürfe einer konkreten Bedrohung, und diese müsse propagandistisch nach allen Regeln der Kunst ausgeschlachtet werden.

Schon im Ersten Weltkrieg konnten sich die USA erst dann zum Kriegseintritt durchringen, als ein deutsches U-Boot das Passagierschiff *Lusitania* mit 128 Amerikanern an Bord versenkt hatte. Das reichte diesmal nicht. Aber Pearl Harbor, der militärische Vorposten im Südpazifik und voll gestopft mit amerikanischem Kriegsgerät, brachte selbst die Amerikaner in Rage und das Fass zum Überlaufen.

Bis heute ist nicht zweifelsfrei geklärt, inwieweit die Regierung Roosevelt den Angriff auf Pearl Harbor mit all seinen Opfern einkalkuliert hatte, um die Stimmung

Am Bug der Maschine dieses US-Piloten prangte das Konterfei von General „Ike" Eisenhower.

40-BO
42-97061

„Gemeinsam sind wir stark"
Die Flaggen der Alliierten sind auf diesem Plakat zu Kanonenrohren mutiert und feuern gemeinsam eine Salve gegen den Nazifeind ab.

im Land zugunsten der Kriegsteilnahme zu kippen. Viele Indizien, etwa ausgewertete Funkkontakte, Geheimdienstdossiers und militärische Befehle, sprechen dafür, dass die USA die Attacke der Japaner erwartet und vom Angriff auf Pearl Harbor bereits vorher gewusst hatten. Im Leitartikel der *New York Times* hieß es: „Wir sind nicht in den Krieg gezogen, weil wir bei Pearl Harbor angegriffen wurden. Wir sind bei Pearl Harbor angegriffen worden, weil wir in den Krieg gezogen waren." Damit spielte der Autor auf die materielle und finanzielle Hilfe der Alliierten an.

Jedenfalls musste sich Roosevelt nun um die Unterstützung der Amerikaner für den Krieg nicht mehr sorgen. Eine Woge des Patriotismus erfasste Wirtschaft, Politik und alle Bereiche des öffentlichen Lebens. Binnen weniger Wochen kauften die Amerikaner Kriegsanleihen im Wert von 156 Mrd. Dollar.

Der Krieg beschert der Wirtschaft einen Boom

Die Hysterie nahm auch kuriose Formen an: In den großen Städten des Ostens explodierte die Nachfrage nach Sandsäcken, weil Geschäftsinhaber meinten, sie müssten ihre Läden nun verbarrikadieren, wie sie es im Fernsehen von den Kollegen in Großbritannien gesehen hatten. Die Preise für Konsumgüter stiegen, die Industrie kam auf Touren, die Arbeitslosigkeit sank von 17 auf unter 2 %.

In den nun folgenden drei Kriegsjahren wuchs das US-Steueraufkommen um das Sechsfache. Die Regierung bildete einen Wirtschaftssonderausschuss. Er hatte keine andere Aufgabe, als die boomende Kriegswirtschaft einigermaßen zu steuern und allzu unverschämte Gewinne zugunsten der Staatskasse abzuschöpfen.

Die Kriegsindustrie beschäftigte rund 17 Mio. Arbeiter. Bis Kriegsende verließen 275 000 Flugzeuge und 86 000 Panzer die Werkshallen. Die Kapazitäten der Kriegsflotte stiegen von knapp 100 000 t bei Kriegsbeginn auf 5,5 Mio. t bei Kriegsende. 1944 erreichte die Kriegsproduktion der USA 65 % der industriellen Gesamtproduktion, 1939 hatte sie nur 2 % betragen. Die Aluminiumerzeugung kletterte binnen zwei Jahren um 500 %. Neben der und durch die Rüstung entstanden auch völlig neue Produktionszweige wie die Kunststoff- und die Atomindustrie. Die synthetische Gummiproduktion wuchs von 2000 t im Jahr 1939 auf 900 000 t im Jahr 1944. Der Kriegseintritt der USA hatte einen gigantischen Motor angeworfen. Schon im Jahr 1943 übertraf die industrielle Produktion der USA die gesamte Produktion der Achsenmächte.

Patriotismus am Broadway und im Comicheft

Während die Wirtschaft boomte, erfasste der Patriotismus auch die Kunst- und Kulturszene. Das Musical *This is the Army* von Irving Berlin feierte Erfolge am Broadway, und Paul Robeson versetzte die Radiohörer mit seiner Fortsetzungsschnulze *Ballad for Americans* in vaterländische Begeisterung. Die Zeitschrift *Yank* erfand das Pin-up-Girl: ein großformatiges Poster in der Heftmitte zeigte leicht bekleidete Damen und verschönerte den darbenden Soldaten in Europa den Spind. Die Soldatenzeitschrift *Stars & Stripes* hielt die Moral der Truppe beispielsweise mit dem Soldatencomic *G. I. Joe* aufrecht.

Schon seit 1939 spielte der Krieg in vielen Comics der US-Tageszeitungen eine Rolle. Selbst Tarzan kämpfte in seinem Dschungel gegen eindringende Nazis. Vor allem aber Captain America, der erste Superheld des Landes, war es, der die Freiheit der Welt nahezu im Alleingang rettete. Sein Auftritt auf der Titelseite seines ersten Heftes im März 1941 bestand darin, dass er Hitler höchstpersönlich einen Faustschlag ins Gesicht versetzte. Bis 1949 kämpfte er als wandelndes Sternenbanner unermüdlich gegen Nazis und Japaner. Auf dem Höhepunkt des Zweiten Weltkriegs fanden sich in US-Zeitungen und Zeitschriften über 40 an Captain America angelehnte Superhelden. Sie trugen Namen wie The Patriot, The Flag, Major Liberty oder schlicht U.S.A. Superman und Batman, die beiden Prototypen der Comichelden hatten zwar schon 1938 das Licht der Welt erblickt, doch erst als sich ab 1942 die Achsenmächte als schurkische Gegner anboten, begann der Aufstieg dieser Superhelden.

Amt für Kriegspropaganda

1942 bedurfte es längst nicht solch propagandistischer Anstrengungen, gegen Adolf Hitler Krieg zu führen, wie einst gegen den deutschen Kaiser Wilhelm II. Außerdem zeigte sich der Staat besser gerüstet: Das Kriegsinformationsamt, wie die dafür eigens gegründete Behörde hieß, proklamierte die „Strategie der Wahrheit". Die Nazibewegung hatte bis dahin in den USA durchaus ihre Anhängerschaft, organisiert im Amerikadeutschen Volksbund. Mit dem Kriegseintritt der USA kam ihr Anführer Fritz Kuhn hinter Gitter: nicht wegen seiner Verlautbarungen, die man wegen der Gesetze zur Meinungsfreiheit nicht unterbinden konnte, sondern wegen angeblicher Steuerhinterziehung.

Kriegsgegner in der Minderheit

Das Einberufungsalter hatte der US-Kongress bei Kriegsbeginn auf 18 Jahre gesenkt, ohne dabei auf ernsthafte öffentliche Proteste zu stoßen. Überhaupt verweigerten sich nur unbedeutende Gruppen der allgemeinen Kriegseuphorie. Dazu zählten, wie überall auf der Welt, die Zeugen Jehovas. Ihre Mitglieder kamen wegen Kriegsdienstverweigerung ebenso in Haft wie die Mitglieder verschiedener Indianerstämme, z. B. der Irokesen. In dem isolierten Lager Camp Waldport in Oregon internierten die Behörden prominente Kriegsdienstverweigerer wie den Schriftsteller Robert Lowell oder den Bürgerrechtler Bayard Rustin.

Seine hässlichste Seite zeigte der amerikanische Patriotismus im Umgang mit den Amerikanern japanischer Abstammung. Etwa 110 000 Menschen, zwei Drittel davon in den USA geboren, fielen der so genannten Relocation zum Opfer. Sie wurden ins Landesinnere deportiert und dort in Lagern festgehalten. Als Begründung hieß es: Die Anwesenheit dieser japanischen Einwanderer und Amerikaner japanischer Herkunft an der Westküste stelle eine militärische Bedrohung dar. Deshalb müssten sie im Landesinnern unter Kontrolle gehalten werden. Auffällig war die rassistische Unterscheidung bei diesen Deportationen. Deutschamerikaner blieben unbehelligt, und von 600 000 Italoamerikanern wurden lediglich 228 interniert.

Rassismus in der US-Armee

Als Geste gegenüber dem verbündeten China vergaben die USA ab 1943 amerikanische Staatsbürgerschaften an chinesische Einwanderer. Nachdem die Einwanderung aus China in den vergangenen 20 Jahren völlig

Wegen Krieg geschlossen
Ein amerikanischer Geschäftsmann in Oklahoma City hatte sich freiwillig zur Armee gemeldet. Stolz teilte er seinen Kunden auf einem Schild mit: „Geschlossen – bin im Krieg."

verboten war, durften nun immerhin 105 Chinesen pro Jahr neu einwandern.

Unverhohlener Rassismus prägte auch den Umgang mit den farbigen Einheiten in der US-Armee. Schwarze Soldaten erfuhren innerhalb der Truppe Diskriminierungen in nahezu jedem Bereich. Das begann mit der Kasernierung in eigenen, getrennten Unterkünften und setzte sich fort in separaten Einrichtungen innerhalb der Garnisonen, wie etwa eigenen Kasinos, Shops und Kinos. Einheiten afroamerikanischer Soldaten durften zunächst an Kampfeinsätzen gar nicht teilnehmen. Erst in den letzten Kriegsmonaten verfügte General Dwight D. Eisenhower, dass Freiwillige schwarzer Hautfarbe auch in den Infanteriekompanien an der Front eingesetzt werden durften.

Der Ausbruch des Zweiten Weltkriegs verbesserte zwar die Lage der Schwarzen am Arbeitsmarkt, eine echte Integration fand aber auch hier nicht statt. Die meisten Gewerkschaften nahmen nur weiße Mitglieder auf. Der Chrysler-Konzern ließ Afroamerikaner nicht am Fließband arbeiten und begründete dies mit der Behauptung, Kunden würden kein Auto kaufen, das mit schwarzen Händen in Berührung gekommen sei. Als 1941 Gewerkschaften der Afroamerikaner einen Marsch auf Washington planten, um gegen die Diskriminierung Nichtweißer in der Rüstungsindustrie zu demonstrieren, erließ Roosevelt eine Order, wonach die Anstellung von Arbeitern ohne Rücksicht auf die Hautfarbe zu erfolgen habe. Die Maßnahme galt nach innen, zur Besänftigung der Unruhen, und außenpolitisch, um den internationalen Ruf der USA als Vorkämpfer für Freiheit, Gleichheit und universale Menschenrechte nicht zu beschädigen.

Die Diskriminierten schlagen zurück

Die befürchteten Unruhen brachen trotzdem aus. Ein Rassenkrawall in Fort Dix in New Jersey forderte 1942 drei Todesopfer. Ein blutiger Tumult 1943 in Detroit endete mit 34 Toten. Bundestruppen mussten hier die Ordnung wiederherstellen. Weitere Rassenunruhen erschütterten den New Yorker Stadtteil Harlem. Die schwarze Presse versuchte, die Unruhen nicht weiter zu schüren. Trotzdem erwog Roosevelt Zensurmaßnahmen und erlaubte, dass das FBI einzelne farbige Führer unter besondere Aufsicht nahm. Der Gewerkschaftsführer Philip Randolph galt als Wortführer. Er kritisierte Roosevelt als Vertreter des Rassismus, der Dekadenz und des Monopolkapitalismus.

Die Roosevelt-Administration reagierte mit einer schärferen Gesetzgebung. Das Gesetz zur Sicherung kriegswichtiger Industrien erweiterte 1943 die Vollmachten des US-Präsidenten. Er durfte nun zur Lenkung und Kontrolle von Forschung, Produktion, Verbrauch und gege-

Rassenunruhen
In Detroit versuchte ein Schwarzer verzweifelt, seinen weißen Verfolgern zu entkommen. Die Unruhen mussten von Bundestruppen gewaltsam unterbunden werden.

benenfalls Rationierung wichtiger Bedarfs- und Lebensmittel auch Maßnahmen ergreifen, die in bisherige von der Verfassung verbriefte Freiheitsrechte eingriffen.

Bei Kriegsbeginn wurden die US-Konsulate weltweit angehalten, eine scharfe Auslese bei der Genehmigung von Einwanderungen zu treffen. Das US-Außenministerium berief sich auf ein Immigrationsgesetz von 1917, um politisch Verfolgte von den USA fern zu halten. Flüchtlinge, bei denen von vornherein feststand, dass sie der öffentlichen Hand zur Last fallen würden, hatten kaum eine Chance, selbst wenn sie in den USA Freunde oder Bürgen nachweisen konnten, die bereit gewesen wären, für sie aufzukommen.

Die restriktive Bewilligungspraxis setzte die US-Behörden schweren Vorwürfen im eigenen Land aus. Es käme für viele Verfolgte des nationalsozialistischen Regimes einem Todesurteil gleich, so klagte etwa der Kongressabgeordnete Emanuel Celler, wenn Visaanträge monatelang verschleppt würden. Arbeitsministerin Frances Perkins wollte die Verfahren liberalisieren, wurde aber von Präsident Roosevelt zurückgepfiffen. Zwischen 1932 und 1945 gelang rund 130 000 deutschen und österreichischen Juden die Flucht in die USA. Bei einer Bevölkerung von 145 Mio. klangen beim Vorwurf, diese Einwanderer würden den Einheimischen die Arbeitsplätze wegnehmen, antisemitische Vorurteile an. Tatsächlich kam es in Boston und New York zu antisemitischen Demonstrationen. Die seit 1942 publizierte antisemitische Zeitschrift *The Cross and the Flag* erschien bis 1946.

EUROPAS GEISTESELITE IM US-EXIL

Aus Frankreich flüchteten seit der deutschen Besetzung 1940 bis Kriegsende etwa 2000 politisch Verfolgte nach Amerika, darunter namhafte Künstler wie Marc Chagall, André Breton oder Marcel Duchamp. Ihnen gelang die Flucht in die USA mithilfe eines privaten US-Hilfskomitees, das sich gegen die

Genialer Code
Die beiden Funker übermittelten über das Frontradio Botschaften und Anweisungen in der Navajosprache. Die den Achsenmächten unbekannte Sprache erwies sich als schwer zu knackender Code.

ALLTAGSLEBEN

FRAUEN IN DER RÜSTUNGSINDUSTRIE

Helen hatte sich freiwillig gemeldet. Jetzt stand sie mit öligen Händen vor dem riesigen Metallrohr, das sie in dieser lärmenden Maschine pressen und stanzen musste. Es ratterte, knirschte, dampfte, zischte und quietschte in der großen Werkshalle, doch die Frauen an den Maschinen strahlten eine heitere Entschlossenheit aus.

Die meisten waren der Radiokampagne Rosie the Riveter gefolgt, die für Unterstützung der Frauen an der Heimatfront warb. Eine ähnliche Kampagne namens Loose Lips Sink Ships warnte in Radiospots und auf Plakaten amerikaweit vor Geheimnisverrat an den Feind.

Rosie the Riveter stand symbolhaft für all jene amerikanischen Frauen, die während des Krieges in der US-Rüstungsindustrie anstelle der zum Krieg eingezogenen Männer arbeiteten. In Richmond, einer der Vorzeigestädte der Heimatfront, hielten die Schiffswerften ihren Betrieb fast nur mit Frauenarbeit aufrecht.

Im Akkord
Diese Frauen produzierten Geschützkanzeln für die US-Bomberflugzeuge.

Landesweite Schlagzeile
Eine junge Frau liest in New York in den *Daily News* vom plötzlichen Tod des US-Präsidenten Franklin D. Roosevelt. In ganz Amerika herrschte Bestürzung.

Einwanderungs- und Asylpolitik der Regierung wehrte. Diesem Komitee verdankten auch namhafte deutsche Prominente ihr Exil in den USA: Heinrich Mann, Franz Werfel, die Verleger Kurt und Helen Wolff, der Physiker Edward Teller, der Architekt Walter Gropius oder der Gelehrte Claude Lévi-Strauss.

Bald trafen sich in Los Angeles und New York ganze Kolonien bedeutender Exilanten: Lotte Lenya und Kurt Weill, Marlene Dietrich, Hanns Eisler, Fritz Lang, Billy Wilder, Erich Fromm, Bertolt Brecht, Thomas Mann, Alfred Döblin, Paul Hindemith, Albert Einstein oder Lion Feuchtwanger. Viele fanden als Drehbuchautoren, Filmregisseure oder Bühnenkünstler ein leidliches Auskommen. Einige litten auch unter Anpassungsschwierigkeiten, so wie Ernst Bloch, der sich als Tellerwäscher durchschlagen musste.

Gut und Böse auf der Leinwand

Die Filmindustrie der USA trug ihren Teil zur patriotischen Mobilisierung der Nation bei. In einem 1942 herausgebrachten Handbuch forderte die Regierung in Washington die Filmindustrie auf, sich an der Mobilmachung zu beteiligen. Hollywood arbeitete fleißig für das US-Kriegsinformationsbüro und schuf Propagandafilme wie etwa *Why we fight*, *A Yank in the RAF*, *Mission to Moscow* oder *Hitlers Children*. Sie alle brachten Abscheu vor dem nationalsozialistischen Deutschland und Sympathie für die UdSSR oder Großbritannien zum Ausdruck. Mit subtilem Humor nahm Charlie Chaplin in *Der große Diktator* den Wahnsinn des nationalsozialistischen Regimes auseinander.

Bereits 1940 hatte Roosevelt mit einem ehernen Gesetz der USA gebrochen und war als erster Präsident überhaupt zu einer dritten Amtszeit angetreten. Die Diskussionen darüber waren erst mit dem Kriegseintritt der USA verstummt. 1944 trat Roosevelt zur erneuten Wiederwahl an.

Roosevelts vierte Amtszeit

Mitten im Krieg beabsichtigte niemand ernsthaft, die Führung auszuwechseln. 432 Wahlmänner stimmten für Roosevelt, nur 99 für den republikanischen Kandidaten Thomas Dewey. Für das Amt des Vizepräsidenten entschied sich Roosevelt für Harry S. Truman, einen Senator aus Missouri. Als Vorsitzender des Kongressausschusses zur Überwachung der Kriegsproduktion hatte Truman nationale Bekanntheit erreicht. Roosevelt benötigte ihn vor allem, um in den südlichen Bundesstaaten Stimmen zu sichern. Bei seiner Auswahl spielte die Frage, ob er ein geeigneter Präsident sein könnte, keine Rolle. Mit Außenpolitik hatte Truman sich niemals zuvor beschäftigt und war sicher wenig geeignet, die Interessen der USA auf den bevorstehenden internationalen Friedenskonferenzen zu vertreten.

Der Präsident ist tot

Doch als mitten im Februar 1945 in Jalta die „Großen Drei", Winston Churchill, Josef Stalin und Roosevelt, die Nachkriegsordnung verhandeln wollten, gab Roosevelt für viele Beobachter bereits ein Bild der Verwirrung und Desorientierung ab. Wenige Wochen nach der Heimkehr von der Konferenz starb er an einer Gehirnblutung. Schon zu Lebzeiten galt Roosevelt als einer der bedeutendsten Präsidenten der USA. Er zeichnete fleißig an diesem Bild mit, indem er sich als leutseliger, doch zielbewusster Führer darstellte, der dem Land in zwei großen Krisen, der Weltwirtschaftskrise und dem Zweiten Weltkrieg, den rechten Weg zu weisen wusste.

Truman, gerade einmal vier Monate als Vizepräsident im Amt , wurde neuer US-Präsident. Er stammte aus kleinbürgerlichen Verhältnissen. Sein Vater betrieb ein kleines Geschäft. Über das Jurastudium und das Richteramt kämpfte Truman sich nach oben. Privat gab er den Kunstliebhaber und schmückte sein Haus mit Farbdrucken von Rubens und Leonardo da Vinci. Er spielte gerne Klavier und hielt seine Tochter für eine talentierte Sängerin, eine Meinung, mit der er allerdings weitgehend allein stand.

JA ODER NEIN? – DER EINSATZ DER ATOMBOMBE

Der neue Präsident im Weißen Haus reagierte begeistert, als ihn während der Potsdamer Friedenskonferenz im Juli 1945 die Nachricht von den erfolgreichen Atombombentests seiner Wissenschaftler in New Mexico erreichte. Er sprach von einem „inneren Glück". Drei Wochen später gab er den Befehl zum Abwurf der Atombombe über die japanischen Städte Hiroshima und Nagasaki. In den USA stellte nur eine Minderheit die Frage nach der ethischen Vertretbarkeit dieses Befehls und seiner Folgen. Unter dem Eindruck eines entmenschlichten Krieges gehörte auch der Tod einer großen Zahl von Zivilisten beinahe zum Alltäglichen.

Der Pilot Paul Tibbets fand nichts dabei, die Maschine, die er nach Hiroshima flog, nach seiner Mutter *Enola Gay* zu taufen. Geschäftsleute in den USA stellten ihren Firmennamen das Wort Atom voran und erwarteten sich davon Umsatzsteigerungen. Zu den wenigen kritischen und entsetzten Stimmen gehörte der linksliberale Publizist Dwight MacDonald. Er stellte sich und seine Landsleute auf eine moralische Stufe mit den Nationalsozialisten und fragte öffentlich, wie dieselben Amerikaner, die die Verurteilung von nationalsozialistischen Ärzten betrieben, zwei Tage später der Zerstörung Hiroshimas zustimmen konnten.

DER OPFER WEGEN

290 000 US-Bürger fielen an der Front, davon 170 000 in Europa. Weitere 113 000 starben während des Krieges durch Unfälle oder Krankheiten. Rund 670 000 kehrten verwundet heim. Das stärkste Argument für den Abwurf der Atombomben lautete daher für die Mehrheit der US-Bürger: Er habe den Krieg rasch beendet, das Leben vieler amerikanischer junger Männer geschont und gleichzeitig auch Stalins Gier gezähmt.

HINTERGRUND

Geheim – das „Manhattan-Projekt"

Unter dem Decknamen „Manhattan-Projekt" begannen die Forschungen zur Atombombe 1942. Wissenschaftlicher Kopf war der nach Kriegsbeginn in die USA emigrierte italienische Physiker Enrico Fermi. 1942 hatte er den ersten US-Kernreaktor in Betrieb genommen. Bei Almogordo in der Wüste New Mexicos gelang ihm 1945 die Erzeugung einer nuklearen Kettenreaktion. Heimlich produzierten weit auseinander liegende Werke das notwendige Plutonium und Uranium.

Der Physiker Robert Oppenheimer konstruierte in einem Labor in Los Alamos in New Mexico die erste transportable Atombombe. Wissenschaftler, Militärs und Politiker hatten zu diesem Zeitpunkt bereits einen Konsens über ihren Einsatz hergestellt.

Denkmäler aus Granit
Von 1927 bis 1941 sprengte Gutzon Borglum die je 18 m hohen Präsidentenköpfe in den Fels des Mount Rushmore im US-Bundesstaat South Dakota. Von links: George Washington, Thomas Jefferson, Theodore Roosevelt, Abraham Lincoln.

DIE LEIDEN DER ZIVILBEVÖLKERUNG

Im Zweiten Weltkrieg wurde die Zivilbevölkerung in nie gekanntem Ausmaß von den Schrecken des Krieges heimgesucht. Zwischen 20 und 30 Mio. Menschen kamen in den Jahren von 1939 bis 1945 weltweit ums Leben. Mit 7 Mio. Toten beklagte Russland die meisten zivilen Opfer, in Polen verloren mehr als 4 Mio. ihr Leben, und in China starben während der Kämpfe gegen die Japaner über 5 Mio. Menschen.

Nirgendwo sicher

In den Städten waren Luftangriffe eine ständige Bedrohung. Bei der Belagerung von Städten wie Leningrad erlitten hunderttausende einen qualvollen Hungertod. Massenvernichtungen und Massaker trugen zu den hohen Verlusten ebenso bei wie Vertreibungen und Umsiedlungen. Etwa 20 Mio. Menschen verloren durch den Krieg ihre Heimat. Nur die USA blieben von zivilen Opfern verschont. Doch kam es auch dort zu Zwangsevakuierungen von Angehörigen fremder Nationen, mit denen man sich im Krieg befand.

Alltag im Krieg

Der Kriegsalltag war besonders in den Städten bedrückend. Der oft tagelang anhaltende Bombenhagel zerstörte Häuser und Wohnungen, der Luftschutzkeller wurde zur ungeliebten, aber lebenswichtigen Zuflucht. Not und Elend machten sich breit, weil die Versorgung mit Lebensmitteln immer schwieriger wurde, je länger der Krieg dauerte. Und auf Eltern und Ehefrauen lastete die Sorge um das Schicksal der Söhne und Männer, die als Soldaten an der Front standen.

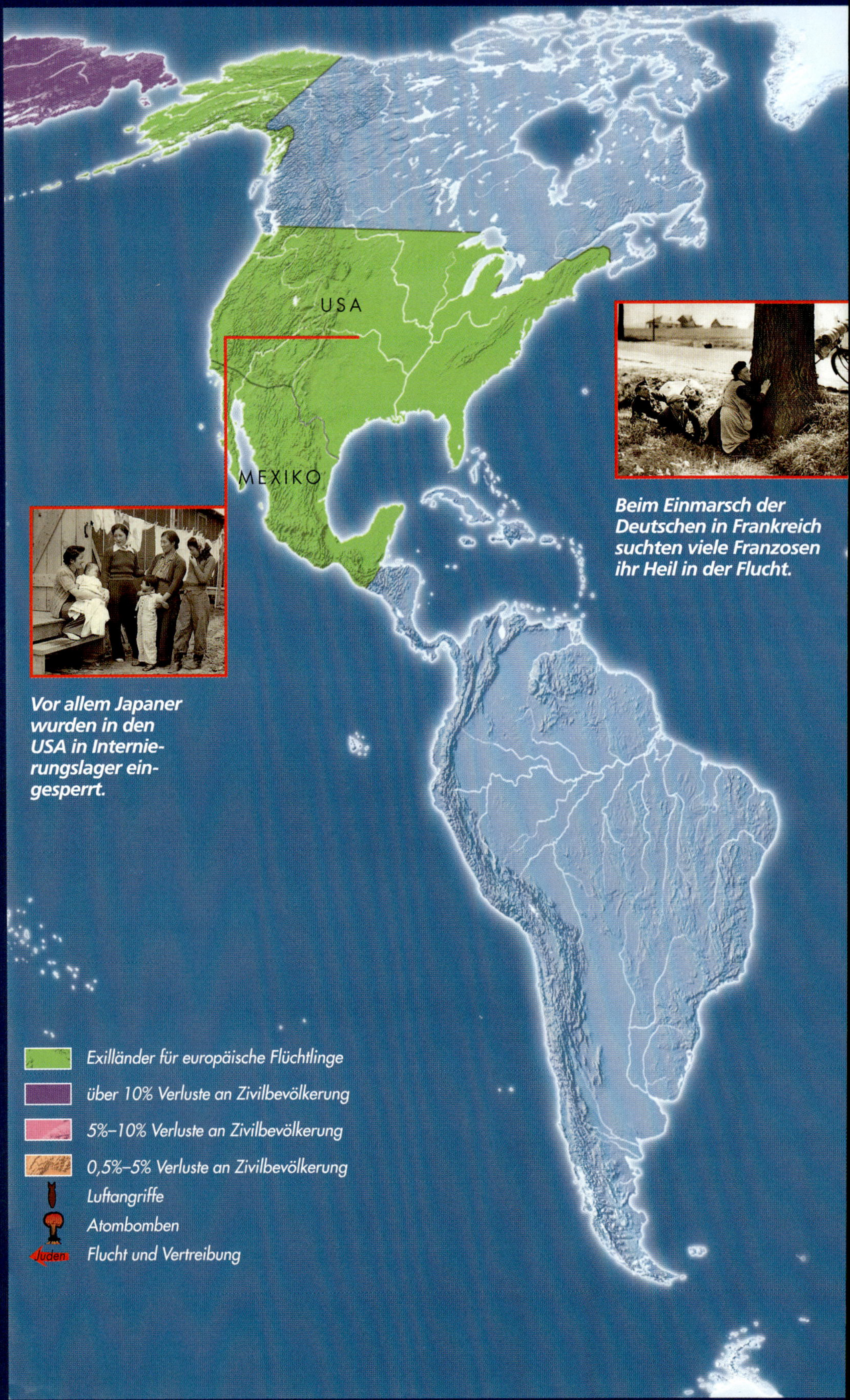

Vor allem Japaner wurden in den USA in Internierungslager eingesperrt.

Beim Einmarsch der Deutschen in Frankreich suchten viele Franzosen ihr Heil in der Flucht.

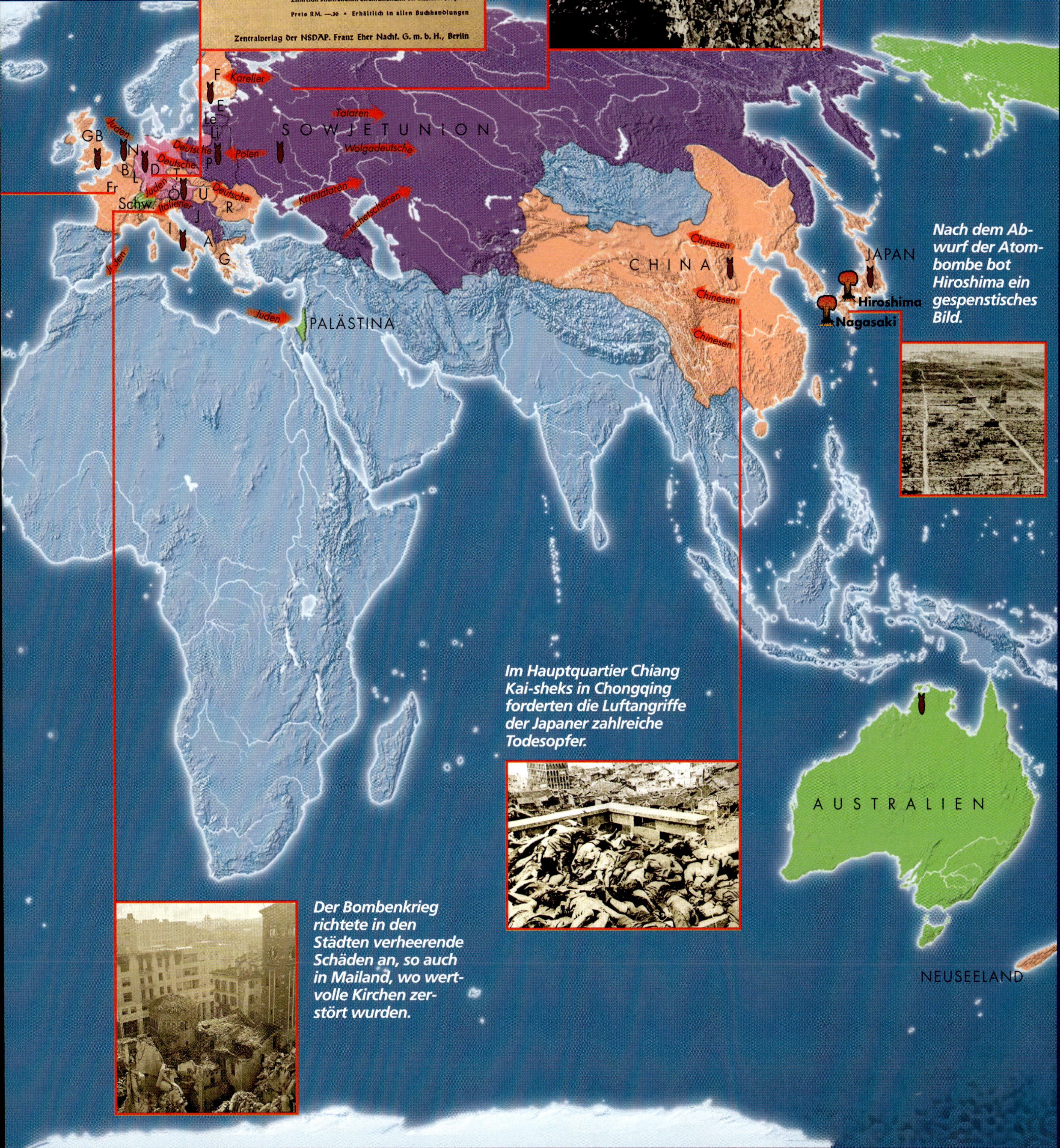

Fliegeralarm!

Wie verhalte ich mich?

Diese wichtige Broschüre, vom Präsidium des Reichsluftschutzbundes herausgegeben, wendet sich an alle Volksgenossen und gibt aufschlußreiche Hinweise über das Verhalten bei Fliegeralarm. Zahlreiche Illustrationen veranschaulichen die einzelnen Beispiele.

Preis RM. —.30 • Erhältlich in allen Buchhandlungen

Zentralverlag der NSDAP. Franz Eher Nachf. G. m. b. H., Berlin

Der Reichsluftschutzbund warb in Zeitungen für eine Broschüre mit Verhaltenshinweisen bei Luftangriffen.

Stalingrad wurde durch die schweren Bombardierungen und den erbitterten Häuserkampf fast völlig zerstört.

Nach dem Abwurf der Atombombe bot Hiroshima ein gespenstisches Bild.

Im Hauptquartier Chiang Kai-sheks in Chongqing forderten die Luftangriffe der Japaner zahlreiche Todesopfer.

Der Bombenkrieg richtete in den Städten verheerende Schäden an, so auch in Mailand, wo wertvolle Kirchen zerstört wurden.

SCHWIERIGER ALLTAG IM KRIEG

Trotz aller Schrecken und Sorgen bemühten sich die Menschen, das Leben so normal wie möglich zu gestalten. In Kinos und Theatern oder bei Sportveranstaltungen suchte man Ablenkung vom tristen Alltag. Doch die Wirklichkeit holte die Bevölkerung in den Kriegsgebieten rasch wieder ein. Die knappen Nahrungsmittel wurden im Lauf des Krieges überall rationiert. Vor den Geschäften gab es bald endlose Schlangen, und fast überall blühte der Schwarzmarkt. Im Winter ging der Brennstoff aus, sodass viele Familien in kalten Wohnungen ausharren mussten. Da wegen Zerstörungen und des kriegswichtigen Bedarfs der Industrie die Gas- und Stromzufuhr eingeschränkt wurde, ging man sehr früh zu Bett. Nur mit Durchhaltevermögen und Einfallsreichtum konnte man im täglichen Leben bestehen. Zugleich rückten die Menschen angesichts der schwierigen Lage enger zusammen. Hilfsbereitschaft war in den Zeiten des Krieges kein Fremdwort.

Frauen im Einsatz

Die Hauptlast in der Heimat trugen die Frauen, da die meisten Männer als Soldaten an der Front standen. Sie mussten sich nicht nur um die Kinder kümmern, sondern wurden auch in allen Krieg führenden Staaten zum Arbeitseinsatz in der Industrie oder im sozialen Bereich verpflichtet. Davon ausgenommen blieben nur Schwangere und Mütter mit kleinen Kindern. Besonders in den Rüstungsfabriken arbeiteten bald überwiegend Frauen. Daneben setzte man sie im Zivilschutz und in der Krankenpflege ein. In Großbritannien und Deutschland stellten die großen Städte gegen Ende des Krieges Städte der Frauen dar. Im März 1945 waren von den 2,7 Mio. Einwohnern Berlins fast 2 Mio. weiblich.

Hilfe vom Land

Die Landbevölkerung bekam die Auswirkungen des Krieges weniger zu spüren als die Städter. Hier gab es in der Regel genügend Lebensmittel. Viele Stadtbewohner fuhren bei jeder sich bietenden Gelegenheit hinaus in die benachbarten Dörfer, um sich bei den Bauern mit Nahrung einzudecken.

Wie überall in Europa, so standen auch in Italien die Frauen Schlange, um an die begehrten Lebensmittel heranzukommen.

Unten: In den USA forderte man die Frauen mit Plakaten auf, sich selbst um die Produktion von Lebensmitteln und Getränken zu kümmern.

Oben: Aufmerksam hören diese Schulkinder in London den Ausführungen eines Polizeibeamten zu, der sie über verschiedene Waffen und die von Blindgängern ausgehenden großen Gefahren informiert.

Rechts: In einer Leningrader Rüstungsfabrik stellten Frauen Artilleriegranaten her.

Links: Mit solchen Büchsen sammelte in Deutschland das Winterhilfswerk Spenden für die Unterstützung von Bedürftigen.

BOMBEN GEGEN UNSCHULDIGE ZIVILISTEN

Oben: Das Amt für zivile Verteidigung warb in den USA für Luftschutzhelfer.

Rechts: Abwurf einer Bombe aus einem alliierten Flugzeug über Manila, das von Japanern besetzt war.

Unten: Mit Plakaten schärfte man den Deutschen ein, zum Schutz vor den Luftangriffen die Wohnungen zu verdunkeln.

Die schlimmste Bedrohung für die Zivilbevölkerung stellten die Luftangriffe dar. Ab 1940 nahmen deutsche und englische Flugzeuge nicht nur Rüstungsbetriebe und andere Industrieanlagen ins Visier, sondern verstärkt auch die großen Städte. Die Bevölkerung sollte auf diese Weise demoralisiert werden. Auf dem Höhepunkt des Bombenkriegs gab es kaum eine Nacht, in der nicht die Sirenen heulten und die Menschen in die Luftschutzbunker eilten. Abends verdunkelten die Menschen ihre Wohnungen, um den Flugzeugen mit ihrer tödlichen Fracht kein Ziel zu bieten.

Angst und Schrecken

Trotz aller Vorsichtsmaßnahmen war die Bilanz der Angriffe verheerend. Im November 1940 kamen bei einem deutschen Angriff auf die englische Stadt Coventry mehr als 1000 Menschen ums Leben. Auch London wurde schwer in Mitleidenschaft gezogen. Die Einwohner nahmen in ihrer Angst Zuflucht in den Stationen der U-Bahn. 177 000 Menschen verbrachten die Nächte in drangvoller Enge unter der Erde. 1942 griffen auch die USA in den Luftkrieg ein. Nahezu pausenlos fielen jetzt Bomben auf deutsche Städte. Ende Mai 1942 richtete ein Angriff auf Köln schwerste Zerstörungen an. Noch in den letzten Monaten des Krieges traf Dresden einer der schwersten Angriffe des ganzen Krieges. Nicht nur in Europa waren die Bomber unterwegs. Betroffen war auch die Zivilbevölkerung in Ostasien. Hier richteten die Atombomben über Hiroshima und Nagasaki im August 1945 besonders schreckliches Unheil an. Und nicht einmal in Australien konnten sich die Menschen sicher fühlen, weil die japanische Luftwaffe während des Krieges Städte an der Nordküste bombardierte.

Schlimme Folgen

Insgesamt forderte der Luftkrieg auf der ganzen Welt mehr als 1,5 Mio. Opfer. Noch viel höher war die Zahl der Menschen, die obdachlos wurden. Schwerwiegend waren auch die seelischen Folgen. Denn niemand konnte die Tage und Nächte vergessen, in denen es buchstäblich ums Überleben gegangen war.

***Ganz oben:** Mit einer Mischung aus Furcht und Spannung beobachteten englische Kinder, die bei der Hopfenernte eingesetzt wurden, die Angriffe deutscher Bomber.*

***Oben:** Während der deutschen Luftangriffe übernachteten die Londoner in den Stationen der U-Bahn.*

***Unten:** Luftschutzhelfer der Hitlerjugend kümmerten sich nach alliierten Bombenangriffen um die Opfer.*

VERTREIBUNG UND FLUCHT

Oben: Verzweifelt suchten die Menschen in den Trümmern nach Angehörigen. Ein Soldat schrieb den Namen einer Vermissten an die Wand eines zerstörten Wohnhauses.

Oben rechts: Nach dem Krieg war das Rote Kreuz im Dauereinsatz. Man erkannte die Helfer an den Armbinden.

Unten: Kurz vor dem deutschen Angriff im September 1939 verließen viele Polen die Heimat. Eine Gruppe kam mit dem Dampfer Warszawa im Hafen von London an.

Für unzählige Menschen bedeutete der Zweite Weltkrieg den Verlust der Heimat. Die Zahl der Kriegsmigranten wird auf etwa 30 Mio. Personen geschätzt. Die Ursachen für dieses schlimme Schicksal waren vielfältig. Viele ergriffen beim Herannahen der gegnerischen Armeen freiwillig die Flucht. Man packte all seine Habseligkeiten zusammen und machte sich unter schwierigsten Bedingungen und mit Kind und Kegel auf die Suche nach einem neuen Zuhause. So zogen gegen Ende des Krieges hunderttausende auf der Flucht vor der Sowjetarmee aus Ostdeutschland in langen Karawanen nach Westen. Fast alle wussten, dass sie in der Fremde eine ungewisse Zukunft erwartete.

Gewaltsame Vertreibungen

Andere mussten die Heimat zwangsweise verlassen. Die deutschen Besatzer führten in den von ihnen eroberten und kontrollierten Gebieten in Osteuropa umfangreiche Umsiedlungen durch. Gemäß dem von Hitler verkündeten Programm „Lebensraum im Osten" wurde die dort ansässige Bevölkerung mit Gewalt vertrieben. Die Sowjetunion wiederum deportierte über 2 Mio. Polen nach Sibirien. Gegen Ende des Krieges begann die massenhafte Vertreibung von Deutschen aus Osteuropa.

Endstation Lager

Nicht alle Opfer von Vertreibungen oder Ausweisungen hatten wie die Flüchtlinge wenigstens die freie Wahl der neuen Heimat. Den meisten wurde der neue Aufenthaltsort vorgeschrieben, und nicht selten endete ihr Weg in Arbeitslagern oder, wie im besonders gravierenden Fall der europäischen Juden, in den Konzentrations- und Vernichtungslagern der Nationalsozialisten.

Rechts: Im Mai 1945 befreiten australische Einheiten Borneo von der japanischen Besatzung Flüchtlinge konnten danach ir die Heimat zurückkehren.

Links: Auf Pferdewagen versuchten ostpreußische Flüchtlinge, über das gefrorene Haff Schiffe der deutschen Kriegsmarine zu erreichen.

Unten: Auf der Flucht vor der anrückenden deutschen Armee verließen russische Bauern in Massen ihre Dörfer.

AFRIKA

Widerstand im französischen Nordafrika

In Algerien und Marokko baute der französische Widerstand mithilfe der Alliierten eine Front gegen Deutschland auf.

Krieger mit Tradition
Die Spahis waren eine disziplinierte Truppe. Sie standen ganz in der Tradition der Reiter dieses Namens in der einstigen Armee der Osmanen.

Sie ritten wie die Teufel. Urplötzlich erschienen die marokkanischen und algerischen Spahis auf ihren Pferden aus der Weite der Wüste und verschwanden, ehe man sich versah. Sie hatten sich auf die Seite des Freien Frankreich geschlagen, das General Charles de Gaulle von seinem Londoner Exil ausgerufen hatte. Außer in ihrer Heimat kämpften die Spahis in Syrien und Eritrea, im Senegal sowie auf den Schlachtfeldern in Europa.

In Algerien und Marokko standen sie an der Seite der Freien Französischen Streitkräfte gegen die Achsenmächte und das mit

jenen kollaborierende Vichy-Regime. Die Soldaten bildeten die letzte Kampftruppe, die die Franzosen für die Rückgewinnung der Unabhängigkeit selbst aufbieten konnten. Motiviert sahen sie sich durch die Vereinbarung zwischen Winston Churchill und Charles de Gaulle vom 7. August 1940, in der die englische Regierung die Integrität aller französischer Besitzungen zusicherte.

Zu Beginn des Zweiten Weltkriegs ließen sich in Nordafrika insgesamt 340 000 Männer in die Listen für den Dienst in der französischen Armee einschreiben. Viele wollten so der Enge ihrer Heimatdörfer in Marokko oder Algerien entrinnen, die in Armut und Rückständigkeit verharrten. Doch nach der Besetzung eines großen Teiles Frankreichs durch Deutschland und dem Waffenstillstandsabkommen zwischen Hitler und Pétain am 22. Juni 1940 war ihre Zukunft mehr als ungewiss.

SECHS STUNDEN ZEIT

In Nordafrika sorgten zunächst die Ereignisse an der Küste für Dramatik. Vor dem Hafen von Mars Al Kabir, in dem einige der modernsten französischen Schlachtschiffe ankerten, tauchte am 3. Juli 1940 um 4.00 Uhr früh eine englische Flotte auf. Befehlshaber James Somerville stellte dem französischen Vizeadmiral Marcel-Bruno Gensoul ein schockierendes Ultimatum: Innerhalb von sechs Stunden sollte Gensoul entscheiden, ob sich sein Flottenverband im Kampf gegen die Deutschen den Briten anschließen, sich einfach ergeben oder in die Karibik abziehen wollte. Andernfalls würden die Schiffe versenkt. Somerville ließ keinen Zweifel offen: „Ich habe den Befehl, jede Gewalt anzuwenden, die notwendig ist, um zu verhindern, dass Ihre Schiffe in deutsche Hand fallen."

Gensoul war ratlos, da er die Machtverhältnisse auf dem europäischen Festland aus der Ferne nicht überblicken konnte. Die Regierung in Vichy forderte ebenso wie de Gaulle in London, dass sich die Flotte auf ihre jeweilige Seite schlug. Gensoul gelang es nicht, von seinen Vorgesetzten entsprechende Befehle einzuholen.

Zeichen der Verbundenheit
Das Lothringer Kreuz, das Zeichen der einstigen Fürsten von Anjou, war das Symbol der Freien Französischen Streitkräfte. Sie setzten es dem Hakenkreuz der feindlichen Deutschen entgegen.

Gegen 18.00 Uhr kam vom englischen Flaggschiff *Hood* der Befehl zum Beschuss. Die französischen Küstenbatterien sollten ebenso wie die verfügbaren Jagdflugzeuge die Flotte verteidigen, aber die Schiffe befanden sich in einer ungünstigen Position, und die englische Flotte hatte sich eingenebelt, um sich vor Gegenangriffen zu schützen. Nach kaum einer Stunde war alles vorbei. Nur die *Strasbourg* konnte mit einigen kleineren Schiffen entkommen, alle anderen französischen Schlachtschiffe schalteten die englischen Angreifer aus. Rund 1300 französische Seeleute ließen ihr Leben.

WIRTSCHAFTLICHE INTERESSEN IM HINTERGRUND

Es ging in Nordafrika nicht nur um militärstrategische Überlegungen, sondern auch um handfeste wirtschaftliche Interessen. Französischen Grundbesitzern gehörten seit Jahrzehnten in den fruchtbaren Tälern Nordalgeriens mehr als 2 Mio. ha Land. Der Anbau von Getreide und Wein verschaffte den Siedlern großen Wohlstand. Vor allem aber lieferten die reichen Rohstofflager üppigen Nachschub für die französische Industrie. Noch kurz vor Kriegsausbruch wurden in Algerien mehr als 3 Mio. t, in Marokko gut 262 000 t und in Tunesien über 822 000 t Eisenerz gefördert. Hinzu kamen kriegswichtige Stoffe wie Phosphate, Blei und Zink.

Zugleich bildete die Gemeinde der Algerienfranzosen und die mit ihr verbundene einheimische Elite einen Absatzmarkt wie kein anderes Kolonialgebiet. Rund ein Drittel der französischen Exporte floss in die eigenen Kolonien und vorrangig nach Algerien. Rund 42% des Investitionskapitals steckten in den nordafrikanischen Kolonialgebieten, und schließlich galt insbesondere Algerien als Sprungbrett zu den Territorien, die Frankreich südlich der Sahara besaß.

Das französische Nordafrika blieb zunächst von Deutschland unbesetzt, da es der spanische Diktator Francisco Franco ablehnte, gemeinsam mit den Deutschen über Gibraltar dorthin vorzudringen. In dieser Situation entwickelte sich Admiral François Darlan zur Schlüsselfigur. Der 59-jährige Generalstabschef der französischen Marine unterstützte das Vichy-Regime, das ihn zum Oberkommandierenden der französischen Streitkräfte, also auch der französischen Truppen in Nordafrika, ernannte. Da er die Kollaboration mit den Nationalsozialisten befürwortete, übten die Deutschen auch ohne Besetzung großen Einfluss in Nordafrika aus.

Wie im Mutterland organisierte sich in Nordafrika die Résistance. Die Zentrale des Widerstands in Algerien befand sich im Haus des Medizinprofessors Henri Aboulker in Algier. Sein Sohn José baute ab September 1940 den Widerstand auf, sein Vetter Roger Carcassonne folgte in Oran dessen Beispiel.

Invasion der Alliierten

Am 8. November 1942 starteten englische und US-Marineverbände die Operation „Torch“ mit fast 74 000 Soldaten. Sie zielte auf die gleichzeitige Besetzung der drei strategisch wichtigen Häfen Französisch-Nordafrikas, Casablanca, Algier und Oran. Von Nordafrika aus wollten die Alliierten danach gegen das Deutsche Afrikakorps des im Osten stehenden Feldmarschalls Erwin Rommel

Erbitterter Kampf
Bei den Kämpfen in Nordafrika kamen an der Seite der Alliierten auch gut trainierte Soldaten der Fremdenlegion zum Einsatz.

STANDPUNKT

War die Versenkung der Flotte nötig?

Winston Churchill hatte dem Befehl an den Kommandanten James Somerville zum Angriff auf die französische Flotte in Mars Al Kabir hinzugefügt: „Sie werden mit einem der unangenehmsten Befehle beauftragt, den ein englischer Admiral jemals bekam." Somerville selbst meinte später: „Wir fühlen uns alle tief beschämt."

Viele Militärhistoriker verteidigen die Attacke und verweisen darauf, dass die Ausschaltung der französischen Flotte entscheidend gewesen sei, um die Überlegenheit der alliierten Seestreitkräfte im Mittelmeer zu sichern. Andere halten die Aktion für überflüssig, sprechen von einem Gefecht zwischen Freunden und verweisen auf die allzu kurze Zeit des Ultimatums, das die Briten dem französischen Vizeadmiral Gensoul gewährten.

Zahlreiche französische Marineoffiziere fühlten sich damals von den Briten verraten, sofern sie sich als Verbündete im Krieg gegen die Nationalsozialisten betrachteten. Das Gefühl teilten viele Franzosen in ihrer Heimat. Völlig entsetzt war der Führer des Freien Frankreich, Charles de Gaulle, in seinem Londoner Exil. Sein Ansehen in Frankreich litt nach dem Angriff unter seiner engen Verbindung zu den Briten.

Keine Chance
In der nordafrikanischen Marinebasis der Franzosen saßen die vier Schlachtschiffe und einige kleine Kreuzer wie in einer Falle, aus der es kein Entkommen gab.

ziehen. Rund 60 000 Soldaten der Vichy-Regierung standen ihnen gegenüber. Unter dem Befehl von General George S. Patton und Admiral Kent Hewitt führten 35 000 US-Marinesoldaten die Offensive bei Casablanca aus. Von drei ausgewählten Stränden aus drangen sie vor und stießen auf überraschend harten Widerstand. Am 10. November jedoch musste sich Casablanca ergeben. Bei Oran kämpften US- und englische Einheiten gemeinsam, sie konnten den alliierten Kommandanten bereits einen Tag früher die Kapitulation des Gegners melden.

DARLAN WECHSELT DIE SEITE

Der Schlüssel zum Erfolg des Feldzugs war aber Algier. Admiral Darlan wurde von der Landung der Alliierten an drei Stränden nahe Algier völlig überrascht. Rund 400 Partisanen unter Führung von José Aboulker konnten ihn und den Kommandanten Alphonse Juin in Algier festnehmen und wichtige Schlüsselstellungen wie die Rundfunkstation und das militärische Hauptquartier besetzen. Danach hatten die alliierten Truppen leichtes Spiel. Ergebene Offiziere konnten Darlan zwar befreien, das verhinderte die Kapitulation Algiers aber keineswegs.

Die nationalsozialistische Führung in Berlin reagierte am 11. November mit der Besetzung der südlichen Hälfte Frankreichs, das bis dahin unter der Kontrolle der Vichy-Regierung stand. Daraufhin wechselte Darlan die Seite und schwenkte auf die Zusammenarbeit mit den Alliierten um. Mit Zustimmung der Alliierten ließ er sich am 14. November als „Hochkommissar von Frankreich in Afrika" ausrufen, ernannte Minister und setzte einen Reichsrat ein. Aufgrund einer Vereinbarung mit dem US-General Mark Wayne Clark unterstellte er die französischen Truppen dem US-Oberbefehl. Offiziere, die bei der Landung am 8. November mit den Widerstandskämpfern zusammengearbeitet hatten, wurden ihres Kommandos enthoben.

LANGE GESICHTER BEI DE GAULLE UND DEN PARTISANEN

Viele wollten diese politische Entwicklung nicht akzeptieren, vor allem de Gaulle nicht. Doch in der Frage der Unterstützung Darlans hatte sich US-Präsident Franklin D. Roosevelt gegen den mit de Gaulle sympathisierenden englischen Premierminister Winston Churchill durchgesetzt.

Die Anhänger der Résistance in Nordafrika, die die Alliierten bei der Landung in Algier maßgeblich unterstützt hatten, sahen sich erst recht betrogen. Mit dem bloßen Ersatz des deutschen Einflusses durch einen amerikanischen konnten sie nicht einverstanden sein. Noch am 11. November schloss sich eine Gruppe Widerstandskämpfer zum Fran-

ZEITZEUGEN

Mythos und Wirklichkeit

„Ich seh dir in die Augen, Kleines" – wer kennt ihn nicht, diesen Satz aus dem Film *Casablanca*. Mitte 1942 in Hollywood-Studios gedreht, verbindet der Film ein Liebesdrama mit Zeitgeschichte. Von Lissabon aus war das Exil nur über Marokko erreichbar, das aber hielt zum Vichy-Regime. So kamen in der Stadt viele Nationalitäten zusammen.

Der Film diente der Propaganda und überzeichnete daher vieles: die Darstellung der bösen Deutschen, des heroischen Widerstandsgeistes und der Sehnsucht nach Freiheit in den USA.

Nicht nur Schnulze
Humphrey Bogart und Ingrid Bergman spielten die Hauptrollen in einem Film, der Filmgeschichte schrieb.

zösischen Afrikakorps zusammen. Ort der Zusammenkunft war erneut das Haus des Professors Aboulker.

Einer von ihnen, der in Großbritannien ausgebildete 20-jährige Fernand Bonnier de La Chapelle, drang am 24. Dezember 1942 in die Sommerresidenz Darlans ein und erschoss den ungeliebten Hochkommissar. Bonnier wurde schon am nächsten Tag von einem Standgericht zum Tode verurteilt und am Morgen des 26. Dezember hingerichtet. Die schnelle Hinrichtung verhinderte eine genaue Untersuchung der Motive und Ziele des Attentäters.

Keinen Deut besser – Girauds Kampf gegen Landsleute

Auf amerikanischen Druck wurde der französische General Henri Giraud zum Nachfolger Darlans ernannt. Dabei war Girauds Position nicht unumstritten. Er hatte zunächst von den Alliierten die Leitung der Operation „Torch" verlangt, doch als ihm Briten und Amerikaner dies verweigerten, hatte er in Gibraltar in sicherer Entfernung den Erfolg der militärischen Aktion abgewartet. Schließlich gelang es ihm, die Unterstützung des US-Generals Dwight D. Eisenhower zu gewinnen, der in der marokkanischen Hafenstadt sein Hauptquartier aufgeschlagen hatte.

Die Widerstandskämpfer kamen sprichwörtlich vom Regen in die Traufe. Denn Giraud nutzte seine neue Funktion als Gelegenheit, um an der Résistance Rache zu üben. Er ließ kurzerhand 27 ihrer Führer festsetzen und in Deportationslager in der Sahara verbannen. Die US-Regierung, die von den Aktionen der Widerstandskämpfer erheblich profitiert hatte, duldete den Vorgang als eine „innerfranzösische Angelegenheit". Doch Kriegsberichterstatter bekamen Wind von den Vorgängen und alarmierten in ihren Heimatländern die Öffentlichkeit. Und dort baute sich mehr und mehr politischer Druck auf Giraud auf.

Vermittlungsversuche in Casablanca

Girauds diktatorische Herrschaft und seine Internierungslager in der Sahara ließen sich auf Dauer nicht mit den politischen Vorstellungen Washingtons und Londons vereinbaren. Außerdem gewann de Gaulle, der von London aus für ein unabhängiges Frankreich stritt, immer größeren Einfluss und genoss in seinem Heimatland die unumstrittene Autorität im Kampf gegen die Nationalsozialisten. De Gaulle forderte die Rückkehr zur Demokratie, zu dem das Regime Girauds im Widerspruch stand.

Ende 1942 vereinbarten Churchill und Roosevelt ein geheimes Treffen in der marokkanischen Hafenstadt Casablanca. Im Vordergrund der Konferenz, die vom 14. bis 24. Januar 1943 dauerte, stand die Festlegung der gemeinsamen weiteren Kriegsstrategie gegen die Achsenmächte. Das wichtigste Ergebnis war die Forderung nach einer bedingungslosen Kapitulation der Deutschen, Italiener und Japaner. Aber auch die Zukunft Französisch-Nordafrikas stand auf der Tagesordnung. Giraud und de Gaulle, so der Wille der Alliierten, sollten endlich dazu gebracht werden, ihre Kräfte zu vereinen.

Endlich unabhängig

Am 3. Juni 1943 wurde in Algier das Französische Komitee für die Nationale Befreiung aus der Taufe gehoben. Als gleichberechtigte Präsidenten fungierten zunächst Giraud und de Gaulle. Doch nach und nach gelang es de Gaulle, den von Roosevelt unterstützten Gegenspieler auszuschalten. Denn auf seiner Seite stand der Nationale Widerstandsrat im europäischen Heimatland. Ein Jahr später erklärte sich das Komitee zur provisorischen Regierung des Freien Frankreich. Von Algier aus koordinierte diese nun auch den Widerstand in Frankreich selbst.

Zentralafrika – für ein freies Frankreich

Im Gegensatz zu Nordafrika schlossen sich die Vertreter Frankreichs in Zentralafrika de Gaulle an. Vom Tschad aus erfolgte der Vorstoß bis zur Mittelmeerküste.

Meine Herren, die afrikanisch-französische Konferenz in Brazzaville ist eröffnet." Viel Applaus begleitete den Redner während seines Vortrags. Das Sportstadion von Brazzaville im Kongo war bis auf den letzten Platz gefüllt, und die Worte General Charles de Gaulles gefielen den Anwesenden: „Im französischen Afrika, so wie in allen Territorien, in denen Menschen unter unserer Fahne leben, wird es keinen Fortschritt geben, wenn nicht die Menschen in dem Land, in dem sie geboren wurden,

Starker Auftritt
Unter dem wolkenverhangenen Himmel lauschten die Mitglieder der Kolonialverwaltung und die Afrikaner in Brazzaville gebannt den Worten de Gaulles.

Sieger in der Wüste
Oberst Leclerc, hier bei einer Zwischenlandung in Bangui, führte die Freien Französischen Streitkräfte in Afrika von Sieg zu Sieg.

Sonnenschutz
Vor der brennenden Sonne in der Sahara schützte sich Leclerc mit dieser Kopfbedeckung.

moralisch und materiell von ihm profitieren und wenn sie sich nicht allmählich die Fähigkeit aneignen, an der Verwaltung ihrer eigenen Angelegenheiten teilzunehmen", hatte der Führer des Freien Frankreich ihnen zugerufen.

Vichy oder de Gaulle?

Viele der französischen und afrikanischen Zuhörer bereuten ihre Entscheidung nicht, vor vier Jahren auf de Gaulle gesetzt zu haben. Rund 200 000 Afrikaner waren zu Beginn des Zweiten Weltkriegs aus den französischen Territorien südlich der Sahara an die Front in Europa geschickt worden, und mit Entsetzen verfolgten die Vertreter der Kolonialmacht die Ereignisse des Jahres 1940 im Mutterland: Das Vordringen der Deutschen, den Waffenstillstand zwischen der Vichy-Regierung und dem Deutschen Reich.

Mit dem Aufruf de Gaulles aus dem Londoner Exil am 18. Juni 1940 zum Widerstand gegen das mit den Deutschen kollaborierende Regime in Vichy kam die Stunde der Wahrheit: Auf wessen Seite sollte sich Äquatorialafrika schlagen? Sollte es sich de Gaulle anschließen oder dem Vichy-treuen Admiral François Darlan in Algerien? Die Initiative ergriff Félix Eboué, der erste Gouverneur schwarzer Hautfarbe im Tschad. Er stammte aus Cayenne in Französisch-Guayana, hatte in Bordeaux studiert und war dann in den Kolonialdienst eingetreten. Nach verschiedenen Posten in Afrika und der Karibik wurde der 52-Jährige 1936 Gouverneur von Guadeloupe und übernahm zwei Jahre später den Gouverneursposten im Tschad. In diesem Herzstück der Kolonie Französisch-Äquatorialafrika lebten 6 Mio. Einwohner auf 3 Mio. km^2.

Eboué erklärte sich in einer offiziellen Proklamation am 26. August 1940 im Rathaus von Fort Lamy, dem heutigen N'Djaména, zum Gefolgsmann de Gaulles. Wenige Tage später schloss sich Ubangi-Schari, die heutige Zentralafrikanische Republik, dem Freien Frankreich an.

General unter Pseudonym

Eboué stand nicht allein, zu seinen wichtigsten Mitstreitern gehörten Oberst Leclerc und Oberst de Larminat. De Gaulle übertrug Ersterem das militärische Kommando in Äquatorialafrika. Ihm unterstanden anfangs nicht mehr als 17 500 Mann, darunter 15 000 Einheimische. Leclerc hieß eigentlich Philippe de Hauteclocque, hatte aber zum Schutz seiner Familie in der Heimat ein Pseudonym angenommen. Ende August eroberte er in einem Handstreich die Städte Douala und Jaunde, sodass Kamerun nun zum Freien Frankreich zählte. In Brazzaville ergriff Oberst de Larminat die Macht.

Ende September 1940 richteten sich die Augen vieler Afrikaner zur Westküste nach Dakar. In die Hauptstadt des Senegal hatte Paris die Goldreserven der Bank von Frankreich ausgelagert, und der dortige Generalgouverneur François Boisson hatte sich zugunsten der Vichy-Regierung entschieden. Da London befürchtete, dass hier ein deutscher Stützpunkt entstehen könnte, schickte die englische Regierung eine Flotte mit 17 Kriegsschiffen einschließlich eines Flugzeugträgers an die Küste des Senegal.

Völlig erfolglos

Während de Gaulle versuchte, die französischen Truppen in Dakar über Rundfunk zum Seitenwechsel zu überreden, und dazu aufrief, sich ihm freiwillig anzuschließen, liefen die Vorbereitungen zur Landung an. 8000 Soldaten, darunter 2400 der FFL, der Freien Französischen Streitkräfte, standen für einen Angriff bereit. Mehrmals versuchten Vertreter de Gaulles, zu Verhandlungen an Land zu gehen, stets empfing sie heftiges Gewehrfeuer. Man musste die Aktionen abbrechen, die englischen Schiffe begannen mit dem Beschuss und erlitten dabei eine herbe Niederlage: Zwei englische Schlachtschiffe sowie zwei Kreuzer wurden schwer beschädigt. Am dritten Tag bliesen die Briten daher die Offensive ab.

Gabun fällt

Im Herzen Afrikas zeitigten die Bemühungen de Gaulles größeren Erfolg als an der westafrikanischen Küste. Nur in Gabun war der Machtkampf noch nicht entschieden. Daraufhin rückten von Kamerun aus die Freien Französischen Streitkräfte unter Leclerc in die widerspenstige Kolonie vor. Mitte November 1940 mussten sich auch hier die letzten Vichy-treuen Gruppen ergeben.

Am 15. Oktober ernannte de Gaulle Félix Eboué zum Generalgouverneur Französisch-Äquatorialafrikas. Damit stellte er neue politische Weichen: Denn Eboué war darauf bedacht, die traditionellen afrikanischen Gebräuche zu bewahren und einheimische Würdenträger in die Verwaltung der Kolonie einzubeziehen. Sein Buch über die zukünftige Politik für Französisch-Äquatorialafrika setzte Standards, an die nach dem Zweiten Weltkrieg die Unabhängigkeitsbewegungen in Afrika anknüpfen sollten. Die Konferenz in Brazzaville zeigte, dass auch de Gaulle bereit war, diesen Weg einzuschlagen.

Am 21. Oktober 1940 schuf de Gaulle eine neue Truppe und erteilte ihr die Aufgabe, vom Tschad aus nach Norden gegen die italienischen Stellungen in der Sahara vorzurücken. Das Oberkommando übernahm Leclerc, und im Verlauf des erfolgreichen Feldzugs vertrieb er u. a. im März 1941 die Italiener aus der Oase Kufrah. Außerdem begannen die Alliierten, die Flugplätze im Tschad für Luftangriffe gegen Italiener und Deutschen zu nutzen. Rund 2200 Flugzeuge stiegen von hier aus auf.

Französisch-Afrika befreit

Außer nach Norden drangen die Franzosen auch in Richtung Indischer Ozean vor. Schließlich kam es zu Gefechten mit dem Deutschen Afrika-Korps, und in der Schlacht von Al Alamein kämpften Teile der Freien Französischen Streitkräfte seit Ende Oktober 1943 neben den englischen Truppen. Nach der Kapitulation der italienischen und deutschen Verbände war die Verbindung zwischen Tschad und Mittelmeerküste sowie zwischen den militärischen Einheiten des Freien Frankreich in Nordafrika und in Äquatorialafrika hergestellt und gesichert.

Die afrikanisch-französische Konferenz Ende Januar 1944 fand ganz gezielt in Brazzaville statt, denn die Stadt diente dem Freien Frankreich als Hauptstadt. Während Félix Eboué wenige Wochen später bei der Durchreise in Kairo an einer Herzattacke starb, sollte de Gaulle die Weltpolitik weiter mitgestalten.

Nordafrika – Vormarsch der Achsenmächte

Als die Italiener in Nordafrika scheiterten, schickte Hitler ihnen General Rommel zu Hilfe. Dem „Wüstenfuchs“ gelang es trotz mancher Widrigkeiten, die Briten in die Enge zu treiben.

Wie aus heiterem Himmel kamen die Jagdbomber der Briten. Der Beifahrer konnte kaum „Achtung“ rufen, da zischte schon die englische Leuchtspurmunition um die aus den Lkws springenden Soldaten, und die ersten Wagen des Wüstenkonvois standen in Flammen. Dann machten die Flieger Jagd auf alle, die keine Deckung gefunden hatten. Deckung in der Wüste? Man konnte sich allenfalls hinter ein paar Steinhaufen drücken und hoffen, dass die Piloten von einem abließen.

Ganz anders hatten sich die Soldaten ihren Kriegseinsatz in Nordafrika vorgestellt. In den Bildern der Wochenschau brutzelten sich ihre Kollegen hauptsächlich Spiegeleier auf Panzern und genossen das Abenteuer Wüste. Doch nun mussten sie hier bei über 50 °C für die Großmachtträume Benito Mussolinis ihre Köpfe hinhalten.

Am 10. Juni 1940 war Italien mit Kriegserklärungen an Frankreich und Großbritannien auf der Seite Deutschlands in den Krieg eingetreten. Adolf Hitler hatte in kaum einem Jahr den Großteil Europas erobert, und Mussolini wollte bei Kriegsende auf der Seite der Sieger stehen. Sein Ziel war ein der Antike entlehntes „Römisches Mittelmeerreich“, und dazu musste er u. a. Ägypten samt dem Suezkanal erobern und die englische Flotte aus Alexandria vertreiben.

Der Wüstenkrieg beginnt

Im September 1940 starteten die Italiener den Nordafrikafeldzug und griffen von Libyen aus die englische Armee in Ägypten an. Mit 150 000 Mann waren sie den dort stationierten 30 000 Briten zahlenmäßig weit überlegen. Doch die Offensive scheiterte we-

Vormarsch in der Wüste
Die Italiener setzten während des Feldzugs gegen die Briten u. a. mobile Feldartillerie ein. Doch der Wüstenkampf folgte ganz eigenen Spielregeln: Pisten ohne eindeutige Markierungen und Wadis, die in der Regenzeit voll liefen, erwiesen sich oft als Todesfallen.

gen ihrer militärischen Unzulänglichkeit. Die Briten wehrten den Angriff nicht nur ab, sondern drangen in einem Gegenangriff weit nach Libyen vor.

Bereits im Dezember brachen die italienischen Stellungen unter dem englischen Druck zusammen, Mussolini musste Hitler um Hilfe bitten. Um die so genannte Achse Berlin–Rom nicht zu gefährden und den Briten nicht eine Schlüsselstellung im Mittelmeer für eine mögliche Invasion in Italien zu überlassen, sah sich Hitler gezwungen, dem Wunsch Mussolinis nachzukommen.

Am 20. Januar 1941 – die Briten eroberten gerade die libyschen Städte Tobruk, Bardiya und Bengasi – vereinbarten Hitler und der Duce die Modalitäten des deutschen Unterstützungseinsatzes. „Die Durchführung des Unternehmens, das mit dem Decknamen ‚Sonnenblume' zu bezeichnen ist, sollte wie vorgesehen etwa vom 15. Februar ab erfolgen, mit den Versorgungstransporten aber schon vorher begonnen werden", lautete die Weisung des Oberkommandos der Wehrmacht.

ERSTE ERFOLGE FÜR DEN „WÜSTENFUCHS"

Hitler bestimmte General Erwin Rommel zum Kommandeur des Nordafrikaeinsatzes. Der für seine taktischen Fähigkeiten bekannte Rommel sollte das neu aufgestellte Deutsche Afrikakorps leiten. Die ersten Truppenteile trafen im Februar in Afrika ein, bis Mai sollte das Heer vollständig sein.

Einsatzbesprechung im Feld
General Rommel (rechts) überraschte seine Gegner durch seine bewegliche Kriegstaktik immer wieder. In einer Gefechtspause beriet er mit seinem Stab das weitere Vorgehen.

Nach Rommels Eintreffen in Tripolis ergaben sich sogleich erste Unstimmigkeiten mit den Italienern: Rommel hielt nichts von den Plänen des italienischen Oberbefehlshabers Italo Gariboldi, dem auch die deutschen Verbände unterstellt sein sollten, die Angriffe der Briten nur abzuwehren. Er entschloss sich, schnellstmöglich selbst anzugreifen.

Entgegen den Anweisungen aus dem italienischen Hauptquartier wartete er nicht, bis alle Truppenverbände vollständig waren: Die ersten Gefechte zwischen deutschen und englischen Soldaten fanden am 24. Februar statt. In der Folgezeit musste Gariboldi das ungestüme Vorgehen Rommels zur Kenntnis nehmen, bremsen konnte er den „Wüstenfuchs" nicht.

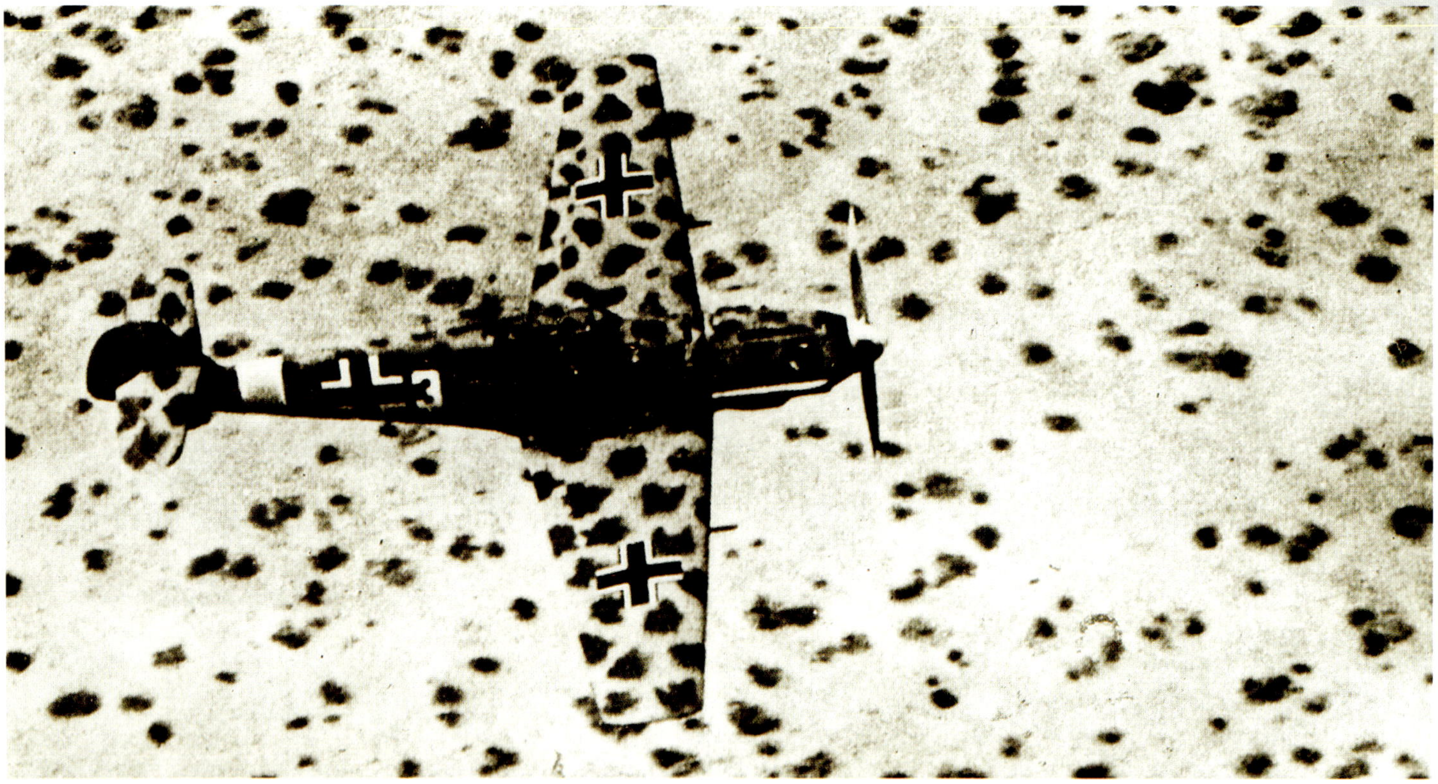

Luftkrieg in der Wüste
In Tarnbemalung überflogen deutsche Jäger wie diese Messerschmitt Me 109 die Wüste. Bei Luftangriffen waren die Nachschubtransporte beider Seiten auf der Piste den Fliegern schutzlos ausgeliefert.

Den Spitznamen erlangte Rommel durch seine Improvisationsgabe und besondere Listigkeit. Um die Briten über die wahre Stärke seiner Armee zu täuschen, ließ er z. B. auf Kübelwagen montierte Panzerattrappen bauen. Von Flugzeugmotoren aufgewirbelter Wüstensand gaukelte den Briten vor, einem riesigen Heer gegenüberzustehen.

Unkonventionelle Methoden

Die deutschen Truppen waren technisch nicht auf die Bedingungen der Wüste eingerichtet: Es gab weder genügend Sandfilter für die Motoren noch genügend 7,5-Zoll-Reifen. Auf den langen Anfahrtswegen zur Front machte der Nachschub oft schlapp. Immer wieder fehlten Nahrung, Wasser und Benzin. Als Gegenmaßnahme empfahl Rommel: „Holt euch das Benzin bei den Tommys!“

Solange die deutsche Truppe auf dem Vormarsch war, bewährte sich diese Taktik. Doch allmählich wandelte sich die Vorliebe Rommels für die bewegliche Kriegführung, mit der er den Gegner immer wieder überraschte, zur Schwäche der Deutschen, denn das rücksichtslose Vorrücken führte zu einer Überdehnung der Nachschublinien. Aber im Frühjahr 1941 befanden sich die deutschen Truppen zunächst einmal auf dem Vormarsch und eroberten die Gebiete der Cyrenaika über Bengasi und Derna Schritt für Schritt zurück. In den ersten zehn Tagen legten sie 1000 km zurück. Die schnellen Erfolge erstaunten die italienischen Generäle und schockierten die englischen Kommandeure.

Am 9. April 1941 stand Rommel vor der Festung Tobruk, einem der wichtigsten Häfen für den Umschlag von Nachschub. Trotz heftiger Angriffe konnte sie nicht genommen werden – es kam zum Stellungskrieg, und das „Verdun der Wüste“ wurde in den folgenden Jahren Schauplatz erbitterter Kämpfe.

Ständig Probleme mit Nachschub

Als die Briten neuer Nachschub, darunter 295 Panzer, über Alexandria erreichte, planten sie eine große Gegenoffensive gegen die Achsenmächte. Doch Rommel bereitete ihnen in der dreitägigen Panzerschlacht von Sollum eine vernichtende Niederlage, und die Deutschen fassten bedingungsloses Vertrauen zu ihrem erfolgreichen Wüstengeneral.

Am 22. Juni 1941 begann der deutsche Feldzug gegen die Sowjetunion. Nun war klar, warum das Afrikakorps wochenlang kaum Nachschub erhalten hatte. Die Ostfront hatte höchste Priorität und band alle verfügbaren Ressourcen. Da auch die Briten im Sommer mit einer relativ kleinen Truppe auskommen mussten – man hatte fast 60 000 Soldaten zur Verteidigung Griechenlands abgezogen –, blieb es zunächst beim Patt.

Doch das englische Oberkommando plante bereits die Operation „Crusader“: Am 18. November 1941 beendeten die englischen Verbände den Stellungskrieg an der libysch-ägyptischen Grenze. Mit 1000 Panzern und 10 000 Soldaten schafften sie es, in zahlreichen verlustreichen Gefechten das Deutsche Afrikakorps bis Ende 1941 auf seine Ausgangsstellung am Westrand der Cyrenaika zurückzuwerfen – zumal es Rommel wieder einmal an Nachschub mangelte.

IM ZWEITEN ANLAUF GENOMMEN

Doch Rommel gab sich nicht geschlagen: Unterstützt von der nach Afrika verlegten Luftflotte 2 unter Feldmarschall Albert Kesselring und endlich nach Tripolis gelieferten Panzern, Munition, Treibstoff und Verpflegung, wagte er im Januar 1942 einen Gegenschlag. In wenigen Wochen eroberte er einen Teil der Cyrenaika zurück. Durch ein Täuschungsmanöver gelang es Rommel schließlich, auch die Gazala-Stellung zu nehmen. Zunächst verfolgte er die zurückweichenden Briten, um dann unvermutet auf Tobruk einzuschwenken. Rommel benötigte den Hafen als Nachschubbasis. Zudem wusste er, dass sich immense Vorräte in der Stadt befanden.

Mit einem verheerenden Luftangriff deutscher Sturzkampfbomber und gewaltigem Artilleriebeschuss gelang es diesmal, am 21. Juni 1942, die Festung einzunehmen: Rund 33 000 Verteidiger gingen in Gefangenschaft. Außerdem fielen den Deutschen große Benzinvorräte sowie fast 1000 Fahrzeuge in die Hände.

Mit neuer Kraft konnte Rommel nun den Marsch auf Alexandria befehlen, um von dort aus den Suezkanal ins Visier zu nehmen. Bereits in der Nacht vom 23. auf den 24. Juni erreichten die deutsch-italienischen Panzerverbände die libysch-ägyptische Grenze. Fünf Tage später fiel Marsa Matruh. Am 1. Juli gab das Oberkommando der Wehrmacht bekannt: „Die Truppen von Generalfeldmarschall Rommel stehen nun im Angriff gegen die Alamein-Stellung, die letzte englische Befestigung vor Alexandria. Sie befinden sich somit nur noch ungefähr 150 km vom Nildelta entfernt.“

Weiter kamen Rommel und sein Afrikakorps allerdings nicht, denn kurz vor Al Alamein hatten die Briten einen 65 km langen Verteidigungsgürtel errichtet. Wegen der südlich gelegenen Sümpfe konnten die deutschen Truppen diesen Gürtel nicht umgehen. Da zudem die Nachschublieferungen erneut versiegten, scheiterte der entscheidende Durchbruch der Deutschen zum Suezkanal am 30. Juni 1942. Erneut erstarrte die Front im Stellungskampf.

Markantes Kennzeichen
Die Mitglieder des Deutschen Afrikakorps erkannte man an ihren Armbinden (Hintergrund).

Umkämpfte Festung
Beim entscheidenden Angriff auf Tobruk gingen im Hafen einige Öltanks in Flammen auf. Auch dort ankernde englische Schiffe wurden schwer beschädigt.

Die Befreiung Äthiopiens

Innerhalb weniger Monate brach das italienische Besatzungsregime in Äthiopien unter dem Druck der englischen Kolonialtruppen und der äthiopischen Partisanen zusammen.

General Bonacorsi stand vor dem Vizekönig, und sein Gesicht drückte größte Sorge aus: „Wir sollten uns um einen ehrenhaften Waffenstillstand bemühen. Die Briten sind in allen Bereichen überlegen." Das Gesicht des italienischen Vizekönigs in Äthiopien, Amadeus von Savoyen, Herzog von Aosta, verfinsterte sich: „Wir hätten es beide verdient, erschossen zu werden. Sie, weil Sie es wagen, mir einen solchen Vorschlag zu machen, und ich, weil ich Sie angehört habe."

Knochenarbeit
Bei ihrem Rückzug nach Keren hinterließen die Italiener Straßensperren, die von Pionieren und Bergarbeitern mühsam beseitigt werden mussten.

Reiche Kriegsbeute
In Addis Abeba ließen die Italiener Berge an Waffen und Munition zurück. Sie fielen den englischen Soldaten in die Hände.

Der General zuckte zusammen, salutierte und verließ eiligst den Vizekönig, der sich nachdenklich in seinen Sessel fallen ließ. Er wusste genau, dass sein General Recht hatte. Äthiopien war militärisch nicht zu halten. Italien hatte durch seine Offensiven in Nordafrika Großbritannien herausgefordert. Und nun, Anfang1941, standen 150 000 Mann der englischen Kolonialtruppen aus Indien und dem Sudan bis an die Zähne bewaffnet vor den Grenzen – nicht zu vergessen, die rund 100 000 einheimischen Partisanen und Guerillatruppen im Land, die der englische Geheimdienst unterstützte. Der Nordwesten sowie die zentralen Gebiete Äthiopiens befanden sich seit Monaten in Aufruhr. Schon drohten die dort stationierten italienischen Kolonialtruppen auseinander zu fallen. Desertationen und Überläufer zu den Partisanen waren an der Tagesordnung.

Grossoffensive im Norden

Am 19. Januar 1941 starteten die Briten von Nordostafrika aus die erwartete Generaloffensive. Zwei Divisionen rückten unter dem Befehl von General William Platt vom Sudan aus in Eritrea ein. Die italienischen Truppen, von monatelangen Partisanenangriffen bereits zermürbt, leisteten nur mäßigen Widerstand. Sie zogen sich nach Keren zurück und verschanzten sich dort in ihren Verteidigungsstellungen. Die äthiopischen Partisanen schnitten die Straße von Addis Abeba in den Norden und damit die Belagerten von jeglichem Nachschub ab. 70 000 Mann der italienischen Okkupationstruppen in Eritrea streckten daraufhin am 1. April die Waffen.

Der Kaiser kehrt zurück

In der Zwischenzeit gerieten die Italiener im Westen und Süden unter Beschuss. Im Westen überquerten äthiopisch-sudanesische Einheiten bei der Ortschaft Omedia die Grenze. Sie führte kein Geringerer als der äthiopische Kaiser Haile Selassie I., der aus dem Exil zurückgekehrt war, um am Befreiungskampf seines Volkes teilzunehmen. Die Nachricht von seiner Rückkehr verbreitete sich wie ein Lauffeuer. Sie verlieh dem Widerstand neuen Schub und motivierte auch die bisher passiven Volksgruppen zum bewaffneten Widerstand. Ihre Bewaffnung übernahm die englische Luftwaffe, sie warf Gewehre und Munition ab. Haile Selassies I.

Erfolgreiches Dreiergespann
Im Frühjahr 1941 beriet sich Kaiser Haile Selassie I. mit dem englischen Brigadier D. A. Sandfort (links) und Colonel Orde Wingate nach der Einnahme von Fort Dambacha.

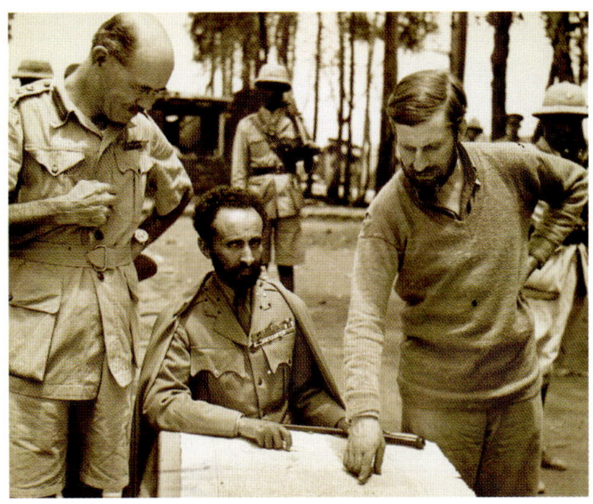

Befreiungsarmee
Stolz präsentierten äthiopische Truppen bei ihrem Einmarsch in das besetzte Heimatland das Banner mit dem Löwen von Juda.

Truppen befreiten bis April 1941 die strategisch wichtige Stadt Gojam und zwangen dort rund 35 000 italienische Soldaten zur Kapitulation.

Im Süden hatten zu dieser Zeit bereits von Kenia aus weitere englische Afrikatruppen, unterstützt von Einheiten aus Belgisch-Kongo, die Grenze zu Somaliland und Äthiopien überschritten. Auch sie erhielten fast täglich Zulauf aus dem Lager der Partisanen. Die Italiener waren zwar zahlenmäßig ebenbürtig, in ihrer Kampfmoral aber angeschlagen. Schon nach wenigen Tagen gaben sie ihre strategisch bedeutsamen Verteidigungslinien am Jubafluss auf, ebenso die wichtigen Städte Kismaayo und Mogadischu. Beim Rückzug aus Harar ließen sie wichtiges Kriegsgerät zurück.

Schließlich gaben die Italiener unter dem Oberbefehl des Herzogs von Aosta auch die Hauptstadt auf und sammelten sich auf dem Bergmassiv von Amba Alagi. Die Befreier erreichten Addis Abeba am 6. April 1941. Sechs Jahre nach seiner Vertreibung nahm Kaiser Haile Selassie I. die Stadt wieder in Besitz. Doch noch saß in den gut ausgebauten Verteidigungsstellungen im Gebirge der italienische Vizekönig samt etwa 7000 Mann, 40 modernen Geschützen sowie Munition und Nachschub für mehrere Monate.

Letzter Widerstand

Erst nach knapp einem Monat gelang es den von allen Seiten angreifenden Einheiten, die Pässe zu überschreiten und sich in Gipfelstellungen zu verschanzen. Dabei machten die äthiopischen Einheiten keine Kriegsgefangenen. Jede eroberte Stellung wurde bis zum letzten Mann ausradiert. Das bewog den Herzog von Aosta nun doch, in Waffenstillstandsverhandlungen einzutreten. Am 19. Mai ergab er sich und trat den Weg in die Kriegsgefangenschaft an. In einem Gefangenenlager in Kenia starb er kurz darauf an den Folgen einer Malariaerkrankung.

Unter englischer Verwaltung

Das Kaiserreich Äthiopien war als erste souveräne Nation überhaupt Opfer der faschistischen Aggressionen geworden. Nun konnte es sich als erster Staat mit alliierter Waffenhilfe wieder befreien. Doch der Sieg kam das Land teuer zu stehen: Etwa 760 000 Menschen oder 10 % der Bevölkerung verloren ihr Leben. Darüber hinaus waren 14 Mio. Stück Vieh umgekommen sowie viele 100 000 Gebäude, darunter ungefähr 2000 Heiligtümer verschiedener Religionsgemeinschaften, zerstört worden.

Großbritannien erkannte Äthiopien zwar als unabhängigen Staat an, machte aber keine Anstalten, das Land wieder zu verlassen. In Eritrea und Somaliland bauten die Briten einen eigenen Verwaltungsapparat unter ihrer Militärkontrolle auf. Die Eisenbahnlinie Addis Abeba–Dschibuti verblieb unter englischer Militärhoheit, und London beanspruchte die uneingeschränkte Nutzung des äthiopischen Luftraums. Haile Selassie I. bemühte sich, diese Restriktionen loszuwerden. 1944 erzwang er ein Abkommen, das die Auflösung der englischen Militärverwaltung binnen zehn Jahren vorsah.

Al Alamein – die alliierte Gegenoffensive

Mit der Schlacht von Al Alamein begann die Gegenoffensive der Alliierten in Nordafrika. Der Sieg über die Achsenmächte brachte die Wende im Wüstenkrieg.

Als im November 1942 die Nachricht vom Sieg der Alliierten bei Al Alamein in Großbritannien eintraf, sah sich Premierminister Winston Churchill mit der Frage konfrontiert, ob dies nun der Anfang vom Ende der deutschen Herrschaft sei. Seine Antwort lautete: „Dies ist noch nicht das Ende, es nicht einmal der Anfang des Endes, aber es mag das Ende des Anfangs sein.“

Damit hatte Churchill vermutlich Recht, denn zusammen mit dem zeitgleich stattfindenden Kampf um Stalingrad läutete die Niederlage von Al Alamein die entscheidende Kriegswende ein. Beide Schlachten hatten neben ihrer strategischen Bedeutung hohen symbolischen Wert: Als die Nachrichten von den Niederlagen Deutschland erreichten, stellte die deutsche Bevölkerung erstmals den „Endsieg“ infrage.

Im Juli 1942 stoppten die Alliierten den in der deutschen Öffentlichkeit euphorisch verfolgten Vorstoß der deutsch-italienischen Armee auf Ägypten an den Stellungen von Al Alamein. An diesem rund 100 km vor Alexandria liegenden Verteidigungsgürtel gruben sich die deutsch-italienischen Truppen und ihre englischen Gegner ein.

Achsenmächte in der Defensive

Ein letzter, Ende August gestarteter Versuch der Achsenmächte, die Linien der Briten zu durchbrechen, musste nach drei Tagen wegen Treibstoffmangels abgebrochen werden. Während die Briten kurz hinter der Front, in Alexandria, bequem Nachschub aufnehmen konnten, musste die Versorgung der deutschen und italienischen Truppen über mehr

Staubige Offensive
Im Oktober 1942 pflügten englische Panzer beim Vormarsch auf die Frontlinien von Al Alamein durch den Wüstensand.

Schussbereit
Das Maschinengewehr *Bren* setzten die Briten u. a. auch in Nordafrika ein.

als 1000 km hinweg durch die Libysche Wüste sichergestellt werden.

Die englische Militärführung erkannte, dass in Al Alamein nun die entscheidende Abwehrschlacht herbeigeführt werden musste. Churchill, der sich im August 1942 persönlich ein Bild von der Lage machte, löste den bisherigen Oberbefehlshaber Nahost ab und übergab das Kommando an General Sir Harold Alexander. Auch die 8. Armee in Al Alamein erhielt einen neuen Befehlshaber: General Bernard Law Montgomery, von seinen Soldaten bald nur noch „Monty" genannt.

Neue Besen kehren gut in Nordafrika

Dieser begann sofort mit einem Umbau der 8. Armee, um ihr vor der Schlacht neues Selbstvertrauen zu geben. Die Niederlagen gegen die Deutschen unter ihrem schon legendären Anführer Erwin Rommel – die Briten nannten ihn nur den „Wüstenfuchs" – hatten fast traumatische Spuren hinterlassen.

Während Rommel wegen des Russlandfeldzugs keine Verstärkung und kaum Nachschub erhielt, wartete Montgomery in Ruhe ab, bis seine Truppe durch genügend Personal und Material aus Alexandria für die Entscheidungsschlacht verstärkt war. Nach sechs Wochen ergab sich so kurz vor der Schlacht eine enorme Überlegenheit der Briten: Mehr als 200 000 englische Soldaten standen den lediglich knapp 100 000 Mann der deutschen und italienischen Einheiten gegenüber. Den über 1000 englischen Panzern und rund 750 Flugzeugen konnten die Achsenmächte gerade einmal 500 Panzer und 400 Flugzeuge entgegenstellen.

Gelungene Täuschungsmanöver

Mit viel Einfallsreichtum täuschte Montgomery die Deutschen über die Planungen für eine Offensive. Panzerattrappen, heimliche Vorbereitungen bei Nacht und falsche Benzinlager gaukelten einen Angriff im Süden vor. Der langwierig aussehende, ebenfalls vorgetäuschte Bau einer Pipeline suggerierte den Deutschen, dass die Offensive noch in weiter Ferne lag. Völlig ahnungslos und sich in Sicherheit wiegend begab sich Rommel wegen seines angeschlagenen Gesundheitszustands auf ärztlichen Rat sogar auf einen Erholungsurlaub nach Deutschland.

Tod in der Wüste
Verletzte englische Soldaten warten auf ihre Versorgung. Die heißen Temperaturen von bis zu 50 °C machten den Verwundeten besonders zu schaffen.

Am 23. Oktober 1942 um 21.40 Uhr eröffnete Montgomery die englische Offensive mit einem Geschützfeuer aus 1500 Rohren. Bei dem Angriff wurden über 60 km Front der Achsenmächte gleichzeitig unter Feuer genommen. Die Erschütterungen der Detonationen wirkten sich bis Alexandria aus. Luftbombardements verstärkten den Angriff zusätzlich. In der deutschen Truppe herrschte große Verwirrung. Als auch noch der kommandierende General der Achsenmächte, Georg Stumme, der Rommel während seiner Abwesenheit vertrat, bei einem Beschuss an einem Herzinfarkt verstarb, war das Chaos perfekt. Per Funk wurde Rommel gedrängt, so schnell wie möglich wieder nach Afrika zu kommen.

AUCH ROMMEL KANN NICHT HELFEN

Trotz des Überraschungsangriffs gelang den Briten bis zum Morgengrauen nicht der entscheidende Durchbruch durch die gegnerischen Linien. Am 25. Oktober traf Rommel beim Afrikakorps ein. Trotz hoher Verluste konnten die Truppen der Achsenmächte bis dahin die Front halten: Sie verfügten noch über 90 Panzer, die Briten dagegen noch über 800.

Am 2. November holte Montgomery zum entscheidenden Schlag aus. Der Vorstoß mit seinen ganzen Truppen sollte den endgültigen Durchbruch bringen. Diese Offensivwelle konzentrierte sich auf die Front an der Küstenlinie, und ihre Wucht zwang Rommel zum Zurückweichen. Tags darauf verblieben der deutschen Truppe nur noch 35 einsatzbereite Panzer, nach zehn Tagen Abwehrkampf war die Kraft der gefürchteten deutschen Panzerarmee erschöpft.

BEFEHL VON GANZ OBEN

Weil Rommel die Gefahr einer Einkreisung erkannte, wollte er seine Truppen nun 50 km in Richtung Westen zurücknehmen. Als er die Rückwärtsbewegungen gerade einleitete, erhielt er ein Telegramm von Adolf Hitler aus dem Führerhauptquartier, das jede Absetzbewegung verbot: „In der Lage, in der Sie sich befinden, kann es keinen anderen Gedanken geben, als auszuharren, keinen Schritt zu weichen und jede Waffe und jeden Kämpfer, die noch freigemacht werden können, in die Schlacht zu werfen. Trotz seiner Überlegenheit wird auch der Feind am Ende seiner Kraft sein. Es wäre nicht das erste Mal in der Geschichte, dass der stärkere Wille über die stärkeren Bataillone triumphierte. Ihrer Truppe aber können Sie keinen anderen Weg zeigen, als zu siegen oder zu sterben."

Dieser Befehl stürzte Rommel in einen Gewissenskonflikt: Sollte er gehorchen oder seine Soldaten retten? Zunächst setzte er tatsächlich den Rückzugsbefehl aus, doch als in der Nacht vom 3. auf den 4. November der 8. Armee der Briten schließlich der entscheidende Durchbruch gelang, entschloss sich Rommel zum endgültigen Rückzug. Die Schlacht von Al Alamein war verloren.

DIE LANGE FLUCHT

Die Soldaten der Achsenmächte traten ihre lange Flucht nach Westen durch die gesamte Cyrenaika in Richtung Tripolis an. Rund 30 000 Soldaten ergaben sich den Alliierten.

ZEITZEUGEN

In Gefangenschaft

„Wir ergaben uns am 8. Mai in Tunesien. Wir marschierten über einen Hügel zu einigen englischen Panzern. Sie gaben uns Zigaretten, und wir gaben ihnen Schokolade; sie waren sehr freundlich." So schilderte Oberschütze Siebenbrot seine Gefangennahme.

„In den Lagern bekamen wir nicht sonderlich viel zu essen, und so versuchten wir, ein Ei oder etwas Kuskus von den Einheimischen zu bekommen. Bis dahin hatten viele Männer Läuse, sodass wir desinfiziert wurden. Dann wurden wir auf ein paar amerikanische Schiffe geladen, die uns in die USA brachten."

Gewiefter Taktiker
Der spitzfindigen Taktik von Montgomery verdankten die Briten den Sieg bei Al Alamein.

Durch die deutschen Linien
Der Wüstensand und der Qualm der zerschossenen Panzer und Fahrzeuge erschwerten die Attacken der Alliierten.

Der Heeresbericht in Deutschland verbrämte die katastrophale Entwicklung: „Die Schlacht um Afrika ist in eine neue Phase eingetreten. Unter dem Schutz kampfbereiter Einheiten und schwerer Waffen hat Feldmarschall Rommel seine nie verloren gegangene Bewegungsfreiheit ausgenutzt."

Zweite Front der Alliierten in Marokko und Algerien

Um die Achsenmächte auch im Fall einer Niederlage bei Al Alamein in die Zange nehmen zu können und um ihre Nachschublinien zu bedrohen, planten die Alliierten im Sommer und Herbst 1942 ein groß angelegtes Landungsmanöver an der Küste Marokkos und Algeriens. Selbst wenn es Rommel bei Al Alamein gelungen wäre, nach Ägypten durchzubrechen, hätte man ihm so von Westen aus in den Rücken fallen und den Nachschub abschneiden können.

Gleichzeitig sollte diese neue Front der Forderung Stalins nach einer Invasion der Alliierten entgegenkommen, auch wenn der russische Diktator natürlich eine Invasion in Europa gemeint hatte. Schließlich wollten die Alliierten mit der Offensive den Druck auf Mussolini erhöhen, denn von Nordafrika bedrohten sie Italien vom Süden her.

Vier Tage nach dem Sieg in Al Alamein begann in den frühen Morgenstunden des 8. November 1942 die Operation „Torch": Bei Casablanca, in der Nähe von Oran und bei Algier landeten unter dem Kommando von US-General Dwight D. Eisenhower rund 100 000 alliierte Soldaten. Da Marokko, Algerien und Tunesien dem Vichy-Regime unterstanden, wusste man nicht, wie sich die Vichy-Truppen im Maghreb verhalten würden, zumal der Oberbefehlshaber der Vichy-Streitkräfte, Admiral François Darlan, den Briten äußerst feindlich gesinnt war, nachdem diese 1940 den Großteil der französischen Mittelmeerflotte vorsorglich versenkt hatten. Doch die alliierten Truppen trafen nur auf mäßige Gegenwehr, und schon am Abend des 8. November musste Darlan in Algier kapitulieren.

Da Hitler als Reaktion auf die Kapitulation der Vichy-Truppen in Nordafrika die Besetzung des bisher unbesetzten Frankreichs anordnete, schwanden schnell die letzten Loyalitäten der Franzosen. Die Vichy-Truppen unterstützten nun die Alliierten und übernahmen Verteidigungsaufgaben gegenüber den anrückenden deutschen Truppen. General Henri Giraud stellte als neuer Anführer der französischen Truppen in Nordafrika seine Truppen, rund 100 000 Mann, vollständig den Alliierten zur Verfügung.

Wettlauf um Tunis und Bizerte

Die Alliierten hatten nun im Maghreb insgesamt 300 000 Mann stationiert, der Großteil marschierte den Truppen Rommels entgegen, die nach der Schlacht von Al Alamein Schritt für Schritt die gesamte Cyrenaika und Tripolitanien an die englischen Truppen verloren. Ziel beider Kontrahenten waren die entscheidenden Schlüsselstellungen Tunis und Bizerte in Tunesien. Wollten die Deutschen Nordafrika halten, mussten sie diese zu Brückenköpfen ausbauen.

Zwei Tage nach der Landung der Alliierten im Maghreb begannen die Deutschen mit der Befestigung von Tunis. Innerhalb von zwei Wochen verlegten die Achsenmächte per Flugzeug rund 50 000 Mann dorthin, ein Nachschub, der Rommel bei Al Alamein entscheidend genutzt hätte. Doch den neuen Truppen fehlte es an schweren Waffen und Munition.

Im Januar 1943 musste Rommel nach einer Panzeroffensive Montgomerys Libyen räumen und seine Truppen nach Tunesien zurückziehen. Das Oberkommando der Wehrmacht gab stoisch bekannt: „Tripolis wurde kampflos geräumt, nachdem alle Vorräte und das gesamte Kriegsmaterial aus der Stadt fortgeschafft worden waren.“ An der libysch-tunesischen Grenze gelang es dem „Wüstenfuchs“ noch einmal vorübergehend, die 8. Armee der Briten zu stoppen. Doch in seinem Rücken formierten sich längst die aus Algier nach Tunesien vorgestoßenen Truppen der Alliierten.

Rommel geht

Rommel erkannte die Ausweglosigkeit der militärischen Lage und empfahl, sich zurückzuziehen und die Front radikal auf die Brückenköpfe Tunis und Bizerte zu verkürzen. Als Hitler dem nicht zustimmen wollte, erklärte Rommel, der weitere Kampf in Tunesien sei „reiner Selbstmord“ und nahm krankheitsbedingt am 9. März 1943 Urlaub. Joseph Goebbels und Hitler entschieden, dass der Held der deutschen Öffentlichkeit auf keinen Fall mit dem katastrophalen Ende des Kampfes in Nordafrika in Verbindung gebracht werden sollte. Deshalb übergab man das Kommando an General Hans-Jürgen von Arnim, der die klägliche Niederlage abwickeln musste.

Denn das Ende des deutschen Nordafrikakorps war nun besiegelt: Am 20. März startete Montgomery den Angriff auf die deutsche Verteidigungslinie. Im Lauf des nächsten Monats vereinigten sich die alliierten Armeen und schlossen den Kessel um die Achsentruppen in Tunesien. Am 7. Mai 1943 erreichten die ersten englischen Panzer Tunis, während gleichzeitig US-Verbände Bizerte einnahmen.

Hitler verlangte in seinem fanatischen Vernichtungswahn von den deutschen Truppen „Widerstand bis zum letzten Schuss“. General von Arnim definierte dies als „bis zur letzten Granate“ und kapitulierte mit der gesamten Heeresgruppe Afrika am 13. Mai 1943. Das Kriegstagebuch der Wehrmacht notierte: „Der Endkampf des Heeres-Gruppen-Stabes und des Deutschen Afrikakorps muss etwa seit den Mittagsstunden als abgeschlossen gelten. Der letzte Funkspruch vom 12. Mai, 0.40 Uhr, lautet: ‚Munition verschossen. Waffen und Kriegsgerät zerstört. Das Korps hat sich befehlsgemäß bis zur Kampfunfähigkeit geschlagen. Es muss wieder erstehen. Heia Safari!‘“

252 000 deutsche und italienische Soldaten, die an anderen Fronten in Europa bitter nötig gewesen wären, gerieten mit der Kapitulation in langjährige Kriegsgefangenschaft. Nordafrika und das Mittelmeer waren für Hitler und Mussolini endgültig verloren. Von nun an lag die Südflanke der Achsenmächte Italien und Deutschland ungeschützt offen. Es war nur noch eine Frage der Zeit, bis die Alliierten von hier aus den Angriff auf die „Festung Europa“ starteten.

Ungewohnte Umgebung
Die Bedingungen der nordafrikanischen Wüste erforderten immer wieder Improvisationstalent von den Truppen. Hier dirigiert ein Soldat den Piloten eines Flugzeugs über die holprige Piste.

ASIEN

Indiens Streben nach Unabhängigkeit

Der Zweite Weltkrieg nährte bei den indischen Nationalisten die Hoffnung auf Unabhängigkeit von Großbritannien. Sie mussten jedoch viele Rückschläge verkraften.

Mit einem solchen Sturm der Entrüstung hatte Victor Alexander John Hope, zweiter Marquess aus der altehrwürdigen Familie der schottischen Linlithgow, nicht gerechnet. In seiner Eigenschaft als englischer Vizekönig von Indien blieb ihm gar nichts anderes übrig, als am 6. September 1939 dem Beispiel des Mutterlands zu folgen und im Namen Indiens Berlin den Krieg zu erklären. London gab den Ton an, und die Kolonien hatten sich gefälligst anzuschließen.

Aber der Marquess beging einen schweren taktischen Fehler, weil er keinen der wichtigen Politiker Indiens vorher über diesen Schritt informierte. Dabei sorgte nicht allein das Gefühl, übergangen worden zu sein, unter den Indern für gewaltige Missstimmung. Den Alleingang des Vizekönigs empfanden die Aktivisten, die sich für die Freiheit und die Unabhängigkeit des Landes einsetzten, wie einen Schlag ins Gesicht. Aus Protest erklärten kurz darauf zahlreiche Provinz-Regierungen ihren Rücktritt.

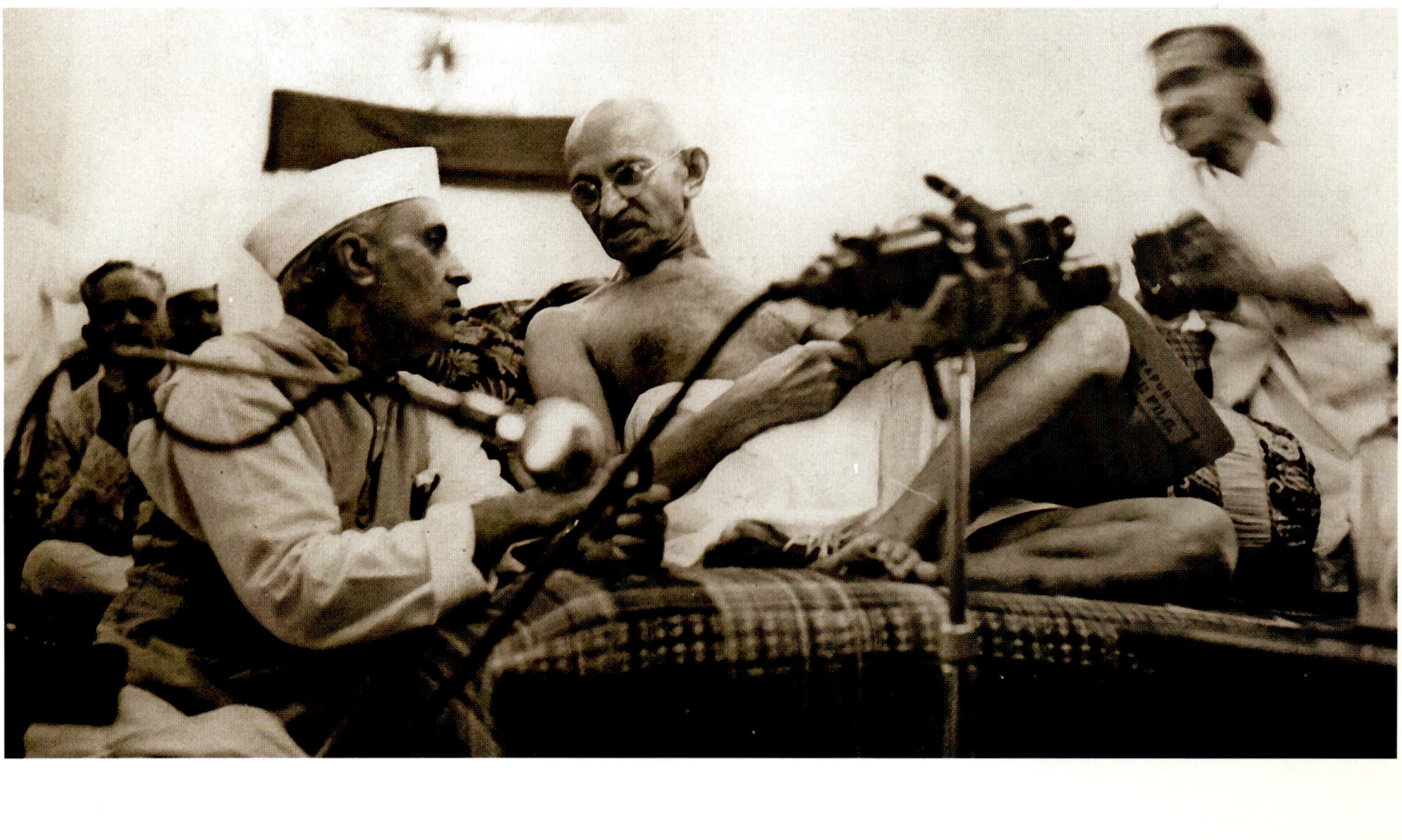

Nationalisten unter sich
Neben Mahatma Gandhi (Mitte) gehörte Jawaharlal Nehru (links) zu den führenden Köpfen der indischen Unabhängigkeitsbewegung.

Die politischen Führer des INC, des Indischen Nationalkongresses, allen voran Mahatma Gandhi und Jawaharlal Nehru, riefen zur gewaltfreien Attacke und einmal mehr zum zivilen Ungehorsam auf. Dabei handelte es sich allerdings nicht um eine Kampagne gegen den Krieg oder für den Frieden. Vielmehr kam es Gandhi und Nehru darauf an, als Gegenleistung für den Kriegseinsatz indischer Soldaten günstige Bedingungen auszuhandeln. Für die Garantie späterer Autonomie, so lautete das Angebot, würde man indische Soldaten an der Seite Großbritanniens in den Krieg ziehen lassen. Sämtliche Forderungen stießen bei den Briten auf taube Ohren, stattdessen reagierten die Behörden auf Anweisung Londons mit Härte. Es kam zu zahlreichen Verhaftungen und dem zeitweiligen, jedoch wirkungslosen Verbot des INC. Unruhe konnten die nervösen Briten nicht gebrauchen, zumal sie eine Invasion der japanischen Streitkräfte befürchten mussten.

WUNSCHZIEL PAKISTAN

Nicht nur Gandhi und seine Freunde sahen im Krieg eine Chance, ihre politischen Ziele zu verwirklichen. Die Muslimliga unter ihrem charismatischen Chef, dem Anwalt Mohammed Ali Jinnah, meldete sich mit Nachdruck zu Wort. Schon lange träumte die islamische Minderheit in Indien von einem eigenen Staat. Auf einer Konferenz in Lahore verabschiedete die Muslimliga im März 1940 den Pakistan-Plan. Unmissverständlich erhob man die Forderung nach einem autonomen Muslimstaat im Nordwesten Indiens, für den man schon den Namen Pakistan parat hatte. Da der Realpolitiker Jinnah erkannte, dass man für die Umsetzung dieses Planes die Unterstützung der Briten brauchte, signalisierte er deutliche Sympathien für die militärische Kooperation von Indern und Briten.

AVANCEN AN BERLIN

Wiederum einen anderen Weg beschritt die schillernde Figur des Subhas Chandra Bose. Ursprünglich ein Mitstreiter Gandhis und eine führende Persönlichkeit der Kongresspartei, distanzierte er sich im Lauf der Zeit von Gandhis Kurs des gewaltfreien Widerstands. Für den radikalen Nationalisten ließ sich die Unabhängigkeit Indiens nur im bewaffneten Kampf gegen die englischen Kolonialherren erreichen. So setzte er im Zweiten Weltkrieg ganz auf die Karte der Deutschen und der Japaner. Seine Agitation gegen den Einsatz indischer Soldaten an der Seite Großbritanniens bestrafte der Vizekönig mit der Inhaftierung. Doch Bose gelang 1941 die Flucht, und unter abenteuerlichen Umständen kam er 1942 nach Deutschland. Seine Hoffnung, in Berlin Unterstützung für den indischen Freiheitskampf zu erhalten, platzte jedoch wie eine Seifenblase. Adolf Hitler zeigte keinerlei Interesse für das Anliegen des Gastes vom indischen Subkontinent. Damals hoffte die deutsche Führung immer noch, sich mit London arrangieren zu können. In diesem Konzept war kein Platz für einen Beistand für Indien, wie Bose ihn sich wünschte.

Motivationsrede
Subhas Chandra Bose versuchte, die Truppen seiner neu gegründeten Indischen Nationalarmee für den Kampf gegen die Briten anzustacheln.

MYSTERIÖSER TODESFALL

Aber Bose gab nicht auf und versuchte sein Glück bei den Japanern. 1943 brachte ihn ein deutsches U-Boot nach Japan. In Tokio freute man sich über den unerwarteten Kriegshelfer. Mithilfe seiner japanischen Partner baute Bose aus Kriegsgefangenen der englisch-indischen Armee eine Indische Nationalarmee auf und rief im Oktober 1943 eine indische Exilregierung ins Leben. Doch blieb seine Vision, auf diese Weise die Unabhängigkeit Indiens voranzutreiben, unerfüllt.

Frauen für die Freiheit
Immer wieder riefen Gandhi und seine Anhänger zu Massenkundgebungen auf. Im Februar 1942 zogen demonstrierende Hindu-Frauen durch die Straßen der großen Städte.

Im August 1945 kam der indische Aktivist unter bis heute nicht restlos geklärten Umständen ums Leben. Nach offizieller Darstellung soll er bei einem Flugzeugabsturz über Taiwan den Tod gefunden haben.

Während Bose in der weiten Welt unterwegs war, spitzte sich die Lage in Indien zu. Angesichts des Vormarschs der Japaner in Südostasien und einer allgemein bedrohlichen Kriegslage sah sich der englische Premierminister Winston Churchill gezwungen, den Indern als Anreiz für ihre weitere militärische Hilfe einige Zugeständnisse zu gewähren. Im April 1942 schickte er Sir Stafford Cripps nach Indien. Im Reisegepäck hatte der Sonderbotschafter aus London ein verlockendes Angebot. Seinen indischen Gesprächspartnern, zu denen die Führer aller wichtigen Gruppierungen gehörten, stellte er für die Zeit nach dem Ende des Krieges die lang ersehnte Unabhängigkeit in Aussicht. Doch letztlich verliefen die Verhandlungen im Sand. Gandhi traute den Versprechungen nicht, und Vizekönig Linlithgow tat im geheimen Einverständnis mit Churchill tatsächlich alles, um die Pläne zu torpedieren.

Indien in Not

Gandhi und seine Kongresspartei gingen daraufhin aufs Ganze. Man verabschiedete eine Resolution, mit der an die Briten adressierten unmissverständlichen Forderung *Quit India* – „Verlasst Indien". Der Vizekönig reagierte prompt und ließ die gesamte Parteiführung inhaftieren.

Im August 1942 brach daraufhin eine landesweite Revolte gegen die ungeliebten Kolonialherren aus. Tagtäglich trafen Meldungen über Sabotageakte in der Kolonialverwaltung ein. Ins Visier nahmen die Aufständischen Eisenbahnlinien und Telegrafenleitungen. Doch die Rebellion entpuppte sich als ein Sturm im Wasserglas. Die Briten fühlten sich in ihrer Politik wieder bestärkt, zumal man die Japaner zunehmend in Schach halten konnte. Von einer Autonomie Indiens wollte man in London nichts mehr wissen.

Die indische Bevölkerung hatte inzwischen auch andere Sorgen. 1943 kam es zu gravierenden Problemen bei der Versorgung mit Getreide. Vor allem Bengalen wurde von einer verheerenden Hungersnot erfasst. Über 1 Mio. Menschen kamen dabei ums Leben. Lord Wavell, der Nachfolger des glücklosen Linlithgow, konnte weiteres Unheil abwenden, indem er die englische Armee Getreide verteilen ließ.

Ausbleibender Lohn heizt die Situation an

Gegen Ende des Zweiten Weltkriegs befanden sich die Briten in einer komfortablen Situation. Wie auf allen Kriegsschauplätzen wendete sich auch im Fernen Osten das Blatt endgültig zugunsten der Allierten. Bei den indischen Nationalisten war die Stimmung auf dem Nullpunkt. 1,5 Mio. Inder hatten im Krieg aktiv aufseiten Großbritanniens gekämpft. Die Kriegskosten gingen in die Milliarden. Doch die ersehnte Unabhängigkeit war in weite Ferne gerückt.

Im Mai 1944 wurde Gandhi aus dem Gefängnis entlassen. Während der Haft war er aus Protest gegen die englische Politik in einen Hungerstreik getreten. Die englischen Behörden hatten daraufhin einen Scheiterhaufen bereitgestellt, um den lästigen Freiheitskämpfer im Todesfall nach indischem Ritual zu verbrennen. Doch Gandhi dachte nicht an Aufgabe. Auf die Unterstützung Jinnahs musste er allerdings verzichten. Den Führer der indischen Muslime interessierte 1945 nur noch die Teilung und nicht mehr die Autonomie Indiens.

Zerrissenes Land – China im Zweiten Weltkrieg

Um ihre Vorherrschaft in Ostasien endgültig durchzusetzen, drangen die Japaner in China ein. Dort trafen sie auf den Widerstand Chiang Kai-sheks und der Kommunisten.

Als Wang Jingwei am 30. März 1940 an die Spitze der neuen Guomindang-Regierung in Nanjing trat, sah er sich in der Rolle des Friedensstifters zwischen Chinesen und Japanern. Tatsächlich war er nur Führer einer Marionettenregierung von Tokios Gnaden, denn die japanischen Besatzer hielten weite Teile Chinas in ihrer Hand. Seit 1901 hatte Japan Soldaten in der Nähe Pekings stationiert, und seit dem Zwischenfall an der Marco-Polo-Brücke bei Peking 1937 befanden sich Japan und China im Krieg. Dieser zweite japanisch-chinesische Krieg ging mit dem Angriff der Japaner auf Pearl Harbor 1941 nahtlos in den Zweiten Weltkrieg über.

Japans willige Helfer
Wang Jingwei (vorn in der Mitte) und die anderen Mitglieder der Marionettenregierung in Nanjing galten bei ihren Landsleuten als Kollaborateure.

Der im Sprung angreifende Tiger war das Formationsabzeichen der Fliegerstaffel der *Flying Tigers*.

Chiang Kai-shek, Gegenspieler Wang Jingweis, hatte sich mit seiner Regierung weit nach Westen in die Provinz Sichuan gerettet und in der Stadt Chongqing seine Hauptstadt eingerichtet. Das so genannte Freie China hatte den Großteil seiner Einnahmen durch Steuern und Zölle eingebüßt, verfügte nur über begrenzte Kapitalreserven und eine schwache industrielle Infrastruktur. Zudem besaß die Partei des Regierungschefs keinen Rückhalt unter der Landbevölkerung, da sie ihre Klientel traditionell in den Großstädten, unter den Intellektuellen und der Bourgeoisie sah. Trotz seiner politisch geschwächten Lage lehnte Chiang Kai-shek alle Friedensangebote der Japaner ab, denn deren Bedingungen waren für ihn unannehmbar: Japan forderte eine neue politische Ordnung für Ostasien, um seine Vormacht zu zementieren.

Kollaboration der Chinesen mit den Japanern

Chiang Kai-sheks innerparteilicher Gegenspieler Wang Jingwei aber sah hier seine Chance, sowohl für China als auch für sich selbst. Der zweite Mann in der GMD, der Guomindang, besaß durch die Dominanz des rechten Parteiflügels allerdings nur wenig Einfluss. So verhallten seine Plädoyers für ein friedliches Zusammengehen mit dem Tenno-Reich. Mit gleichgesinnten GMD-Mitgliedern lief er daher zu den Japanern über.

Nach mühseligen Verhandlungen untereinander und mit den japanischen Besatzern rief seine reformierte GMD in Nanjing eine neue Nationalregierung der Republik China ins Leben, der Japan offiziell weite Teile der besetzten Zonen unterstellte. Doch die neue Gegenregierung war nur ein Abklatsch des alten Regimes. Japanische Berater wie der Sondergesandte Abe Nobuyuki und das Militär hatten das Sagen. Obwohl Wang Jingwei sich als Nachfolger Sun Yatsens, des Gründers der GMD-Partei und Ahnherr der nationalen Erneuerungsbewegung Chinas, stilisierte und Symbole der Republik wie die Staatsflagge benutzte, erkannten weder die Einwohner im unbesetzten Teil des Landes noch die westlichen Alliierten die japanische Staatsschöpfung an. Da Wang Jingwei überdies die Eigenständigkeit Mandschukuos akzeptierte, betrachten ihn viele Chinesen bis heute als Landesverräter.

Aus dem einstigen Vorbild wird ein erbitterter Feind

Durch eine umfassende Modernisierung hatte sich Japan zu einem fortschrittlichen Staatswesen entwickelt und galt daher chinesischen Reformern lange Zeit als Vorbild. Tausende junge Studenten, Militärs und politische Aktivisten, wie Wang Jingwei, Chiang Kai-shek und Sun Yatsen, sogen beim Nachbarn Gedanken zu einem selbständigen, starken Asien, unabhängig vom westlichen Imperialismus, auf.

Doch die Aggressionen gegen China sowie die Invasion, gefolgt von der Ausbeutung des Landes, zerschlugen bei den meisten Chinesen die Illusion einer Partnerschaft. Um die Heimat zu befreien, schloss sich das Freie China unter Chiang Kai-shek sogar widerwillig mit der Kommunistischen Partei Chinas, der KPCh, zu einer Einheitsfront zusammen. Aber selbst der aufflammende Nationalismus konnte nicht verhindern, dass sich beide Seiten trotz des Bündnisses gegen den gemeinsamen Feind aus weltanschaulichen Gründen auch weiterhin bekämpften.

Späte Einsicht
US-Präsident Franklin D. Roosevelt ließ Chiang Kai-shek (links) nicht fallen, obwohl er im Verlauf des Krieges die militärischen Versäumnisse seines Verbündeten eingestehen musste.

Tödlicher Bombenhagel
Die Hauptstadt der Regierung Chiang Kai-sheks, Chongqing, lag außerhalb der Reichweite japanischer Bodentruppen. Doch die Luftwaffe flog immer wieder Angriffe auf die von Flüchtlingen überquellende Stadt.

Im Kampf gegen die Japaner konnten die Kommunisten, deren Machtbasis im nördlichen Yan'an lag, vor allem hinter den Linien der Besatzungsmacht einige wichtige militärische Erfolge durch ihre Guerillataktik erzielen. Sie vergruben Minen, bauten ausgedehnte Tunnelsysteme mit Sperren gegen Giftgas und Entwässerungskanäle gegen willkürliche Überflutungen und errichteten unterirdische Stellungen für Angriffe aus dem Hinterhalt. Auf diese Weise gelang es der KPCh, trotz des erbarmungslosen Vorgehens der Japaner Boden zu gewinnen.

China wird Nebenschauplatz

Währenddessen lieferten sich die GMD-Truppen Chiang Kai-sheks und die Japaner einen Zermürbungs- und Abnutzungskrieg. Erst Ende 1941, nach dem Eintritt Japans in den Zweiten Weltkrieg, ließ der heftige Ansturm der Streitkräfte Tokios nach. Zum einen banden die Offensiven gegen die Alliierten die Kräfte des Kaiserreichs in Südostasien und im Pazifischen Ozean, zum anderen mussten sich die Japaner darauf konzentrieren, Gewinne aus dem besetzten China zu pressen, um ihre militärischen Aktionen in dem riesigen asiatisch-pazifischen Raum durchführen zu können.

Wahnwitzige Zerstörungen

Doch Chiang Kai-shek hatte bei seinem Rückzug nach dem Motto der verbrannten Erde gewütet, um dem Feind wenig Wertvolles in die Hände fallen zu lassen. So hatten seine Truppen wichtige Deiche des Huang He, des Gelben Flusses, zerstört. Dadurch verzögerte sich der japanische Vormarsch um Monate, denn die Wassermassen ergossen sich in die nordchinesische Tiefebene. Sie überfluteten mehr als 4000 Dörfer und elf große Städte, tausende Menschen

Himmlische Boten
Chinas Widerstand gegen Japan war auf Nachschub der Alliierten angewiesen wie auf diese Munitionslieferung aus der Luft.

ertranken, über 2 Mio. verloren ihr Zuhause. Auch zerstörte Eisenbahnlinien und andere kriegsbedingte Schäden erschwerten den Japanern die wirtschaftliche Ausbeutung des besetzten Landes. Zu guter Letzt demontierten zahlreiche Industrieunternehmen ihre Anlagen und transportierten sie außer Reichweite der japanischen Besatzer nach Westen. Für Chongqing und sein Umland mit den reichen Rohstoffvorkommen an Kohle, Gas, Barium, Strontium sowie Quecksilber begann damit die Industrialisierung.

Das Leid der Flüchtlinge

Nicht nur Industriearbeiter, auch Intellektuelle sowie Verwaltungs- und Regierungsmitarbeiter retteten sich nach Chongqing. Ihre Hoffnung auf ein besseres Leben im Freien China wurde aber bitter enttäuscht, denn die Flüchtlinge bekamen das ganze Ausmaß der dortigen Misswirtschaft zu spüren. Um ihre Finanzprobleme zu beseitigen, fiel der Regierung nichts Besseres ein, als immer mehr Geld drucken zu lassen. Die Inflation ließ die Einkommen verfallen, worunter die landlosen Neuankömmlinge besonders litten.

Regierung ohne Ideen

Obwohl das subtropische Klima des Sichuanbeckens rund ums Jahr den Anbau von Reis, Baumwolle und Weizen möglich machte, bekam die Regierung trotz aller Bemühungen die bittere Not nicht in den Griff. Völlig machtlos standen Chiang Kai-shek und seine Parteigenossen der ausufernden Korruption und Vetternwirtschaft gegenüber, die in dieser Situation um sich griffen.

Logistischer Drahtseilakt

Zur schlechten Versorgungslage in dem riesigen Land trug auch die Strategie der Japaner bei, das Land von der Außenwelt zu isolieren. Hongkong, Singapur, Malaya, Birma und andere Teile Südostasiens waren in japanischer Hand. Hilfsgüter und militärischer Nachschub der Alliierten gelangten nur noch über wenige gefährliche Routen ins unbesetzte China.

Von der Sowjetunion aus führte ein gefährlicher Weg durch Wüsten, Steppengebiete und über die Gebirge Xinjiangs. Eine Luftbrücke, der so genannte Buckel, ermöglichte Transporte von Britisch-Indien über den Himalaya nach China. Die 1939 eröffnete, von hunderttausenden zwangsverpflichteten Männern, Frauen und Kindern z. T. mit bloßen Händen gebaute Birmastraße war zwischen 1940 und 1943 wegen des Kriegsgeschehens und der japanische Eroberung Birmas unpassierbar bzw. abgeschnitten.

China findet endlich Bundesgenossen

Nennenswerte Unterstützung erhielt Chiang Kai-shek anfangs lediglich von der Sowjetunion. Erst nach dem Angriff auf Pearl Harbor im Dezember 1941 nahmen die Alliierten China als Partner im Kampf gegen das japanische Kaiserreich ernst und verstärkten die finanzielle Hilfe sowie die Unterstützung durch Kriegsgerät und Soldaten. Der ehemalige US-Flieger Claire Lee Chennault erhielt die Erlaubnis, unter den US-Piloten Freiwillige für den Kampf in China zu rekrutieren. Seine Fliegerstaffel, die *Flying Tigers*, fügten der japanischen Luftwaffe großen Schaden zu. Außerdem entsandte US-Präsident Franklin D. Roosevelt den erfahrenen General Joseph W. Stilwell als persönlichen Verbindungsmann zu Chiang Kai-shek und berief ihn zum Oberkommandierenden für China, Birma und Indien.

Dass die Alliierten Chinas militärisches Potenzial nur am Rand in ihre Pläne einbezogen, erzürnte Chiang Kai-shek. Vor allem der englische Premierminister Winston Churchill traute den Chinesen weder einen wichtigen Schlag gegen die Japaner zu, noch wollte er China eine Haupttolle in der Nachkriegsordnung einräumen.

Kleinkrieg im eigenen Lager

Als sich die Spannungen zwischen den USA und Großbritannien, zwischen Stilwell und Chennault sowie Stilwell und Chiang Kai-shek häuften, beschlossen die Verbündeten auf der Konferenz von Quebec im Sommer 1943, ein neues Kommando für Südostasien einzurichten, um die Lage zu entschärfen. Außerdem sollten Flughäfen in China künftig als Basen für Langstreckenluftangriffe gegen das Japanische Satatsgebiet genutzt werden und das Land damit aktiver am Kriegsgeschehen teilnehmen. Als weiteres Zugeständnis an China verzichteten London und Washington auf ihr Privileg der exterritorialen Gerichtsbarkeit, das seit den so genannten ungleichen Verträgen aus dem 19. Jh. festgeschrieben war.

Weite Kreise der chinesischen Bevölkerung aber waren der erfolglosen Innenpolitik der Regierung des Freien China und ihrer politischen Winkelzüge überdrüssig. Der entschlossene antijapanische Widerstand der KPCh, als deren Führer sich Mao Zedong durchgesetzt hatte, und deren Reformwille schienen eine bessere Zukunft zu versprechen. Der Druck auf die Regierung des Freien China erhöhte sich zudem, als auch die USA für eine Kooperation der Kommunisten und Nationalchinesen plädierten, nachdem Japan den Truppen Chiang Kai-sheks im April 1944 eine schwere Niederlage zugefügt hatte.

Kein Friede in Sicht

Auf der Konferenz von Jalta im Februar 1945 stimmte der russische Diktator Josef Stalin einer Regierung Chiang Kai-sheks als Nachkriegslösung in China zu, machte dafür aber alte Rechte in der Mandschurei geltend und marschierte dort im August ein.

Mit der Kapitulation der Japaner am 2. September 1945 endete der Krieg auch in China. Er hatte etwa 15 bis 20 Mio. Chinesen das Leben gekostet. Bei der Übernahme des Landes durch die nationalchinesischen und kommunistischen Truppen zeichnete sich die nächste Katastrophe aber bereits ab: der Bürgerkrieg um die Vormacht in China.

Wagemutige Freiwillige
Die US-Piloten der *Flying Tigers* unter General Chennault (Zweiter von links), hier bei einem Inspektionsbesuch, waren wegen ihrer Sturzflugtaktik berühmt.

Japans Vorstoß gegen Birma

Die japanischen Kriegsherren griffen nach den Ölfeldern Birmas und gaben ihren Eroberungszug in Südostasien als Befreiung vom Kolonialismus des weißen Mannes aus.

Unaufhaltsamer Vormarsch
Ohne Rücksicht auf Menschen und Material ebneten sich die japanischen Panzer durch den Dschungel ihren Weg nach Rangun.

Das Großmachtstreben Japans kannte im Zweiten Weltkrieg keine Grenzen und machte auch vor Birma in Südostasien nicht Halt. Die damalige englische Kolonie am Indischen Ozean erlangte im Verlauf des Krieges vor allem durch ihre reichen Rohstoffvorkommen sowie durch ihre Lage zwischen Indien und China und die Birmastraße strategische Bedeutung.

Als der deutsche Vormarsch in Europa mit der Besetzung Frankreichs 1940 einen Höhepunkt erreichte, beschleunigte Japan seine langfristig angelegte Eroberungspolitik im pazifischen Raum. Die japanische Regierung interessierten besonders die vielen wichtigen Erdölquellen in Asien, um sich unabhängig von den Rohstofflieferungen aus den USA zu machen. Insgeheim fürchtete Japan auch, dass Deutschland die alliierten Kolonien in Asien übernehmen könnte, und mobilisierte seine Truppen. Die kaiserlichen Kriegsschiffe zogen gegen das französisch besetzte Indochina, gleichzeitig bereitete Tokio die Eroberung Birmas vor.

Asien den Asiaten

Die Regierung Japans unter Premierminister Fumimaro Konoe hatte zwei primäre außenpolitische Grundsätze festgelegt. Zum einen sollte der seit Jahren andauernde Konflikt mit China – und hier vor allem der sich der japanischen Okkupation widersetzenden Truppen Chiang Kai-sheks – siegreich beendet werden, zum anderen wollte Tokio seinen Machtbereich möglichst rasch über Hongkong und Indochina in südliche Richtung ausdehnen. Als offizielles Ziel verkündete man die friedliche Befreiung Asiens von der kolonialen Ausbeutung. Mit Propagandaslogans wie „Asien den Asiaten" wurde diese auch als Neue Ordnung bezeichnete Doktrin zur schleichenden Gefahr für die Kolonialmächte und steigerte den Druck auf Französisch-Indochina, Niederländisch-Ostindien sowie die Kolonien Großbritanniens.

Verwickelte Interessen

Natürlich konnten auch die USA, die sich 1939 der Neutralität verpflichtet hatten, nicht tatenlos zusehen, wie Japan den ostasiatischen Raum eroberte. Daher belieferten sie die Truppen Chiang Kai-sheks, des wichtigsten Gegenspielers der japanischen Militärregierung in China, mit Waffen, Munition und Kriegsschiffen auf Basis des Leih- und Pachtgesetzes. Der Großteil dieses Rüstungsmaterials wurde von den Häfen Birmas am Indischen Ozean über die Birmastraße nach China transportiert.

Die 1939 eröffnete Straße wurde ständig ausgebaut. Die sich auf ihr nach China schlängelnden Lkw-Karawanen waren den Japanern ganz offensichtlich ein Dorn im Auge: Im Herbst 1940 flog die japanische Luftwaffe daher mehrere Angriffe auf die Konvois und stellte ihren Einfluss auf das

Erdrückende Überlegenheit
Im Namen der Neuen Ordnung kämpften japanische Soldaten in Birma gegen die hoffnungslos überforderten englischen Kolonialtruppen.
Hintergrund: Den japanischen Luftangriffen waren die Konvois der Alliierten schutzlos ausgesetzt.

politische Geschehen in Birma damit erfolgreich unter Beweis: Für drei Monate – von Juli bis Oktober 1940 – zwang das Kaiserreich Großbritannien zur Sperrung der Birmastraße und kappte den Waffen- und Truppennachschub nach China. Weder amerikanische noch chinesische Proteste konnten gegen das Embargo etwas ausrichten.

Wer zu spät kommt ...

Kurz nach dem Überfall auf Pearl Harbor Anfang Dezember 1941 einigten sich der englische Premierminister Winston Churchill und US-Präsident Franklin D. Roosevelt auf die gemeinsame Unterstützung Chinas, um japanische Truppen in China zu binden. Doch kam diese Übereinkunft zu spät. Schon im Januar 1942 standen die ersten japanischen Truppen an der östlichen Grenze von Birma. Bereits zuvor hatten japanische Torpedos englische Vorposten auf den Andamanen südlich der birmanischen Hafenstadt Rangun beschossen. Auch die alte Hauptstadt Mandalay im Zentrum des Landes musste bereits vor der Invasion einen Bombenhagel über sich ergehen lassen. Doch nun starteten japanische Einheiten die Bodenoffensive.

Neben der Eroberung der Birmastraße hatte es Tokio auf die kriegswichtigen Rohstoffe Birmas abgesehen. Neben Baumwolle, Tabak, Reis, Eisen und Bronze lockten ergiebige Erdölvorkommen. Rund um die Städte

Kampf um die Ölfelder
Obwohl die Briten beim Abzug aus Birma fast alle Ölanlagen zerstörten, konnten die Japaner aus den eroberten Ölfeldern bei Yenangyaung noch mehrere tausend Barrel Erdöl gewinnen.

Minbu, Magwe und Yenangyaung im Herzen des Landes konzentrierten sich die größten unterirdischen Erdöl- und Erdgaslagerstätten. Die japanische Regierung wusste, wie viel Wissen und Geld Großbritannien seit der Besetzung Birmas 1886 in den Ausbau und die technische Entwicklung der dortigen Raffinerien gesteckt hatte.

Unzureichende Verteidigung

Die englischen Streitkräfte, die in Asien keinem einheitlichen Kommando unterstanden, waren auf die Abwehr eines Großangriffs nur unzureichend vorbereitet. Trotz der unschätzbaren Bedeutung der benachbarten Kronkolonie Indien für das englische Weltreich lief die Verteidigung Birmas nur langsam an. Die schlecht ausgebildete Kolonialarmee aus Birmanen, Briten und Indern verfügte nur über wenige Soldaten. Zudem hatte die Kolonialverwaltung es bisher nicht geschafft, Wasserwege und Eisenbahnlinien Birmas als strategische Militärlinien auszubauen. Es mangelte an fähigen Funkern, die gesamte Luftabwehr bestand aus 16 technisch völlig veralteten Maschinen.

Streitigkeiten unter Alliierten

Nun galt es für die Alliierten in Windeseile zu handeln und Birma als wichtigsten Zufahrtsweg nach China zu halten. Schnelle Unterstützung leistete die freiwillige US-Fliegerstaffel der *Flying Tigers,* der Fliegenden Tiger: Unter Führung des ehemaligen US-Offiziers Claire Lee Chennault bildeten sie die Speerspitze der chinesischen Luftverteidigung. Ihren ersten Kampfeinsatz in Birma flogen sie schon im Dezember 1941 und schossen dabei fast 100 japanische, meist schwere Bomber ab.

Als im Januar 1942 US-General Joseph W. Stilwell das militärische Oberkommando in Birma übernahm, kam es zu Konflikten zwischen den beiden Befehlshabern. Übermütig und von seinem Erfolg überzeugt, erklärte Chennault, seine in China stationierten Fliegereinheiten allein könnten die japanischen Truppen in Birma in die Knie zwingen. Stilwell hingegen wollte zur Unterstützung chinesische Bodentruppen ausbilden und in den Kampf schicken.

Zu allem Übel konnten sich die amerikanischen und englischen Militärs nicht einigen, ob das für den Transport nach China in Rangun gelagerte Kriegsmaterial von den Briten für die Abwehr des japanischen Angriffs auf Birma verwendet werden durfte.

Hoffnung auf Unabhängigkeit

Ende Januar 1942 marschierte die 15. Japanische Armee ungehindert in Birma ein. Dabei wurde sie von einer Truppe birmanischer Nationalisten unterstützt, die sich für die Unabhängigkeit ihres Landes einsetzten. Unter General Aung San, dem späteren Ministerpräsidenten, und seinem Kampfgenossen Ne Win fochten die Anhänger der Thakin-Bewegung erbittert an der Seite der japanischen Angreifer gegen das englische Kolonialregime. Thakin bedeutete „Herr“ oder „Meister“ und war die übliche Anrede für einen Angehörigen der englischen Kolonialmacht in Birma. Mit diesem Namen wollten die Nationalisten ihr Streben nach Unabhängigkeit demonstrieren.

In mehreren überraschenden Blitzangriffen brachten die japanischen Truppen die birmanischen Kerngebiete unter ihre Kontrolle. Kleine, leicht bewaffnete, mobile Verbände setzten sich schnell gegen die schwer bewaffneten englischen Truppen in den Wäldern durch. Am 30. Januar 1942 besetzten sie die Hafenstadt Moulmein im Norden Birmas. Nach unerwarteten Rückschlägen und hohen Verlusten entschieden sich englische und chinesische Verbände im Februar 1942 zur Zusammenarbeit. Ihre Aufmerksamkeit galt nun den beiden Talrouten entlang der Flüsse Irrawaddy und Sittang, die ins Herz von Birma führen.

Doch auch mit vereinten Kräften konnten die alliierten Divisionen nichts gegen die Japaner ausrichten und gaben sich kurz vor Rangun im Süden des Landes geschlagen. Am 7. März fiel die Stadt in die Hände der Japaner. Doch selbst im Rückzug waren sich Amerikaner und Briten uneinig: Stilwell versuchte, seine chinesischen Bodentruppen nach Norden zu führen, und bereitete die Divisionen für eine weitere, wenn auch vergebliche Verteidigungsoperation vor, während die englischen Truppen eilig nach Indien abzogen.

Unheilvolle Zerstörungswut

Ende April 1942 waren die Japaner am Ziel: Sie hatten die Briten als Kolonialmacht aus Birma verdrängt und China endgültig vom alliierten Nachschub abgeschnitten. Mit einer letzten großen Luftoffensive bombardierten Japans Fliegerstaffeln am 2. Mai 1942 das Herz Birmas und legten die Holzgebäude der berühmten Palastanlage der Königsstadt Mandalay in Schutt und Asche.

Doch damit nicht genug. Gedemütigt und enttäuscht vom unrühmlichen Ende ihrer Kolonialherrschaft in Birma, zerstörten die englischen Streitkräfte bei ihrem Rückzug mit ihrer Taktik der verbrannten Erde große Teile der Infrastruktur des Landes, die sie in den Jahrzehnten zuvor aufgebaut hatten. Vor allem die einstige Vorzeigetechnik, die Förder- und Raffinerieanlagen, wurden flächendeckend verwüstet, um sie dem Zugriff der Japaner zu entziehen.

Feuersturm in Mandalay
Mit einem letzten Inferno setzten die Japaner in Birma ein unheilvolles Zeichen: Am 2. Mai 1942 setzten hunderte von Bomben die birmanische Hauptstadt Mandalay in Brand.

Im August 1943 erklärten die Nationalisten zwar die Unabhängigkeit Birmas, doch war dies nur mit der Zustimmung der neuen Besatzungsmacht Japan möglich. Die Birmanen hatten den europäischen Herren gegen einen asiatischen getauscht.

Japans Expansion in Südostasien

In nur wenigen Monaten eroberten die japanischen Soldaten die Kolonialbesitzungen der Europäer. Diesem Ansturm waren die Alliierten nicht gewachsen. Ihnen blieb nur der Rückzug.

„Selbst die langbeinigen Briten konnten unseren Fahrrädern nicht entkommen“, schrieb der japanische Offizier Masanobu Tsuji im Rückblick. Zunächst amüsierten sich viele Europäer und Amerikaner über die Bilder der kaiserlichen Fahrradarmee. Einige waren in Saigon in Vietnam aufgenommen worden und gaben durchaus Grund zur Sorge. Denn Mitte September 1941 fielen japanische Truppen in Französisch-Indochina ein, und nicht nur dort kamen sie auf ihren Drahteseln rasch voran und trieben die gegnerischen Einheiten in den Dschungel. Vom Rückzug abgeschnitten, blieb diesen nichts anderes übrig, als sich zu ergeben, und so vergrößerte Japan sein Reich in den Kolonialgebieten der Europäer.

Mobile Zweiradtruppe
Den Europäern sollte das Lachen über die japanische Fahrradarmee bald vergehen. Das Foto zeigt japanische Truppen beim Einzug in Saigon.

Ultimatum an die Franzosen

Der Kriegsverlauf in Europa hatte den Japanern in Südostasien Tür und Tor geöffnet. Die Vichy-Regierung im unbesetzten Teil Frankreichs verfügte nicht über die Mittel, um die Territorien im Fernen Osten zu kontrollieren. Diese günstige Gelegenheit ergriffen die Japaner: Kaum war die Tinte unter der Waffenstillstandsvereinbarung zwischen Deutschland und der Vichy-Regierung im Juni 1940 getrocknet, als eine japanische Delegation vom Vertreter Frankreichs in Hanoi ultimativ verlangte, alle Nachschublieferungen über den Golf von Tonkin an den Erzfeind China einzustellen. Außerdem forderten die Japaner das Nutzungsrecht der Flughäfen für ihre Luftwaffe.

Die Vichy-Regierung musste nachgeben und stimmte schließlich auch auf Druck des japanischen Verbündeten Deutschland im September 1941 der Besetzung Französisch-Indochinas durch die Japaner zu. Von dort aus drangen die Soldaten des Tenno bald in die Kolonien der Niederländer vor. Großbritannien und die USA froren als Reaktion japanische Konten in ihren Ländern ein und verhängten ein Wirtschaftsembargo, aber sie intervenierten nicht – man konzentrierte sich auf den Krieg in Europa.

Die Nachricht vom Angriff auf Pearl Harbor am 8. Dezember 1941 überschattete die Meldungen vom gleichzeitigen Vordringen der Japaner in Südostasien. Dabei startete das Kaiserreich am selben Tag seine „malaiische Kampagne“. Die reichen Rohstoffe der englischen Kolonie lockten, von dort stammten 60 % des Zinn- und 40 % der Gummiexporte der Welt. Masanobu Tsuji hatte die Offensive maßgeblich geplant und gehörte zu den Ersten, die am 8. Dezember in der thailändischen Hafenstadt Singora landeten.

Gewaltiger Schock

Bis dahin glaubte die englische Besatzungsmacht unter General Arthur Ernest Percival nicht daran, dass Malaya Kriegsschauplatz werden könnte. Die 80 000 hier stationierten Soldaten verfügten über keine Panzer und nur 150 veraltete Flugzeuge. Doch am 10. Dezember wurde der Irrtum offenkundig. Nach zweitägiger Suche orteten japanische Piloten die beiden englischen Schlachtschiffe *Prince of Wales* und *Repulse,* die vor der malaiischen Küste kreuzten. Die beiden Schiffe bildeten den Kern der englischen Seestreitkraft in Südostasien. In weniger als einer Stunde gingen sie im Bombenhagel der Japaner unter. Premierminister Winston Churchill sagte im fernen London, er sei „im ganzen Krieg nie zuvor so schockiert“ worden von einer Nachricht.

Wie Dominosteine fallen die englischen Kolonien

Da die Briten ihre Deckung vor der Küste verloren hatten, konnten die rund 67 000 gut ausgebildeten japanischen Soldaten unter General Tomoyuki Yamashita, dem „Tiger von Malaya“, an der malaiischen Küste eine Schlüsselposition nach der anderen besetzen. Die Ankunft von rund 60 englischen Jagdflugzeugen und einer Truppe australischer Soldaten im Januar 1942 bedeutete dagegen kaum eine Entlastung für die englischen Verteidiger. Um die Insel Penang tobten blutige Kämpfe, und als am 11. Januar die Hauptstadt Malayas, Kuala Lumpur, fiel, war der Kampf um die Malaiische Halbinsel verloren. Jetzt ging es nur noch um Singapur, dessen Bevölkerung durch einen Strom von Flüchtlingen auf 1 Mio. Menschen angewachsen war.

Am 25. Januar ordnete Percival den Rückzug aller Truppen nach Singapur an. Da er nicht wusste, wo die Japaner landen würden,

Krasse Fehleinschätzung
Admiral Sir Tom Phillips, der Befehlshaber der englischen Flotte in Südostasien, glaubte, dass japanische Bomber seinen Schlachtschiffen aufgrund ihrer Größe nicht gefährlich werden konnten. Eine Ansicht, die sich als verhängnisvoll erwies.

Unwegsames Gelände
Die japanischen Soldaten kamen bei ihrem Vormarsch auf der Malaiischen Halbinsel nur mühsam voran. Mit Schlauchbooten mussten sie Flüsse überqueren.

verteilte er seine Männer entlang der 70 km langen Küste der Insel. Der japanische Angriff begann am 8. Februar. Trotz der gewaltigen zahlenmäßigen Überlegenheit – 130 000 alliierten Soldaten standen 30 000 Japaner gegenüber – musste Percival eine der größten Schlappen der englischen Militärgeschichte einstecken und eine Woche später kapitulieren.

Die Einnahme Hongkongs am 25. Dezember hatte den Briten bereits ein „schwarzes Weihnachtsfest" beschert: Meldungen von Gräueltaten der Eroberer breiteten sich von dort in Windeseile aus. Angeblich drangen die japanischen Eroberer sogar in ein Krankenhaus ein und spießten alle dort Anwesenden mit ihren Bajonetten auf.

Unaufhaltsamer Vormarsch der Japaner

Insgesamt rückten die Japaner an drei Fronten in Südostasien vor: das südostasiatische Festland, die niederländischen Besitzungen um Java und Sumatra sowie die südostasiatische Inselwelt bis nach Australien und hier vor allem die Philippinen. Auf dem Festland entwickelte sich Birma zum vorrangigen Angriffsziel der Japaner, denn von hier aus floss der alliierte Nachschub für die nationalchinesische Regierung unter Chiang Kai-shek über die so genannte Birmastraße – und den wollten die Militärstrategen in Tokio unter allen Umständen unterbinden.

Siam auf Seiten Japans

Das erforderte den Durchmarsch durch Thailand. Das siamesische Königreich hatte trotz häufiger Konflikte mit den Franzosen über den Grenzverlauf im Osten als einziges südostasiatisches Land seine Unabhängigkeit gegenüber den europäischen Kolonialmächten behauptet.

An jenem 8. Dezember 1941, an dem die japanischen Streitkräfte an so vielen Orten ihre Offensive starteten, landeten Truppen der kaiserlichen Marine auch an der thailändischen Küste. Einen Tag später erreichten sie die Hauptstadt Bangkok und forderten Thailand ultimativ zur Allianz auf. Die Regierung stimmte zu und erklärte, dem

Wunsch der Japaner folgend, sogar Großbritannien und den USA den Krieg.

Von Thailand und Malaya aus nahmen die Japaner Birma in die Zange, das nicht lange dem Angriff widerstand und schließlich von den kaiserlichen Truppen besetzt wurde. Den Alliierten blieb nur der vorläufige Rückzug aus Birma.

Zu dieser Zeit war Niederländisch-Indien längst den imperialen Begierden Japans zum Opfer gefallen. Nach der Besetzung ihrer Heimat durch die Deutschen und der Flucht der königlichen Familie nach London zählten die rund 170 000 Niederländer in der Kolonie einschließlich der dort Dienst tuenden Soldaten zu den Alliierten und somit zu den Feinden Japans. Am 11. Januar 1942 landeten kaiserliche Streitkräfte auf Celebes, einer Insel östlich von Borneo. Von dessen Flughäfen aus kontrollierten sie bald den ganzen Luftraum zwischen Java und Australien. Am 4. Februar musste die alliierte Flotte in der Straße von Makasar eine herbe Niederlage einstecken. Nur Tage später besetzten japanische Truppen die Insel Sumatra mit ihren kriegswichtigen Rohölquellen.

VON EINER INSEL ZUR NÄCHSTEN

In der Javasee-Schlacht zerstörten die Japaner zwischen dem 27. Februar und 1. März 1942 die Flotte der Niederländer. Die meist veralteten Schiffe unter dem Kommando von Admiral Karel Doorman konnten den kaiserlichen Kampfbombern und Torpedos wenig entgegensetzen. Auch zwischen Java und Sumatra tobte das Gefecht. Dabei gingen die letzten großen Schiffe des alliierten Flottenverbands verloren, der Zugriff auf Java war frei. Mit der Meldung über die Kapitulation der Niederländer im Pazifischen Ozean am 8. März trafen neue Nachrichten über die barbarische Behandlung der Besiegten in Europa ein. Mit Timor griffen die Japaner am 20. Februar die bislang südlichste Pazifikinsel an. Die Niederländer herrschten im westlichen Teil, die Portugiesen im Osten. Nach einer Vereinbarung mit den Niederlanden und Großbritannien stationierten die Australier nach dem Überfall auf Pearl Harbor auf der Insel ihre Truppen. Vom Ansturm der Japaner wurden sie aber völlig überrascht und konnten ihm mangels Nachschub an Munition nur vier Tage standhalten. Guerillaaktionen setzten den japanischen Besatzern anschließend zwar heftig zu, doch Anfang 1943 verließen die letzten australischen Einheiten die Insel.

AUF ZU DEN PHILIPPINEN

Schließlich war das englische Borneo, die drittgrößte Insel der Welt, reif für die Einnahme durch japanische Einheiten. Mit dem Mut der Verzweiflung, aber letztendlich vergeblich, widersetzte sich das hier stationierte indische Bataillon den Angriffen. Am 16. Mai gliederten die kaiserlichen Truppen die Insel Borneo ebenfalls in das neue japanische Imperium ein.

Die Invasion der Philippinen durch die japanische Marine begann am 10. Dezember

HINTERGRUND

Der Todesmarsch von Bataan

Erbarmungslos trieben die Japaner ihre rund 75 000 amerikanischen und philippinischen Gefangenen im April 1942 sechs Tage lang über 100 km durch den tropischen Dschungel der Philippinen. Trinkwasser und Nahrung wurden ihnen verweigert, zur Austrocknung kamen Malaria und Ruhr. Wer erschöpft stehen blieb, wurde erschossen oder geköpft. Stundenlang wurden ganze Kolonnen ohne Kopfbedeckung der Sonne ausgesetzt. Die Japaner nannten dies „Sonnenbehandlung“.

Überlebende, die zur Internierung nach Korea gebracht wurden, erwarteten auf den so genannten Höllenschiffen während der 33 Tage dauernden Überfahrt weitere Strapazen.

Der Todesmarsch von Bataan gilt als eines der schlimmsten Kriegsverbrechen Japans.

1941 auf der Nordinsel Luzon. Fast alle hier stationierten US-Flugzeuge wurden am Boden ausgeschaltet. Angesichts der errungenen Lufthoheit drangen die Japaner nun vielerorts ungehindert vor. Am 19. Dezember fassten sie auf der Südinsel Mindanao Fuß, am 2. Januar 1942 rückten sie ohne Widerstand in die Hauptstadt Manila ein.

US-General MacArthur muss weichen

Entscheidend für den Erfolg der Japaner war der Fall der Insel Corregidor in der Bucht vor Manila. Dort befand sich das Hauptquartier des US-Oberkommandierenden General Douglas MacArthur. Durch eine andauernde Bombardierung aus der Luft und von der Seeseite zwangen die Japaner die US-Streitkräfte schließlich, die Inselfestung aufzugeben. MacArthur wurde mit seinem Stab am 11. März evakuiert. „Ich komme wieder“, versprach er beim Abflug.

Zum Höhepunkt des Dramas auf den Philippinen entwickelte sich die Schlacht auf der Halbinsel Bataan. Nach dem Abzug MacArthurs harrten hier rund 70 000 Mann unter General Edward King aus. Trotz erbittertem Widerstand mussten sie sich aber am 9. April dem japanischen General Masaharu Homma ergeben. Er entschied, dass die Gefangenen zur nächsten Eisenbahnstation marschieren sollten, um von dort aus in Internierungscamps transportiert zu werden. Insgesamt 75 000 US-Soldaten und Filipinos wurden auf den Weg geschickt, aber lediglich 54 000 kamen an. Als „Todesmarsch von Bataan“ ging dieses Ereignis in die Geschichte des Zweiten Weltkriegs ein. Viele der Besiegten erlebten das Verhalten der neuen Herren in Südostasien als pure Barbarei. So starben in den Kriegsgefangenenlagern der Japaner nach vorsichtigen Schätzungen rund 30 % der Gefangenen.

Japans Grossreich

Nach diesen Erfolgen gab es für die in die pazifische Inselwelt vordringenden Japaner kein Halten mehr. Der Geist der alten Samurai-Krieger schien sie zu beflügeln. Im Sommer 1942 kontrollierte Japan mit Südostasien und dem Pazifischen Ozean ein riesiges Gebiet. Der wirtschaftliche Gewinn war für den kleinen Inselstaat enorm: Das Kaiserreich verfügte nun über reiche Rohstoffquellen an Erdöl, Zinn und anderen Erzen. Auch die Versorgung mit Reis und Gummi für das Militär war gesichert. Insgesamt lebten in dem von Tokio kontrollierten Imperium rund 450 Mio. Menschen.

Doch das Tenno-Reich verstand es nicht, seinen psychologischen Vorteil in dieser Situation zu nutzen. In den Krieg war man unter dem Banner, die asiatischen Völker von der weißen Kolonialherrschaft zu befreien, gezogen. Die Neue Ordnung versprach den Völkern Asiens Wohlstand, Stabilität, Frieden und Schutz vor Ausbeutung. Zunächst wurden die japanischen Soldaten von den Einheimischen in den besetzten Gebieten auch tatsächlich als Befreier begrüßt.

Doch die Realität holte sie rasch ein, denn Rassendünkel und wirtschaftliche Raffgier kennzeichneten das Auftreten der Söhne der Sonne. Japanische Firmen sicherten sich sofort das Zugriffsrecht auf die Schlüsselindustrien in den besetzten Gebieten und kontrollierten bald Überseehandel, Bergbau und Fabrikation. Der erhebliche

Gefecht im Urwald
Der Transport der Geschütze erwies sich im philippinischen Dschungel als sehr beschwerlich.

kriegsbedingte Warenmangel, der durch die Requirierungsmaßnahmen der Armee noch verschärft wurde, führte in dicht bevölkerten Gebieten wie Java und Singapur sogar zu Hungersnöten. Zwangsrekrutierungen von Arbeitskräften waren an der Tagesordnung. Allein beim Bau der 415 km langen Eisenbahnlinie durch den Dschungel Birmas und Thailands starben etwa 90 000 der 250 000 asiatischen Arbeiter an den verheerenden hygienischen Verhältnissen und unzumutbaren Arbeitsbedingungen. Wer Widerstand leistete, wurde von der japanischen Militärpolizei erbarmungslos verfolgt.

Die brutalen Unterdrückungsmaßnahmen ließen sich nicht allein mit militärischen Gründen rechtfertigen. Sie resultierten auch aus rassistischem Hochmut. So teilte die Militärverwaltung von Singapur die Menschen in „Herrenvölker", „Fremdvölker" und „Gastvölker" ein und gab Richtlinien zu ihrer unterschiedlichen Behandlung heraus.

Adern des Krieges
Wer in den unwirtlichen Gebirgen und Dschungelgebieten Südostasiens über die wenigen ausgebauten Straßen herrschte, hatte den strategischen Vorteil. Daher waren sie stets heiß umkämpft.

Hochmut kommt vor dem Fall

Kultur und Zivilisation Japans galten als überlegen und sollten wo immer möglich verbreitet werden. Japanisch wurde zur verbindlichen Amtssprache im gesamten ostasiatischen Raum. Die geplante künftige Ordnung in der „Großasiatischen Wohlstandssphäre" wies den eroberten Ländern eine Stellung entsprechend ihrer strategischen Bedeutung zu. Wirtschaftlich bedeutende Außenposten wie Hongkong, Singapur, Timor, die Ölgebiete von Nordborneo oder der Kautschukgürtel von Nordneuguinea sollten annektiert und der Militärverwaltung unterstellt werden. Für Rohstofflieferanten wie Malaya, Sumatra, Java oder Madura war eine begrenzte lokale Autonomie unter japanischem Protektorat vorgesehen – keine angenehmen Zukunftsaussichten für die unterworfenen Völker, deren Zustimmung zur Tenno-Herrschaft entsprechend ausfiel.

So verpasste Japan die Chance, sich Rückhalt in Südostasien zu verschaffen, die Herzen der Menschen zu gewinnen und die panasiatische Idee mit Leben zu erfüllen. Als einzige Option bot sich die militärische Karte an. Die Auseinandersetzung mit den Alliierten weitete sich ab Ende 1942 zu einem Kampf um Sieg oder Untergang.

Gegenschlag der Alliierten in Südostasien

Auf dem asiatischen Kontinent wendete sich das Blatt. In Birma lag der Schlüssel zum militärischen Erfolg.

Gefährlicher Einsatz
Bei der Überquerung von Flüssen bestand für die Chindit-Kommandos immer die große Gefahr, von japanischen Spähtrupps oder der Luftaufklärung entdeckt zu werden.

„Heute stehen wir an der Schwelle zum Kampf. Die Zeit der Vorbereitung ist vorbei, und wir ziehen gegen den Feind, um uns und unsere Methoden zu prüfen … Wir sind nun hier, weil wir entschieden haben, hier zu sein …“

Diese Worte richtete Oberst Orde Wingate an seine Männer, die Chindits. Der in Indien geborene Offizier hatte sich mit 19 Jahren erste militärische Sporen im Sudan und in Palästina erworben. Zu Beginn des Zweiten Weltkriegs führte er Kommando-

einheiten gegen die Italiener an der äthiopisch-sudanesischen Grenze und beeindruckte mit seinen Erfolgen die Admiralität in London. Im Frühjahr 1942 beorderte man Wingate deshalb zum Kriegsschauplatz nach Birma, um hier die neue Kriegstaktik ebenfalls einzusetzen.

Von Afrika nach Asien

Die Japaner hatten das Land besetzt und damit die Nachschubwege für die alliierten Chinesen unterbrochen. Nach dem Sieg der USA über die japanische Flotte in der Schlacht bei Midway Anfang Juni 1942 ging die Krieg führende Initiative jedoch auf die Alliierten über. Die Zeit war reif für den Gegenschlag auch auf dem südostasiatischen Festland. Mit seinen Chindits sollte Wingate die Front des Feindes umgehen und durch Sabotageaktionen so viele japanische Truppen wie möglich an ihre Stellungen binden.

Über Monate hinweg bereiteten sich die Chindits in Zentralindien auf diesen Einsatz vor. Der Name der Einheit stammte von den steinernen Löwenstatuen, die die buddhistischen Tempelanlagen in Birma bewachten. Die in neun Kolonnen aufgeteilten 3000 Mann kamen aus dem englischen Mutterland, aus Indien, Hongkong, Birma selbst und sogar aus dem fernen Westafrika. Jeder trug 30 kg Gepäck auf dem Rücken. Maultiere schleppten das schwere Gerät und die Munition. Nur wenn keine Gefahr bestand, entdeckt zu werden, warfen Versorgungsflugzeuge Verpflegung über dem Dschungel ab.

Sabotageakte im Rücken der feindlichen Linien

Am 14. Februar 1943 überquerten die ersten Kolonnen den Chindwinfluss und damit unbemerkt die Grenze zum japanischen Gebiet. Bis Mitte März drangen die Kolonnen unabhängig voneinander auf versteckten Dschungelpfaden tief ins Gebiet des Feindes vor. Für die Japaner war dieser Gegner nicht sichtbar und schwer angreifbar. Anfangs hielten die kaiserlichen Offiziere die Chindits nur für Spähergruppen. Nach ersten Überfällen auf Außenposten und Sabotageakten gegen Eisenbahnbrücken bemerkten sie ihre Fehleinschätzung und verlegten rasch drei zusätzliche Regimenter nach Birma. Die Jagd auf die Chindits begann.

Amerikanischer Drill
Ein US-Flugzeug begleitete diese chinesischen Einheiten auf ihrem Vormarsch in Nordbirma. Die Ausbildung der Chinesen hatten die Amerikaner übernommen.

Die Briten schöpfen Mut

Besonders erfolgreich verübten die Kommandos ihre Aktionen in der Gegend um den strategisch wichtigen Eisenbahnknotenpunkt Mandalay und am Irrawaddyfluss. Erst als die Japaner die Versorgungsflüge bemerkten und diese unterbleiben mussten, befahl Wingate am 24. März den Rückzug. Nach zwölf Wochen im Dschungel und einem über 2000 km langen Marsch ging die Operation zu Ende. Von den 3000 Mann kamen 2182 heil zurück. Sie hatten bewiesen, dass die Briten sehr wohl erfolgreich gegen die Japaner kämpfen konnten.

Im September 1944 traten die Chindits auf dem birmanischen Kriegsschauplatz erneut in Aktion. Sechs Kolonnen sollten auf Wunsch des US-Alliierten die Japaner von ihrem Nachschub abschneiden und dem Vormarsch der Chinesen nach Birma den Weg ebnen. Die chinesischen Truppen waren wichtige Verbündete für einen Gegenschlag gegen die Japaner.

ALLTAGSLEBEN

Hollywood an der Front

Es unterbrach die Einsamkeit. „Abends waren die Baracken voll lachender, glücklicher Männer", erinnerte sich einer an die Radiosendungen.

Dann kam der Star selbst an die Front. „Nach der Show gingen wir in unsere Zelte. Ich saß auf meinem Seesack und ließ die Tränen laufen", schrieb ein anderer später an Bob Hope. Der Sänger und Entertainer sollte im Auftrag der US-Regierung die Stimmung der Truppe heben. Fast 430 000 Shows von Hollywood-Stars dienten seit 1941 allein diesem Zweck.

Gruß aus der Heimat
Sänger wie Bob Hope verschafften den Soldaten an der Front willkommene Abwechslung.

Birma wiederum diente als Transportschleuse für das Kriegsmaterial zur Unterstützung der Chinesen in ihrem Kampf gegen die Japaner. Den Seeweg über den Pazifischen Ozean blockierte die Vormacht der japanischen Kriegsschiffe und U-Boote, und der Luftweg von Indien aus war äußerst gefährlich. Auf der 800 km langen Flugroute über den östlichen Teil des Himalaya wurden zwischen Mai 1942 und September 1945 mehr als 500 Flugzeug vermisst gemeldet.

Keine leichte Aufgabe

Der Krieg in China sollte hunderttausende japanische Soldaten an dieser Front binden. Gleichzeitig planten die Alliierten langfristig, von China und vom Pazifischen Ozean aus das Kaiserreich in die Zange zu nehmen. Doch um den Nachschub an die chinesischen Truppen zu sichern, musste erst Birma befreit werden.

Auf US-Seite befehligte Joseph Warren Stilwell die Streitkräfte auf dem südostasiatischen Festland. Der 59-jährige General galt als Zyniker und trug wegen seiner trockenen Art den Spitznamen „Essig-Joe". Aber er beherrschte die chinesische Sprache und schien der geeignete Verbindungsmann zu sein, um Chiang Kai-shek und die Chinesen als Mitstreiter gegen die Japaner anzutreiben.

Stilwell flog im Februar 1942 nach Britisch-Indien, als die Invasion der Japaner in Birma in vollem Gang war. Dort stieß er bei der europäischen Kolonialmacht auf tiefes Misstrauen gegenüber den Chinesen. In China erfuhr Stilwell umgekehrt von den Ressentiments der Chinesen gegenüber den Briten. Komplizierter hätte sein Auftrag also nicht sein können. Für die Briten hatten die Sicherung ihres Kolonialreichs und der europäische Kriegsschauplatz Priorität, Chiang Kai-shek bereitete sich auf die Auseinandersetzung mit Mao Zedong vor, und die USA wollten die japanische Herrschaft über den Pazifischen Ozean beenden. Anhaltende Spannungen kennzeichneten in der Folgezeit das Verhältnis zwischen Stilwell und Chiang Kai-shek.

Auf Druck der alliierten Partner übertrug Chiang Kai-shek dem Amerikaner das Kommando über seine Streitmacht in Birma. Doch als dieser am 11. März 1942 Birma erreichte, hatten die Japaner gerade die Hafenstadt Rangun besetzt und befanden sich auf dem Vormarsch in den Norden. Stilwell begann in Indien unverzüglich mit der Ausbildung chinesischer Soldaten. Nachdem die Chindits gezeigt hatten, dass der Gegner nicht unbesiegbar war, stimmten auch die Briten den Plänen zu einer alliierten Offensive in Birma von Indien aus zu. Versorgungsprobleme zögerten den Angriff aber immer wieder hinaus.

Offensive in Birma

Im Oktober 1943 erhielt der englische Feldmarschall Louis Mountbatten den Oberbefehl über die Truppen der Alliierten in Südostasien. Der 43-jährige englische Feldherr hatte bereits im Ersten Weltkrieg in der englischen Marine gedient. Im Zweiten Weltkrieg war er zunächst vor der norwegischen Küste und vor Kreta im Einsatz. Im August 1942 scheiterte ein alliierter Landungsversuch unter seinem Kommando an der französischen Küste bei Dieppe. Aber Mountbatten verlor die Gunst des englischen Premierministers Winston Churchill nicht und wurde nun mit der Aufgabe in Südostasien betraut. Als sein Stellvertreter begann Stilwell noch im Herbst, mit kleineren chinesischen Einheiten in den Norden Birmas vorzudringen.

Im März 1944 eröffnete Mountbatten mit fünf indischen und einer westafrikanischen Division die eigentliche Offensive in Birma. Am 27. Januar 1945 vereinigten sich die englischen und chinesischen Truppen im Norden Birmas. Schlachten in den chinesischen Provinzen Henan, Hunan und Guangxi im Verlauf der japanischen Operation „Ichi-Go“ brachten allerdings den Truppen des Tenno weiteren territorialen Zugewinn. Als Chiang Kai-shek die Verantwortung für diese Niederlagen Stilwell zuschob, ließ sich der Bruch zwischen beiden Befehlshabern nicht mehr kitten.

ROOSEVELT GREIFT EIN

Im Oktober 1944 berief US-Präsident Franklin D. Roosevelt Stilwell ab und ersetzte ihn durch General Albert Wedemeyer. Dieser erzielte Fortschritte bei der Ausbildung und Ausrüstung chinesischer Einheiten, gemeinsam konnte man das weitere Vordringen der Japaner auf dem Kontinent stoppen. Die chinesischen Truppen gingen in die Offensive. Im Februar und März 1945 gelangen General William Slim und seinen Einheiten in Zentralbirma wichtige Siege. Eine entscheidende Niederlage erlitten die Japaner in der Stadt Meiktila, die Anfang März nach vier Tagen Kampf in die Hand der Alliierten fiel. Aber der Mai rückte näher und damit die Zeit des Monsuns. In der Regenzeit waren die Nachschubflüge aus Indien und Ceylon besonders gefährlich. Die Entscheidung erfolgte vom Meer aus. Mit Amphibienfahrzeugen landeten englische und indische Truppen bei Rangun, wo der japanische Befehlshaber Hyotaro Kimura sein Hauptquartier unterhielt. Die Alliierten erwarteten, dass die Japaner bis zum letzten Mann kämpfen würden. Doch Kimura hatte seine Truppen abgezogen. Rangun war frei, die Birmastraße wieder offen.

RÜCKZUGSBASIS IM INDISCHEN OZEAN

Die englische Insel Ceylon im Indischen Ozean diente den Alliierten als Sprungbrett und Rückzugsbasis. Am Ostersonntag, dem 5. April 1942, flog eine japanische Bomber-

Hilfsmittel der anderen Art
Auf unkonventionelle Hilfen mussten die Alliierten – wie hier auf Ceylon – zurückgreifen, um ihre Luftflotte zu warten.

Die Seele baumeln lassen
Paradiesische Strände bot Ceylon den Soldaten auf Fronturlaub. Am Strand von Mount Lavinia konnten sie sich vom Kriegsgeschehen ein wenig erholen.

staffel gegen die Hauptstadt Colombo einen Angriff. Auf die halbstündige Attacke folgte neun Tage später eine weitere. Außer diesem Zwischenfall blieb Ceylon angesichts der allzu großen Entfernung von den Japanern verschont. Im Seegebiet um die Insel kreuzten allerdings japanische U-Boote und bedrohten die Schiffsverbindungen.

Zum Fronturlaub und zur Ausbildung ins Inselparadies

Auf Ceylon wurden die alliierten Soldaten für den Dschungelkampf ausgebildet, und im Militärkrankenhaus behandelte man die Verwundeten. Vor allem diente der Stützpunkt aber den alliierten Soldaten auf Fronturlaub als Erholungsgebiet. Der Inselstaat profitierte vom Ausbau der Infrastruktur. Die Kautschukplantagen arbeiteten unter Hochdruck, um den Gummibedarf der Briten zu decken. Eine sich bildende Unabhängigkeitsbewegung verhielt sich zurückhaltend, und Großbritannien sicherte schließlich politische Reformen und das Ende der Kolonialverwaltung nach dem Krieg zu.

Mit dem Fall von Rangun im Mai 1945 rückte Thailand ins Blickfeld der Alliierten. Die Regierung des Königreichs unter Ministerpräsident Pibul Songgram hatte im Dezember 1941 dem Verlangen der einmarschierenden Japaner nachgeben müssen, das Land als Durchzugsgebiet nach Birma zu öffnen und sogar Großbritannien und den USA den Krieg zu erklären. Diese erzwungene Allianz ersparte Thailand den Terror, den die japanischen Besatzer andernorts in Südostasien gegenüber der einheimischen Bevölkerung ausübten.

Thailand wechselt die Seiten

Aber von London und Washington aus sowie im Land selbst formierte sich der Widerstand gegen die japanischen Besatzer. Tausende von Freiwilligen scharten sich um Feldmarschall Pridi Phanomjong, und Anfang 1945 wurde Songgram zum Rücktritt gezwungen. Zunehmende Militäraktionen der Alliierten machten den Japanern bald auch in Thailand zu schaffen. Schweren Schaden verursachte beispielsweise am 7. April 1945 ein US-Luftangriff auf den Flughafen von Bangkok. Das alliierte Oberkommando arbeitete sogar an Plänen für eine Invasion an der Küste mithilfe von Amphibienfahrzeugen. Aber die Aktion kam nicht mehr zur Ausführung.

Ende der Kampfhandlungen in Südostasien

Nach der Kapitulation Japans am 14. August 1945 begannen die Briten, sich ihre Territorien wieder zu sichern, die sie im Verlauf des Krieges verloren hatten. Am 30. August besetzten sie Hongkong, und am 5. September landeten sie in Singapur, der alten Metropole der englischen Herrschaft in Südostasien. Eine Woche später konnte Mountbatten voller Stolz nach London melden, dass in der Stadthalle von Singapur der japanische General Seishiro Itagaki die Kapitulationsurkunde für seine verbliebenen 680 000 Mann in Malaya unterzeichnet hatte. Damit war auch in Südostasien der Krieg endlich beendet.

Die Tage der englischen Kolonialherrschaft waren allerdings gezählt. Der Wunsch nach Unabhängigkeit wurde in der Bevölkerung Birmas, Malayas und Singapurs immer fordernder.

Atombombe bedeutet Nippons Ende

Die Japaner verteidigten ihr Land unter beispiellosen Opfern. Erst die Vernichtungskraft der beiden Atombomben zwang das Kaiserreich, sich geschlagen zu geben.

Am Morgen des 6. August 1945 kreiste der US-Bomber *Enola Gay* 9000 m über der japanischen Stadt Hiroshima. Er hatte eine völlig neuartige Bombenfracht an Bord: Die 3,5 m lange und 4500 kg schwere Flügelbombe mit dem verharmlosenden Namen *Little Boy* barg ein Zerstörungspotenzial in sich, das alles Bisherige übertraf. Exakt um 8.15 Uhr Ortszeit klinkte der Flugzeugkommandant die Uranbombe aus. Binnen Sekunden stand eine pilzartige Rauch- und Feuerwolke über Hiroshima, der Bordschütze Bob Caron beschrieb sie später als „brodelnde Masse aus purpurrot-grauem Rauch mit einem roten Kern".

Zerstörung unvorstellbaren Ausmasses

Unten in der Stadt verursachte der atomare Blitz ein Massensterben: Glühende Hitzewellen von 3000 °C und Feuerstürme mit Geschwindigkeiten von bis zu 1200 km jagten durch die Straßen. Im Umkreis von 1000 m um das Hypozentrum starben neun von zehn Menschen sofort. 13 km² Stadtfläche verdampften bis auf die Grundmauern zu Staub. Schwarzer Ascheregen bedeckte das gesamte Umland. Noch in 3 km Entfernung erlitten die Menschen schwere Verbrennungen. Etwa 140 000 Japaner starben in den Folgemonaten an ihren unmittelbaren Verletzungen.

Drei Tage später, am 9. August, traf das gleiche Schicksal die Stadt Nagasaki. Die Plutoniumbombe *Fat Man* brachte rund 70 000 Menschen den Tod und vernichtete 6,7 km² Stadtfläche. Nur die umliegenden Höhenzüge verhinderten, dass die Opferzahl noch höher ausfiel.

Reine Machtdemonstration?

Mit dem Abwurf der beiden ersten Atombomben der Geschichte bewiesen die USA eindrucksvoll ihre Überlegenheit in der Rüstungstechnologie, vor allem gegenüber der immer selbstbewusster auftretenden Sowjetunion. Aus militärischer Sicht bestand für die Atombombenabwürfe dagegen keine kriegsentscheidende Notwendigkeit, denn Japan kämpfte seit Anfang 1945 mit dem Rücken zur Wand und wäre auch mit konventionellen Methoden zu besiegen gewesen. Die Kräfte an Japans Heimatfront waren unübersehbar

Bild des Grauens
Die Atombombe bildete nach ihrer Explosion einen gigantischen Wolkenpilz (Hintergrundbild). *Fat Man* (unten) trug ihren Namen in Anspielung auf den beleibten englischen Premier Churchill. *Little Boy* benannte man nach dem schmächtigen US-Präsidenten Roosevelt.

im Schwinden begriffen. Die schweren Verluste der Handelsflotte durch Luft- und U-Boot-Angriffe der USA führten zu dramatischen Engpässen in der Versorgung des Mutterlands. Der Mangel an Öl, Kohle und Eisenerz legte die Rüstungsindustrie zunehmend lahm.

VERSORGUNGSNOTSTAND

Nicht einmal die Verbindung zwischen den Mutterinseln konnte aufrechterhalten werden, sodass die Kohle in Hokkaido und Kyushu liegen blieb. Die Stahl- und Chemieindustrie stand kurz vor dem Zusammenbruch. Nicht besser sah es bei der Lebensmittelversorgung aus: Der Import von Reis sank von 2,6 Mio. t im Jahr 1942 auf 0,8 Mio. t 1944. Die eigene Agrarerzeugung ging durch Arbeitskräftemangel und fehlende Düngemittel dramatisch zurück, und auch die Fischerei kam wegen Treibstoffmangels praktisch zum Erliegen. In Japan ging der blanke Hunger um.

Hinzu gesellte sich noch eine weitaus schlimmere Plage: die pausenlose Bombardierung der Großstädte durch US-Bomberstaffeln. Seit der Eroberung der Marianeninsel Saipan verfügten die USA über einen Luftstützpunkt, von dem aus die B-29-Bomber die japanischen Mutterinseln erreichen konnten. General Curtis LeMay ließ seine Piloten regelmäßig nachts aufsteigen, um aus geringer Höhe Brandbombenteppiche über Wohnviertel zu legen. In den aus leicht entzündlichen Materialien wie Holz und Papier gebauten Häusern richteten die Feuersbrünste enorme Schäden an.

Tokio erlebte die verheerende Wirkung der Brandbomben in der Nacht vom 9. zum 10. März 1945, als 325 Flugzeuge ihre tödliche Last über der Hauptstadt entluden und innerhalb weniger Minuten einen Großbrand auslösten. Er vernichtete mehr als 40 km^2 Stadtgebiet und forderte fast 89 000 Todesopfer, kam also in seiner Wirkung der Atombombe fast gleich. Die auf 600 Maschinen verstärkte Bomberflotte legte bis Juni die größten Industriezentren Japans in Schutt und Asche, darunter Kobe, Osaka, Yokohama und Kawasaki. Insgesamt forderte der Bombenkrieg über 260 000 Tote und machte rund 10 Mio. Menschen obdachlos.

Mehr als die militärische Lage flößte den US-Strategen und -Politikern die außerordentliche Beharrlichkeit Furcht ein, mit der die Japaner kämpften. Trotz der hohen

Ruinen von Hiroshima
An der zuvor von Luftangriffen verschont gebliebenen Stadt Hiroshima sollte die Wirkung der neuen Superwaffe demonstriert werden. Die Stadt wurde zu 80 % dem Erdboden gleichgemacht.

Verluste dachte allerdings kaum jemand im Reich des Tenno an eine Aufgabe. Zwar hatte der halsstarrige General Hideki Tojo bereits im Jahr 1944 seinen Posten als Ministerpräsident räumen müssen, doch die Kriegsfraktion besaß immer noch großen Einfluss im Obersten Kriegsrat und im Kabinett. Sie plädierte für einen Kampf bis zum letzten Mann.

ERBITTERTER KAMPF UM OKINAWA

Die Konsequenzen dieser Devise erfuhren die USA leidvoll auf Okinawa. Am 1. April 1945 landeten US-Truppen fast unbehelligt auf der japanischen Insel, stießen im Landesinnern aber auf erbitterten Widerstand der 120 000 Verteidiger. Unter General Mitsuri Ushijima hatten sich die Japaner in einem unübersichtlichen Gewirr aus Tunneln, Gängen und Gefechtsständen verschanzt. Zwölf blutige Wochen lang wurde jede Stellung umkämpft, bis es den US-Soldaten endlich gelang, den Widerstand zu brechen.

Ihre vor Okinawa ankernden Schiffe attackierten unterdessen Kamikaze-Flieger. Mit Todesverachtung stürzten sich die japanischen Piloten samt ihren Maschinen als „lebende Bomben" auf die gegnerische Flotte. Mehr als 5000 Seeleute starben durch den Selbstmordeinsatz der Kamikaze-Flieger, die US-Flotte verlor insgesamt 38 Schiffe.

Wie einst die Taifune Japan vor der Mongoleninvasion bewahrten, so sollten die menschlichen Kamikaze – „Götterwinde" – eine Wende im Kriegsgeschehen heraufbeschwören. Mit welcher Inbrunst japanische Soldaten selbst in völlig aussichtslose Gefechte gingen, zeigte sich am Beispiel

Tödlicher Feuerregen
Die gewaltige Druck- und Hitzewelle nach der Explosion der Atombombe verwandelte Hiroshima in eine lodernde Hölle, in deren Kern Menschen und Häuser einfach verdampften.

HINTERGRUND

Kamikaze – die letzte Waffe

Der technischen Überlegenheit der USA begegnete Japan mit dem Totaleinsatz seiner Jugend. Das Fanal zu den selbstmörderischen Kamikaze-Einsätzen gab Admiral Arima, der am 15. Oktober 1944 seine Maschine in ein US-Schiff lenkte. Nur eine Woche später bildete der Befehlshaber der 1. Luftflotte, Takijiro Onishi, ein erstes Freiwilligenkorps von Kamikaze-Fliegern zum Einsatz im Golf von Leyte aus.

Mit der „Freiwilligkeit" war es allerdings nicht weit her: Die blutjungen, oft erst 17-jährigen Piloten wagten es nicht, den Einsatz abzulehnen. Wer berufen wurde, galt als ein den Göttern gleicher Held. Vor ihrem Todesflug ehrte man die Piloten mit reichhaltigem Essen und Reiswein. Sie trugen Stirnbänder mit der roten Sonne Japans. Auf ihrem letzten Weg zum Flugzeug begleiteten sie winkende Schulmädchen.

Der militärische Nutzen der Todesflüge war allerdings recht gering. Zahlreiche Piloten verfehlten ihr Ziel und stürzten ins Meer ab. Zudem begegneten die USA den Kamikaze-Fliegern wirkungsvoll mit Flakfeuer und Radaraufklärung.

Flug in den Tod
Oft schickte man die kaum ausgebildeten Kamikaze-Piloten auf reparaturbedürftigen Maschinen in den frühen Tod.

des Schlachtschiffs *Yamato*. Das letzte Japan verbliebene Großkampfschiff hatte den gesamten verfügbaren Ölvorrat getankt, um den Bedrängten von Okinawa zu Hilfe zu eilen. Der Treibstoff reichte von vornherein nur für die Hinfahrt, sodass jedem auf dem Schiff klar war, dass es eine Reise ohne Wiederkehr sein würde. Die *Yamato* erlag schließlich schon bei der Anfahrt einem massiven Flugzeugangriff der US-Luftwaffe und ging mit 2300 Mann an Bord unter.

Japanisches Ehrgefühl

Die Kämpfe vor Okinawa zählten zu den verlustreichsten des gesamten Pazifischen Krieges. Die USA verloren etwa 35 % ihrer Heeres- und Marinedivisionen. Als die japanischen Verteidiger erkannten, dass Okinawa nicht zu halten war, begingen General Ushijima und seine Offiziere, aber auch viele einfache Soldaten und Zivilisten Selbstmord. Ganze Schulklassen mit ihren Lehrern stürzten sich mit Todesverachtung von den Klippen ins Meer.

Wegen der enormen Verluste fürchtete man in Washington den Blutzoll, den eine Invasion der japanischen Hauptinseln vermutlich kosten würde. Die Zusage Josef Stalins, nach Beendigung des europäischen Krieges auf dem asiatischen Kriegsschauplatz einzugreifen, die USA auf diese Weise zu entlasten und die Verluste zu verringern, empfand man bei zunehmendem Misstrauen gegenüber der Sowjetunion aufseiten Washingtons zunehmend als Belastung.

Der Knoten ist zerschlagen

Seit dem 16. Juli wusste US-Präsident Harry S. Truman jedoch, dass er den Pazifischen Krieg auch ohne die Hilfe Stalins würde beenden können. An diesem Tag war in der Wüste von New Mexico die erste Atombombe erfolgreich gezündet worden. Mit der neuen „Superwaffe" hofften die USA, im blutigen Krieg in Fernost noch vor dem Kriegseintritt der Sowjetunion die Oberhand zu gewinnen und die eigenen Verluste an Menschenleben reduzieren zu können.

Auf der Potsdamer Konferenz, die vom 17. Juli bis 2. August im besiegten Deutschland stattfand, stellte Truman, auf seinen Trumpf in der Hinterhand bauend, Japan vor die Wahl der bedingungslosen Kapitulation oder der „völligen Verwüstung". In der Potsdamer Erklärung, die die USA, Großbritannien und China am 26. Juli 1945 herausgaben, hieß es: „Wir fordern die japanische Regierung auf, jetzt die bedingungslose Kapitulation aller ihrer Streitkräfte zu vollziehen." Für die Nachkriegszeit wurde der Aufbau einer demokratischen Ordnung gefordert, über die zukünftige Regierungsform sollte das japanische Volk selbst entscheiden.

Damit versagte man der Friedenspartei im japanischen Kabinett, die unter dem gemäßigten Ministerpräsidenten Kantaro Suzuki Stalin um Vermittlung gebeten hatte, die Unterstützung. Die „Tauben" im japanischen Kriegsrat wollten einem Ende des Krieges nämlich nur dann zustimmen, wenn ihnen die Beibehaltung der Monarchie garantiert wurde. Diese goldene Brücke verweigerte ihnen nun die Potsdamer Erklärung. Als die japanische Regierung in der Hoffnung auf sowjetische Vermittlung eine Antwort auf das Potsdamer Ultimatum hinauszögerte und Ministerpräsident Suzuki sich vor der Weltpresse missverständlich über das Dokument äußerte, sah Truman die moralische Rechtfertigung für den Einsatz der Atombombe gegeben. Wenn Japan die alliierten Friedensbedingungen nicht annehme, erläuterte er in seiner offiziellen Erklärung, müsse es sich eben auf einen „Regen der Verheerung aus der Luft" gefasst machen.

Der Kaiser lenkt ein

Den Worten folgten am 6. und 9. August Taten. Noch am Tag des Abwurfs über Nagasaki ließ Stalin seine Truppen in die Mandschurei einmarschieren. Damit zerstoben die letzten Hoffnungen Japans auf eine Vermittlerrolle Moskaus, sodass sich Kaiser Hirohito nun persönlich für Friedensverhandlungen stark machte. Er riet zur Annahme der Potsdamer Erklärung unter dem einzigen Vorbehalt, die Rechte des Kaiserhauses zu wahren. Als US-Außenminister Byrnes in seiner Antwortnote durchblicken ließ, dass die Kapitulation nicht zwingend den Sturz des Kaisers nach sich zöge, war der Weg zum Frieden geebnet.

Hirohito entschied sich am 14. August endgültig zugunsten der Friedenspartei. Am Tag darauf informierte er sein Volk über eine Rundfunkansprache von seiner Entscheidung. Der Gegner sei im Besitz einer unmenschlichen Waffe mit außerordentlicher Zerstörungsgewalt. Den Krieg unter diesen Umständen fortzuführen hieße, die Nation und die Zivilisation zu vernichten. Daher müsste Japan den Frieden annehmen.

Zum ersten Mal wandte sich der gottgleiche Kaiser damals direkt an sein Volk. Viele Japaner weinten, manche begingen Selbstmord, um der demütigenden Besetzung ihres Landes zu entgehen. Doch das Ende ließ sich nicht aufhalten. Am 2. September 1945 betrat eine japanische Delegation unter Führung von Außenminister Mamoru Shigemitsu das US-Schlachtschiff *Missouri*. Vor den Augen des US-Oberbefehlshabers Douglas MacArthur und anderer Vertreter der Alliierten unterzeichnete sie die Kapitulationsurkunde. Der Zweite Weltkrieg war damit auch im Pazifikraum beendet.

Historischer Moment
Der japanische Außenminister Shigemitsu unterzeichnete die Kapitulationsurkunde auf der in der Bucht vor Tokio ankernden *Missouri*. Anschließend erklärte der US-Oberbefehlshaber im Fernen Osten, MacArthur, den Krieg für beendet.

OZEANIEN

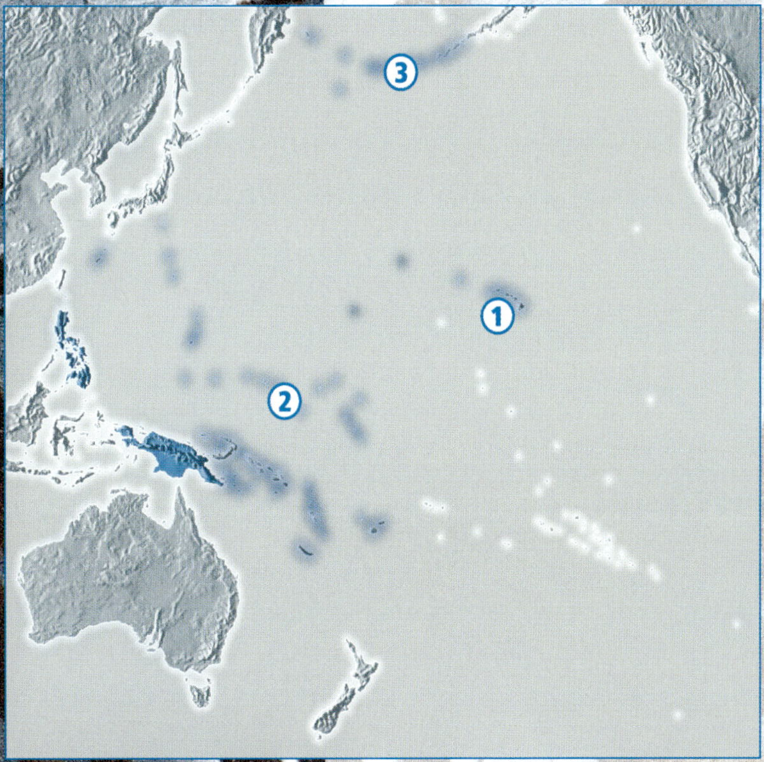

Pearl Harbor – Japans Angriff im Pazifik

Mit einem Überraschungsangriff auf den Flottenstützpunkt Hawaii provozierte Japan den Eintritt der USA in den Zweiten Weltkrieg. Damit wurde auch die abgelegene Inselwelt des Pazifischen Ozeans zum blutigen Kriegsschauplatz.

Gelungener Überfall
Die völlig überraschende Bombardierung Pearl Harbors vor der offiziellen Kriegserklärung durch die Japaner führte zu einem vollständigen Chaos unter den Amerikanern. Über 2400 Menschen verloren dabei ihr Leben.

Über dem Hafenbecken von Pearl Harbor lag am Morgen des 7. Dezember 1941 sonntäglicher Frieden. Die Besatzungen schliefen, die Gefechtsstände waren noch nicht besetzt. Admiral Husband E. Kimmel, der Oberbefehlshaber der US-Pazifikflotte, hatte sich für diesen Morgen zum Golfen verabredet. Anzeichen, dass es mit der friedlichen Beschaulichkeit bald vorbei sein könnte, nahm auf Hawaii niemand sonderlich ernst. Im Hafenbecken aufgetauchte unbekannte U-Boote hatte man seinerzeit rasch unschädlich gemacht, ohne dem Geschehen große Bedeutung beizumessen. Die Nachricht über diesen Vorfall blieb irgendwo in den Amtsstuben liegen.

Um 7.02 Uhr entdeckte ein Heeresfunker einen Schwarm nicht identifizierbarer Flugzeuge auf seinem Radarschirm, aber der diensthabende Marineoffizier beruhigte ihn, da er die Staffel für eigene B-17-Bomber hielt. Nur wenige Minuten später wurde er eines Besseren belehrt: Buchstäblich aus heiterem Himmel fielen um 7.55 Uhr die ersten Bomben auf das Hafenbecken und die dort ankernden Schlachtschiffe.

Der Krieg erreicht die USA

„Luftangriff auf Pearl Harbor. Dies ist keine Übung!", gab die Funkstation panisch als Warnung heraus. Doch es war zu spät. Die japanischen Flieger, die in zwei Angriffswellen von ihren etwa 300 km weiter nördlich gelegenen Flugzeugträgern kamen, leisteten ganze Arbeit: Von der stolzen US-Flotte im Pazifik blieb fast nichts übrig. 70 Kriegsschiffe wurden meist schwer beschädigt.

Das Schlachtschiff *Oklahoma* bekam nach einigen gezielten Treffern Schlagseite und kenterte, die *West Virginia* sank. Auch auf der *California* und der *Utah* richteten die japanischen Angriffe schwere Schäden an. Zum völligen Desaster kam es auf der *Arizona*, wo die Torpedos eine Explosion des Pulvermagazins heraufbeschworen. Das schwere Schlachtschiff hob sich fast 6 m aus dem Wasser und zerbarst dann in zwei Teile. Über 1000 Menschen fanden darin den Tod. Noch zwei Tage nach dem Angriff brannte die *Arizona* und verwandelte die See in ein brennendes Flammenmeer. Der Ölteppich auf dem Wasser entzündete sich, schwarzer Rauch verdüsterte den Himmel.

Auch Luftwaffe dezimiert

Auch die auf den nahe gelegenen Flugplätzen stationierte US-Luftwaffe erlitt hohe Verluste: 188 Maschinen wurden vollständig zerstört, 159 schwer beschädigt. Noch nie

Honolulu Star-Bulletin 1st EXTRA

WAR!

(Associated Press by Transpacific Telephone)
SAN FRANCISCO, Dec. 7.—President Roosevelt announced this morning that Japanese planes had attacked Manila and Pearl Harbor.

OAHU BOMBED BY JAPANESE PLANES

SIX KNOWN DEAD, 21 INJURED, AT EMERGENCY HOSPITAL

Attack Made On Island's Defense Areas

Hundreds See City Bombed

Die USA erwachen
Der brutale Überfall auf amerikanisches Gebiet führte unter der US-Bevölkerung zu einem Stimmungsumschwung zugunsten des Kriegseintritts.

hatten die USA einen so vernichtenden Angriff hinnehmen müssen. US-Präsident Franklin D. Roosevelt erklärte den 7. Dezember zum „Tag der Niedertracht" und übergab am Tag darauf die Kriegserklärung an Japan. Damit gaben die USA ihre bislang gewahrte Neutralität auf und traten aufseiten der Alliierten in den Zweiten Weltkrieg ein.

Ein Fehler mit schwerwiegenden Folgen

Auf der anderen Seite des Pazifiks herrschte dagegen Freude über den gelungenen Überraschungscoup. Die japanischen Flieger kehrten im Hochgefühl des Triumphs und unter dem Jubel ihrer Kameraden auf ihre Flugbasen zurück. Der überragende Erfolg der Aktion verführte den befehlshabenden Vizeadmiral Nagumo sogar dazu, den geplanten dritten Angriff, der die Vernichtung der Dockanlagen und Treibstofftanks zum Ziel gehabt hätte, abzublasen – ein nicht wieder gutzumachender strategischer Fehler, denn er ermöglichte es den Amerikanern, den Stützpunkt wieder zu nutzen und die versenkten Schiffe zu heben. Doch momentan dämpfte nichts den allgemeinen Jubel, selbst der göttliche Kaiser, Tenno Hirohito, erschien an diesem Tag gut gelaunt in seiner Paradeuniform der Marine.

Opfer für das Tenno-Reich
Der Oberbefehlshaber der japanischen Kriegsmarine, Admiral Isoroku Yamamoto, stand einer Auseinandersetzung mit den USA äußerst skeptisch gegenüber. Hintergrund: Der Schriftzug auf der japanischen Fahne fordert die selbstlose Hingabe ans Vaterland.

Die Kriegserklärung der USA hatte man im Land der aufgehenden Sonne ohnehin erwartet. Man hielt sie für eine logische Konsequenz der sich seit langem zuspitzenden Konfrontation mit den USA. Ein rohstoffarmes, bevölkerungsreiches Land wie Japan, das unter einer überhitzten Industrialisierung und den Folgen der Weltwirtschaftskrise zu leiden hatte, war nach Ansicht japanischer Imperialisten auf Absatzmärkte und Rohstoffquellen außerhalb seiner Grenzen eben angewiesen. Mit der Eroberung der Mandschurei und dem seit 1937 tobenden Krieg mit China sichere sich die aufstrebende junge Nation nur die ihr zustehenden Lebensperspektiven, so die vorherrschende Ansicht. Die Expansion in China galt bei den nationalistischen Hardlinern um Ministerpräsident Hideki Tojo lediglich als Auftakt zu einer großen Neuordnung im Fernen Osten, die das Rohstoffproblem des Inselreichs endgültig lösen und Japan eine Führungsrolle über die von der kolonialen Herrschaft befreite asiatische Völkergemeinschaft einbringen sollte.

Dieser Konzeption stand allerdings die Freihandelspolitik der USA entgegen. Die US-Politik zielte darauf ab, den wichtigen chinesischen Markt für den Welthandel offen zu halten und keinen autarken, für den Westen abgeschlossenen Wirtschaftsblock unter Führung des autoritären Tenno-Reiches zuzulassen. Auch die Rohstoffvorräte in den südostasiatischen Kolonialgebieten der Briten und Niederländer wollte man keinesfalls den japanischen Expansionsträumen opfern.

Einschüchterung Japans zeitigt keinen Erfolg

Um das Tenno-Reich zu Wohlverhalten zu zwingen, verhängte die US-Regierung bereits 1940 ein Exportverbot für Eisen- und Stahlschrott, das die japanische Stahlproduktion erheblich einschränkte. Nach der Besetzung des südlichen Teils von Französisch-Indochina durch japanische Truppen folgten im Sommer 1941 die Sperrung japanischer Guthaben und ein Exportembargo für das kriegswichtige Erdöl. Da sich Großbritannien und die Niederlande dem Embargo anschlossen, stand Japan nun vor der wenig verlockenden Alternative, entweder seine Eroberungsgelüste zu zügeln oder möglichst rasch selbst rohstoffreiche Gebiete in Südostasien zu erobern.

Wohlwissend, dass die USA kein leicht zu besiegender Gegner sein würden, setzte die japanische Regierung zunächst noch auf Verhandlungen, um die Embargoschrauben friedlich zu lockern. Da es in dieser Frage aber auch um das eigene nationale Prestige ging, kamen die Gespräche zu keinem Abschluss. Über die Verhandlungslinie Tokios waren die USA bestens informiert, hatten sie doch den Diplomatencode des Kaiserreichs geknackt, mit dem die Nachrichten an den Botschafter in Washington verschlüsselt wurden. So wusste US-Präsident Roosevelt, dass bei einem Abbruch der Verhandlungen der Waffengang drohte. Über die genauen Angriffsziele und die strategischen Details blieben die Amerikaner jedoch bis zuletzt im Unklaren, auch wenn sie ahnten, dass sich dunkle Gewitterwolken über dem Pazifischen Ozean zusammenbrauten.

DIE ZEIT DER VERHANDLUNGEN IST VORBEI

Als Roosevelt am 26. November 1941 den letzten Vorschlag der japanischen Delegation ablehnte, verließ noch am gleichen Tag Nagumos Kampfverband seinen Stützpunkt auf den Kurilen. Unter schärfster Einhaltung der Funkstille und auf einer weit nördlich führenden Route gelangten die Japaner unbemerkt bis vor Hawaii. Die seitenlange Erklärung, die die japanische Führung als verklausulierte Kriegserklärung an die amerikanische Regierung übermittelte, traf wegen Übersetzungsschwierigkeiten erst ein, als der Angriff auf Pearl Harbor schon in vollem Gang war. Die USA traf der Überraschungscoup daher völlig unvorbereitet.

Das als äußerste Demütigung empfundene Unglück schweißte die Gesellschaft in den USA zu einer Schicksalsgemeinschaft zusammen. Selbst der hartgesottenste Isolationist wandelte sich zu einem überzeugten Kriegsbefürworter.

Die Ausschaltung der US-Schlachtflotte vor Hawaii ermöglichte es den japanischen Truppen, die militärische Initiative im Pazifischen Ozean zu ergreifen. Am 11. Dezember eroberten sie Guam. Die den USA gehörende Insel diente vielen Schiffen auf der Fahrt zu den Philippinen als Anlaufpunkt. Größere Probleme bereitete den Japanern die Einnahme des einsamen, nur 7,8 km^2 großen Wake-Atolls zwischen Hawaii und den nördlichen Marianen, das zivile Fluglinien als Zwischenstopp auf dem Weg nach Asien nutzten. Auch in Südostasien führten die Japaner ihre Offensive rasch zum Erfolg. Binnen weniger Monate eroberten sie die Philippinen, Malaya, Birma, Indonesien, Singapur und Hongkong.

ZEITZEUGEN

„Dies ist keine Übung" – der Angriff auf Pearl Harbor

„Plötzlich habe ich diese Motorengeräusche hinter mir gehört. Ich drehte mich um, konnte aber nicht sehen, was da war, weil die Sonne mich blendete. Auf einmal waren da sieben oder acht Flugzeuge über mir und klinkten ihre Torpedos aus. Ich habe gesehen, dass einige davon im tiefen Wasser nicht zündeten. Die anderen rasten direkt auf die *Oklahoma* zu." Der Marineapotheker Sterling R. Cale wollte seinen Augen nicht trauen, als er am 7. Dezember 1941 den Angriff japanischer Kampfflieger auf Pearl Harbor erlebte.

Das Unglück auf dem Schlachtschiff *Oklahoma*, das innerhalb von 20 Minuten mit hunderten Soldaten an Bord sank, beschrieb der überlebende Schiffskoch George A. Brown später mit folgenden Worten: „Das Wasser kam mit solcher Wucht hereingeschossen, dass ich in den nächsten Kabinenraum geschleudert wurde. Dort waren noch zwölf andere Kameraden. Wir sind dann bis zur Luke getaucht und haben versucht, das eindringende Wasser zu stoppen. Schließlich bin ich die Leiter zur Luke hochgeklettert und habe mich durch die Öffnung gequetscht. Vier oder fünf andere Kameraden haben es auch geschafft, weil sie so dünn waren wie ich. Als wir rausgekrochen sind, gingen die Lichter aus. Das Schiff lag so schief, dass man kaum noch aufrecht stehen konnte."

Die Eindrücke wurde Brown nie mehr los. Er litt an Alpträumen und gestand noch als alter Mann: „Bis heute sehe ich die Gesichter der Kameraden vor mir."

Angriff auf Hickam Field
Aus Furcht vor Sabotageakten hatte man die auf Oahu stationierten Flugzeuge dicht aneinander gestellt. Sie gaben dadurch ein leichtes Ziel für die japanischen Jäger ab.

AUF DEM GIPFEL DER MACHT?

Damit befand sich Japan auf dem Gipfel seiner Macht. Es beherrschte ein riesiges Gebiet von rund 9000 km West-Ost-Ausdehnung und etwa 6800 km Nord-Süd-Ausdehnung.

Landung mit nassen Füßen
Im Zuge ihrer Offensive landeten die japanischen Truppen auch in unwegsamem Gelände. Doch die Mühen lohnten, denn oft lockten große Ölfelder und strategisch wichtige Flugplätze auf den Inseln.

Die Erfüllung des Traumes vom großasiatischen Reich schien greifbar nahe, allerdings grenzte es an eine Herkulesaufgabe, diesen riesigen Raum mit seiner zersplitterten Inselwelt zu verteidigen – zumal der amerikanische Riese noch längst nicht geschlagen war. Er verfügte auch nach dem Desaster von Pearl Harbor über seine mobilen Flugzeugträger, seine U-Boot-Flotte und seine Fliegerstaffeln.

Asien keine Priorität

Dass die USA nicht von Anfang an ihre ganze Kraft auf den pazifischen Kriegsschauplatz warfen, lag allein an der vom englischen Premier Winston Churchill ausgegebenen Germany-First-Strategie, nach der die Niederwerfung Hitlerdeutschlands Vorrang haben sollte. Das im Januar zur Verteidigung der Positionen in Südostasien eingerichtete gemeinsame Kommando der Amerikaner, Briten, Niederländer und Australier, kurz ABDACOM genannt, erwies sich als ein zu schwerfälliges Instrument, um die von ihren Erfolgen beflügelten Japaner zu stoppen, die mit ihrem Vorstoß auch die letzte Bastion des englischen Weltreichs, Australien, bedrohten. Denn das strategische Ziel des Kaiserreichs bestand darin, die Verbindung zwischen den USA und dem australischen Alliierten zu unterbrechen – und schließlich einen Vorstoß auf den fünften Kontinent selbst zu unternehmen. Von den Marshallinseln, die nach dem Ersten Weltkrieg vom Völkerbund Japan zugesprochen worden waren, starteten die Soldaten des Tenno viele Attacken im Pazifischen Ozean. Im Dezember 1941 eroberten sie die Gilbertinseln, im Januar 1942 den Bismarckarchipel und die Insel Bougainville.

Der fünfte Kontinent in Gefahr

Große strategische Vorteile für ihre weiteren Unternehmungen im Südpazifischen Ozean bescherte Japan die Einnahme Rabauls auf

New Britain im Bismarckarchipel. Der dort stationierten kleinen australischen Garnison rückten die Japaner mit einer Seestreitmacht zu Leibe, die der von Pearl Harbor in nichts nachstand. Dieser Armada konnten die Verteidiger kaum etwas entgegensetzen. Die japanischen Eroberer bauten Rabaul zu einem gigantischen Stützpunkt aus mit Platz für bis zu 200 000 Soldaten. Kriegsgefangene gruben 500 km lange Tunnel in die Bimssteinberge, um Platz für Nachschublager, Truppenzwischenlager und Lazarette zu schaffen. Von hier aus wollten die Militärbefehlshaber das gewaltige eroberte Territorium kontrollieren und machten sich daran, die Invasion Australiens vorzubereiten: Sie bombardierten und eroberten die benachbarten Salomonen und bauten auf Guadalcanal einen weiteren Flughafen.

Australien begann ernsthaft um seine Sicherheit zu fürchten. Am 19. Februar erlebte die nordaustralische Hafenstadt Darwin erste schwere Bombardierungen durch japanische Kampfflieger. Die örtlichen Medien berichteten von „erheblichen Schäden". Die Angaben über die Zahl der Opfer schwankten zwischen 243 und bis zu 900.

Die USA kommen in Fahrt

Nach der verheerenden Niederlage des niederländischen Admirals Doorman in der Javasee gab es die ABDACOM faktisch nicht mehr. Doch allmählich erwachten die USA aus ihrem Dornröschenschlaf, reorganisierten ihre Kräfte und begannen ihre militärisch-technische Überlegenheit auszuspielen. Sie verstärkten ihre Truppenpräsenz auf den Fidschiinseln und Neukaledonien und verlegten Flugzeugträger vom Atlantischen in den Pazifischen Ozean. In Amerikanisch-Samoa trafen drei Schlachtschiffe, sieben Zerstörer und zwei weitere Flugzeugträger ein. Mit dem neuen Potenzial griffen die USA die japanischen Stützpunkte auf den Marshall- und Gilbertinseln an. Ab März stand ihnen außerdem mit General Douglas MacArthur, der den Oberbefehl über die Operationen im Südwestpazifischen Ozean erhalten und sein Hauptquartier nach Australien verlegt hatte, ein forscher Militärbefehlshaber zur Verfügung. So mussten die japanischen Kräfte zunehmend mit härterem Widerstand rechnen.

Besatzungsgeld
Infolge der japanischen Besatzung herrschte in vielen eroberten Ländern ein eklatanter Warenmangel. Der dadurch angeheizten Inflation begegneten die Japaner mit der Ausgabe billigen Papiergelds.

Erster Widerstand

Schon bei ihrer Landung auf Rabaul hatte die Japaner das heftige Gegenfeuer des US-Flugzeugträgers *Lexington* überrascht, der ihren Bombern herbe Verluste beibrachte. Diese unerwarteten Ausfälle wirkten sich negativ auf die folgende Offensive gegen Neuguinea aus, da der Material- und Personalverlust der japanischen Einheiten allmählich zu Engpässen führte. Im März landeten nach der endgültigen Einnahme von Java und Indonesien die ersten japanischen Invasionsverbände auch in Neuguinea bei Lae und Finschhafen im Osten der Insel. Allerdings erlebten sie eine heftige Gegenwehr der über 100 US-Flugzeuge: Deren Piloten gelang es, zwei Schiffe zu versenken und neun weitere schwer zu beschädigen.

Zweiter Versuch

Eine neues Landeunternehmen starteten die japanischen Truppen Mitte Mai 1942. Auf Anweisung der Militärstrategen konzentrierten sie sich auf Neuguineas südlichen, dem australischen Kontinent zugewandten Küstenstreifen um die kleine Hauptstadt Port Moresby.

Feind im Anflug
Sturzbomber aus einem japanischen Fliegerverband griffen vor einer der Salomoneninseln einen US-Flugzeugträger an.

Hoch dekoriert
In ihrer Heimat wurden die Soldaten Nippons wie Helden gefeiert. Für Kaiser und Vaterland zu kämpfen galt als höchste Ehre, und besonders stolz konnten die Träger des Ordens der Aufgehenden Sonne sein.

Gleichzeitig sollte die Besetzung der Salomoneninsel Tulagi erfolgen. Mit diesem Plan wurde die unberührte Korallensee zwischen den Salomonen, Neuguinea und Australien, die mit ihrem Großen Barriereriff zu den größten Naturwundern der Erde zählte, zum Schauplatz der Kriegshandlungen. Während die USA ihre Flugzeugträger *Yorktown* und *Lexington* unter dem Kommando von Admiral Frank J. Fletcher in die Schlacht schickten, zeigte sich schnell, dass es der japanischen Seite bereits an den nötigen Ressourcen für ein derart riskantes Invasionsunternehmen mangelte, obwohl das Oberkommando zwei zusätzliche moderne Flugzeugträger in die Südsee beorderte.

Landung nicht vereitelt

Am Tag, nachdem die ersten japanischen Soldaten Tulagi betreten hatten, um dort einen kleinen Luftwaffenstützpunkt auszuheben, prasselten bereits die ersten Bomben der vom Flugzeugträger *Lexington* gestarteten US-Piloten auf sie herab. Die Funkaufklärung der Amerikaner hatte beste Arbeit geleistet und von dem geplanten Landemanöver frühzeitig erfahren. Auch wenn der Landgang der japanischen Einheiten nicht verhindert werden konnte, so trug die Versenkung von zwei Zerstörern, einem Frachtschiff, vier Kanonenbooten und weiteren kleineren Einheiten zur Schwächung ihrer Kräfte bei, die sich bei der folgenden Auseinandersetzung bemerkbar machen sollte.

Schlacht in der Korallensee

Beide Seiten wussten nun um die Anwesenheit des Gegners und belauerten sich in den nächsten Tagen argwöhnisch, doch schlechte Wetter- und Sichtverhältnisse erschwerten zunächst das Auffinden der gegnerischen Schlachtflotten. Vizeadmiral Takeo Takagi und sein Gegenspieler Fletcher schickten beide ihre Luftangriffsverbände ins Gefecht, um die jeweils feindlichen Schiffe entscheidend zu treffen. Besonders heftig tobte das Duell am 7. und 8. Mai 1942. Die Japaner verloren bei einem geballten Luftangriff von Sturzbombern, Torpedoflugzeugen und Jagdfliegern innerhalb weniger Minuten ihren leichten Träger *Shoho* und erlitten auf dem modernen Träger *Shokaku* große Verwüstungen. Auch die US-Flugzeugträger erhielten schwere Bomben- und Torpedotreffer, die *Lexington* musste sogar nach einem unkontrollierbaren Feuer und Explosionen unter Deck aufgegeben werden. Die US-Luftwaffe büßte 33 ihrer 82 Flugzeuge ein, schoss aber ihrerseits 43 der 69 japanischen Maschinen ab.

Obwohl sich die Verluste insgesamt auf beiden Seiten in etwa die Waage hielten, fiel der strategische Erfolg zugunsten der USA aus. Denn sie hatten eine Invasion in Port Moresby wirkungsvoll verhindert. Die auf das Gefecht gut vorbereiteten alliierten Streitkräfte konnten den japanischen Truppen bei ihrer Expansion im Pazifischen Ozean darüber hinaus erstmals Einhalt gebieten. Umgekehrt mussten die Japaner zum ersten Mal nennenswerte Einbußen an Schiffen, Soldaten und vor allem Flugzeugen hinnehmen, die sie nur schwer ersetzen konnten.

Erste Seeschlacht der Moderne – Flugzeuge geben Ausschlag

Schließlich kam der Schlacht im Korallenmeer eine nicht zu unterschätzende Bedeutung für die zukünftige Gefechtsführung auf See zu: Diese Seeschlacht war die erste, bei der kein einziger Kanonenschuss von einem Schiff abgegeben wurde. Über weite Strecken lagen die gegnerischen Flotteneinheiten mehr als 100 km voneinander entfernt, die Gefechte trugen allein die Fliegerverbände in bzw. aus der Luft aus, und die Entscheidung wurde von ihnen herbeigeführt.

Die japanische Marineführung erkannte, dass sie die hohen Verluste an gut ausgebildeten Soldaten und Flugzeugen nicht so schnell ausgleichen konnte. Daher entschied sie sich, den Gegner in einer großen Entscheidungsschlacht bei Midway zu stellen, bevor dessen ehrgeiziges Flottenbauprogramm den technologischen Vorsprung noch weiter ausbaute. Admiral Isoroku Yamamoto hoffte, die USA aus der Reserve zu locken und sie durch eine Niederlage verhandlungsbereit zu machen.

Das Inselspringen der Alliierten

Der Sieg über die japanische Flotte bei Midway brachte im Pazifischen Ozean die Wende. Die USA eroberten danach eine Inselgruppe nach der anderen.

Um 9.30 Uhr schreckte der Alarmruf auf der *Akagi* alle Männer an Bord aus ihrer Routine: „Feindliche Torpedobomber, 30 Grad Steuerbord, tief fliegend." Wenige Sekunden später folgte ein zweiter Alarm: „Feindliche Flugzeuge von Backbord." Rasch brachte man die Abwehrraketen auf dem japanischen Flugzeugträger in Stellung. Kurz darauf brach lauter Jubel an Bord aus, als ein US-Flugzeug nach dem anderen getroffen ins Meer stürzte.

Kommandant Mitsuo Fuchida erinnerte sich später, dass die letzten US-Bomber abdrehten und zum Schwesterschiff, der *Hiryu*, flogen. Auch von ihr waren keine Treffer zu hören. Doch dann kam eine weitere Alarmmeldung: Schiffe der US-Flotte näherten sich. In aller Eile ließen die japanischen Offiziere die eigenen Flugzeuge in Startposition bringen und mit Bomben bestücken. Während die Motoren warm liefen, näherten sich die eigenen Bomber, die einen Angriff auf den US-Luftwaffenstützpunkt auf den Midwayinseln unternommen hatten und zum Auftanken zurückkehrten. Admiral Chuichi Nagumo gab den Befehl, in fünf Minuten abzuheben.

Doch dazu kam es nicht. Erneut erschienen US-Bomber am Himmel, und bald war der Luftraum gefüllt mit ihrer schwarzen

Modernste Ausrüstung
Als die USA den großen Nutzen der Radartechnik für die maritime Kriegführung erkannten, statteten sie ihre Flotte umfassend mit der neuen Technologie aus.

todbringenden Fracht. Für eine Abwehr blieb keine Zeit. Ein Treffer nach dem anderen schlug ein. „Wir wurden plattfüßig in der denkbar verletzbarsten Position erwischt", berichtete Fuchida, „mit Waffen bestückten und aufgetankten Flugzeugen an Deck. Als ich mich umsah, war ich entsetzt über die Verwüstung, die uns in nur wenigen Sekunden zugefügt worden war." Ein großer Bombenkrater machte die Landebahn unbrauchbar, und die voll aufgetankten Flugzeuge standen in Flammen.

Die Überraschung misslang

Man schrieb den 4. Juni 1942. Japan wollte den US-Stützpunkt auf den Midwayinseln 1600 km nordwestlich von Pearl Harbor erobern und damit der US-Pazifikflotte einen entscheidenden Schlag versetzen. Mit einer massiven Streitmacht von 162 Kriegsschiffen einschließlich vier Flugzeugträgern und zwölf Transportern mit über 12 000 Mann rückten die Admiräle Isoroku Yamamoto und Nagumo an. Aber die USA hatten die Funksprüche aufgefangen, entziffert und auf diese Weise rechtzeitig von den Plänen, vor allem dem Ablenkungsmanöver bei den Aleuten, erfahren. Ein Überraschungscoup wie in Pearl Harbor gelang der kaiserlichen Flotte daher nicht. Der US-Admiral Chester W. Nimitz stand mit 76 Schiffen, darunter die drei Flugzeugträger *Enterprise*, *Hornet* und *Yorktown*, bereit. Ebenfalls alarmiert waren die Piloten der rund 100 Flugzeuge auf Midway.

Nimitz erwartete die Angreifer nordöstlich von Midway. In einer ersten Attacke schickte Nagumo 108 Flugzeuge gegen Midway. Während ihres Einsatzes tauchte zur Überraschung der Japaner eine Flotte von zehn US-Kriegsschiffen auf und begann die Schlacht. Bis Mittag versenkten sie vier japanische Flugzeugträger mit 250 Flugzeugen.

Auch auf US-Seite gab es schmerzliche Verluste. Kurz vor Mittag wurde der Flugzeugträger *Yorktown* schwer getroffen. Bald hüllten ihn dicke Rauchschwaden ein, und die rückkehrenden Flugzeuge mussten auf andere Schiffe umgeleitet werden. Der Tor-

Luftangriffe ohne Ende
Fast pausenlos nahmen japanische Piloten in der Schlacht von Midway die alliierten Schiffe mit ihren Torpedos unter Beschuss.

pedo eines japanischen U-Bootes versenkte den Flugzeugträger zwei Tage später endgültig. Daneben verloren die USA einen Zerstörer, 150 Flugzeuge und 307 Mann. Für die Japaner endete die Schlacht bei Midway mit einer Niederlage. Yamamoto, der japanische Oberbefehlshaber im Pazifischen Ozean, zog sich mit den Resten seiner Flotte zurück. Er hatte vier Flugzeugträger, den Kreuzer *Mikuma*, mehr als 275 Flugzeuge und 4000 Soldaten eingebüßt.

Pearl Harbor zum Teil gerächt

Die Schlacht bei den Midwayinseln bedeutete die Wende im Pazifischen Krieg. Nimitz stellte am 6. Juni in einem Kommuniqué fest: „Pearl Harbor ist jetzt zum Teil gerächt. Die Rache wird erst vollständig sein, wenn Japans Seemacht gebrochen ist.“ Bis dahin sollte es noch ein langer Weg sein, aber die Alliierten hatten gezeigt, dass sie gegen Japan siegen konnten, und das Kaiserreich befand sich plötzlich in der Defensive.

In Japan verdrängte man die Niederlage, sogar dem Ministerpräsidenten Hideki Tojo verheimlichte die Admiralität die Wahrheit. Stattdessen feierte man die Schlacht bei Midway in Tokio als Sieg, und nur langsam sprach sich der „Irrtum“ und der Verlust von vier Flugzeugträgern herum. Am 1. Juli deutete ein Leitartikel in der Zeitung *Asahi Shimbun* vorsichtig an, dass Japan wohl Verluste erwarten müsse, bevor es den Endsieg in diesem Krieg erzielen würde.

Das Inselspringen beginnt

Die nun einsetzende Offensive der US-Streitkräfte ging als „Inselspringen“ in die Geschichte ein. Die Taktik bestand darin, zunächst die stark befestigten japanischen Stützpunke zu umgehen und allmählich Insel für Insel unter alliierte Herrschaft zu bringen. So sollte Japan eingekreist werden und selbst in die Reichweite der US-Flugzeuge geraten. Entscheidende Bedeutung kam dabei dem koordinierten Vorgehen der See-, Luft- und Landstreitkräfte zu. Der US-Vorstoß trug die Handschrift von zwei Männern: General Douglas MacArthur und General Chester W. Nimitz. Ersterer kommandierte die US-Streitkräfte im Süd- und Südwestpazifischen Ozean, letzterer den Vorstoß im mittleren Pazifischen Ozean.

Letztes Geleit
Mit allen Ehren wurden die gefallenen US-Seeleute bei Midway von ihren Kameraden verabschiedet, bevor die Särge in die Heimat überführt wurden.

In West Point der Beste

Der aus Arkansas stammende MacArthur hatte 1903 die Ausbildung an der Militärakademie von West Point als Jahrgangsbester abgeschlossen und im Ersten Weltkrieg an der Marne seine ersten Ehrenmedaillen erworben. Im Jahr 1918 wurde der 38-Jährige zum jüngsten

japanischer Machtbereich bis August 1942
Alliierte bis August 1942
Gegner Japans seit August 1945
Vorstoß der Alliierten bis 1945
Schlachten

Brigadegeneral der USA befördert. 1935 ging MacArthur zunächst als Militärberater auf die Philippinen und übernahm später dort das Kommando über die US-Streitkräfte. Der Übermacht der japanischen Invasion am 10. Dezember 1941 waren seine Truppen nicht gewachsen. Am 11. März 1942 wurde er mit seinem Stab evakuiert, MacArthur behielt jedoch den Oberbefehl im Südwestpazifischen Ozean.

Überfall im Morgengrauen
Mit einem massiven Aufgebot an Landungsbooten erreichten die Alliierten die Strände von Leyte. Damit begann die Befreiung der Philippinen.

Der Texaner Chester W. Nimitz schaffte die Aufnahme in West Point nicht. Er besuchte die Militärakademie in Annapolis, die er als siebtbester von 114 Schülern abschloss. Anschließend wurde er auf verschiedenen Schiffen im Fernen Osten eingesetzt. Eines davon setzte er auf Grund. Jahrelang tat Nimitz auf U-Booten Dienst, bevor er nach Europa berufen wurde, um die dortigen technischen Entwicklungen zu studieren. 1933 bekam der inzwischen 48-Jährige sein erstes größeres Kommando auf dem Kreuzer *Augusta*, der zum Flaggschiff der US-Asienflotte wurde. Im Dezember 1941 übernahm er deren Führung.

Wie MacArthur unterstanden Nimitz auch die englischen, australischen, neuseeländischen und niederländischen Einheiten im pazifischen Operationsraum, zu dem die Gilbert- und Marshallinseln, die Marianen und Karolinen mit Palau gehörten.

Die entscheidende Schlacht, die die japanische Vorherrschaft im Pazifischen Ozean endgültig beendete, begann im Morgengrauen des 20. Oktober 1944 bei Leyte auf den Philippinen. Seit dem Sieg der Amerikaner bei Midway waren mehr als 28 Monate vergangen. Auf den Philippinen trafen die Japaner auf erbitterten Widerstand aus dem Untergrund, seit sie am 8. Dezember 1941 dort gelandet waren und das Land besetzt hatten. Auch mit der Ausrufung einer unabhängigen philippinischen Republik und der Einsetzung einer einheimischen Regierung unter dem früheren Richter José Laurel konnten die Japaner keine Sympathien in der Bevölkerung gewinnen, zu stark litten die Einwohner unter den Repressionen der Besatzungstruppen. Das Volk sehnte sich nach der Rückkehr der alten Regierung unter Präsident Manuel L. Quezón, die in die USA hatte flüchten können. Angesichts der zahlreichen Guerillaaktionen gegen die Besatzung kontrollierten die Japaner nur zwölf der 48 Provinzen. Rund 30 000 Männer kämpften allein in der vom Kommunistenführer Luis Taruc organisierten „Volksarmee gegen die Japaner", der Hukbalahap. Insgesamt unterstützten vermutlich mehr als 250 000 Einwohner den Widerstand auf den Philippinen.

MIT EINEM FUSS AUF DEN PHILIPPINEN

Im Morgengrauen des 20. Oktober 1944 begannen die US-Truppen, unterstützt von australischen Einheiten, mit der Landung auf

Leyte. Der Überfall im Zentrum der philippinischen Inselwelt kam für die Japaner völlig überraschend. Nach dem ersten Schock leisteten sie den Alliierten erbitterten Widerstand, denn die Philippinen waren für Japan von unschätzbarem wirtschaftlichen und strategischen Wert. Von dort bezog das Kaiserreich inzwischen den Großteil seiner Gummilieferungen, und von dort aus kontrollierten sie die Nachschubwege für Rohöl aus Sumatra und Borneo.

MacArthur hält Versprechen

MacArthur wollte die Schlappe vom Dezember 1941 wieder gutmachen, als seine Einheiten vor dem Ansturm der Japaner von den Philippinen hatten weichen müssen. Damals hatte er geschworen, wiederzukommen. In seinen Memoiren meinte er später: „Leyte war das Sprungbrett, von dem aus ich zur Eroberung von Luzon vorrücken konnte, zum entscheidenden Angriff auf Japan selbst".

Die geographischen Gegebenheiten bei Leyte waren günstig. Tiefe Gewässer ermöglichten den Schiffen, nahe ans Ufer heranzufahren, und die Sandstrände boten den Amphibienfahrzeugen guten Untergrund. Nirgendwo im Pazifischen Ozean kamen so viele Amphibienfahrzeuge zum Einsatz. Mit ihren Kettenrädern konnten sie mühelos kleinere Flüsse durchqueren, und sie zeugten von der überlegenen Technologie der Alliierten, die sich bald als kriegsentscheidend erwies.

Nachdem die Amerikaner drei kleinere Inseln in der Bucht vor Leyte erobert hatten, nahmen am eigentlichen Sturm auf die Hauptinsel über 200 000 Soldaten teil. 701 Schiffe unterschiedlicher Art deckten von See her den Angriff ab, der um 10.00 Uhr morgens startete. Bis zum Abend drangen die alliierten Truppen bis zu 3 km ins Innere der Insel vor.

Kampf um jeden Meter

Hügel um Hügel kämpften sich die Alliierten vor. Hauptziel war die Einnahme der Landepisten, um den Einsatz der japanischen Luftwaffe zu verhindern. Trotzdem flogen bis

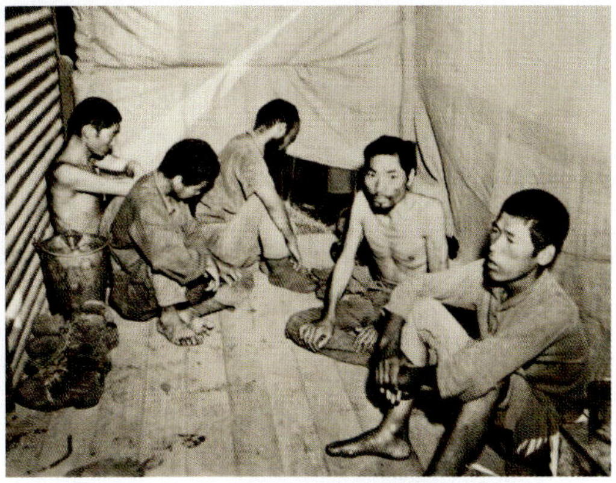

In Gefangenschaft
Nach ihrem strapaziösen Marsch quer durch Neuguinea endete für zahlreiche Japaner der Krieg bei Port Moresby in australischer Kriegsgefangenschaft.

Einsatz rund um die Uhr
Die australischen Einheiten auf Neuguinea waren ständig auf der Hut, um japanische Angriffe rechtzeitig zu entdecken. Die Flugabwehrstation auf dem Kliff war Tag und Nacht besetzt.

HINTERGRUND

Penizillin für die Verwundeten

Im Dschungel lauerten viele tödliche Infektionen, vor allem für Verletzte. Einer Panne im Labor des Londoner St.-Mary's-Hospitals 1928 verdankten viele Soldaten ihr Überleben. Der Arzt Alexander Fleming fand in einer verunreinigten Schale mit Bakterienkulturen Schimmelpilze, die Bakterien abtöteten.

Penicillium notatum nannte er die Substanz und stellte bald fest, dass sie den weißen Blutkörperchen des Menschen nicht schadete. Howard Florey und Ernst Chain trieben die Forschung voran und erweckten das Interesse des US-Militärs.

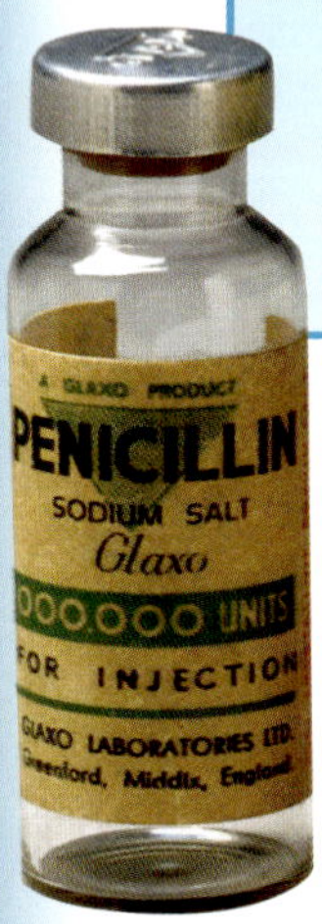

Rettende Ampullen
Das Mittel rettete ab 1942 in Südostasien und im Pazifik vielen Soldaten das Leben.

zu 200 feindliche Bomber Attacken gegen die Amerikaner. Besonders fürchteten die alliierten Truppen die zunehmende Zahl der Kamikaze-Flieger: Piloten, die mit ihren Maschinen auf ihre Ziele flogen und sich dabei selbst in den Tod stürzten. Die Selbstmorde entsprachen der Tradition des Bushido, des Ehrenkodex der Samurai-Krieger – und sie entsprachen der Disziplin in der japanischen Truppe, die Yamamoto beschwor.

Das Kaiserreich verliert seine stolze Flotte

Fünf Tage lang tobte der Kampf um die Stellungen am so genannten Breakneck Ridge, bis ein Taifun den weiteren Vormarsch der Alliierten stoppte. Gleichzeitig lieferten sich die gegnerischen Flotten heftige Gefechte zur See. Zur Verteidigung sammelten die Japaner alle Schiffe, die in der näheren und weiteren Umgebung kreuzten. Selbst von Borneo beorderte das japanische Oberkommando Marineeinheiten nach Leyte. Die Meeresstraße von Surigao wurde am 25. Oktober zum Schauplatz des größten Gefechts zwischen Schlachtschiffen im Pazifischen Ozean. Dank modernster Radarausrüstung konnten die USA den Gegner aus dem Hinterhalt angreifen: Nur eines der sechs japanischen Schlachtschiffe entkam. Die Niederlage in der Schlacht um Leyte kam für Japan einem Desaster gleich: Das Kaiserreich stand nun ohne funktionierende Flotte da.

Schauplatz Neuguinea

In den 28 Monaten zwischen den Schlachten bei Midway und Leyte lieferten sich die Kriegsgegner überall im südlichen Pazifischen Ozean Kämpfe. Ihr besonderes Augenmerk richteten die Alliierten darauf, die Japaner aus Neuguinea und von den Salomonen zu vertreiben, denn von dort aus bedrohten sie Australien und die Schiffsverbindungen zwischen den USA und ihren Alliierten auf dem fünften Kontinent.

Mitte Juli 1942 waren japanische Einheiten an der Nordküste Neuguineas gelandet und versuchten, auf einer mörderischen Tour über den Kokoda-Pfad durch Dschungel und Gebirge nach Süden zu gelangen. Aber in Sichtweite der Hauptstadt Port Moresby brachten zwei australische Brigaden die Ja-

Vernichtendes Feuerwerk
Die Bombardierung Rabauls erfolgte vor allem durch B-25-Bomber. Dabei wurden u. a. auch Napalmbomben abgeworfen.

paner zum Stehen. Obwohl man daraufhin zusätzliche australische Einheiten nach Neuguinea verlegte, gelang es erst nach monatelangen Kämpfen, die letzten versprengten Gruppen japanischer Soldaten im September 1944 zu verjagen.

Eine Bedrohung ging lange Zeit auch vom japanischen Stützpunkt Rabaul auf der Insel New Britain aus. 1943 waren auf der riesigen Militärbasis rund 110 000 japanische Soldaten stationiert. Die US-Luftwaffe flog massive Angriffe auf den dortigen Flugplatz und schnitt die Japaner damit vom Nachschub ab. Rabaul verlor seinen Nutzen für das Tenno-Reich, trotzdem ergaben sich die letzten Soldaten erst im August 1945.

Kunst im Krieg
In den Medien wurde der Krieg zu einer Propagandaschlacht. Der Künstler dieses Plakats hoffte, dass auch bei den Japanern die Falle zuschnappen würde.

Tragödie bei Guadalcanal

Auf der Salomoneninsel Guadalcanal unterhielten die Japaner ebenfalls einen bedeutenden Stützpunkt mit fast 30 000 stationierten Soldaten. Bereits Anfang August 1942 versuchten die Alliierten, die Japaner dort zu vertreiben, das Unternehmen endete mit einem Desaster: Innerhalb einer halben Stunde verloren die Amerikaner drei und die Australier ein Kriegsschiff, 1270 alliierte Marinesoldaten fanden den Tod. Im Verlauf der anschließenden Operation „Watchtower" gewannen die US-Einheiten bis Mitte November dann die Oberhand, allerdings dauerten die Gegenattacken der Japaner bis zum nächsten Frühjahr an. Außerdem machten tropische Krankheiten den US-Divisionen schwer zu schaffen.

Siegeszug des Radars

Dann verhalf die perfektionierte Radartechnik den Amerikanern zu einem weiteren schweren Schlag gegen Japan: der Versenkung der kaiserlichen Zerstörer *Minegumo* und *Murasame* Anfang März 1943. Die Schiffe sollten neue Ausrüstung nach Guadalcanal bringen, wurden aber von radargesteuerten Waffen und Torpedos der US-Streitkräfte getroffen und versenkt.

Auf die physikalische Erscheinung, dass sich Funkwellen reflektierten, war im Jahr 1886 Heinrich Hertz in Deutschland bei Experimenten gestoßen. Der erste militärisch erfolgreiche Einsatz erfolgte im Dezember 1939, als englische Bomber durch Radar entdeckte deutsche Schiffe in der Deutschen Bucht angriffen. Für die Alliierten bedeutete die Radartechnik einen unschätzbaren Vorteil. Zügig statteten sie auch ihre U-Boote damit aus. Im Verlauf des Krieges konnte die US-Marine insgesamt 1300 japanische Schiffe versenken, bei nur 250 eigenen Verlusten.

Von großem Nutzen war den Allierten auch die Entschlüsslung der japanischen Funkcodes. Sie hatte bereits den Sieg bei Midway mitentschieden. Am 7. April 1943 fing ein Funker erneut eine wichtige Botschaft auf: General Yamamoto brach von Rabaul aus zu einem Inspektionsflug an die Front auf. In Absprache mit General Nimitz ordnete Admiral Edwin Layton daraufhin an, den Flugzeugkonvoi abzufangen.

„Ich unterschrieb ein Todesurteil", notierte Layton später, denn zehn Tage später wurde Yamamoto abgeschossen. Tokio verheimlichte den Abschuss einen Monat lang, und tatsächlich lähmte die Nachricht vom Tod Yamamotos die Kampfmoral der japanischen Marinesoldaten. Der Nachfolger Admiral Mineichi Koga hatte weder das Format noch das Charisma, noch die strategischen Fähigkeiten seines Vorgängers.

Als weitere wichtige Etappensiege bei den Kämpfen um die Salomonen erwies sich die

Gut durchorganisiert
Während der größte Teil der Mannschaft nach einer Landung mit dem Abladen beschäftigt war, füllten andere Besatzungsmitglieder Säcke mit Sand als Stützen für die Maschinengewehre.

Erbitterte Kämpfe
In den Straßenzügen der philippinischen Hauptstadt Manila lieferten sich die Alliierten und die Japaner wochenlang heftige Kämpfe um jedes Haus.

Einnahme des Henderson-Flugfelds auf Guadalcanal und später des Flugplatzes von Munda auf der Insel New Georgia. Munda sollte sich zu der am häufigsten genutzten Flugbasis der Amerikaner auf den Salomonen entwickeln.

Kampftruppe anderer Art

Auf den Salomonen wie auch auf anderen Kriegsschauplätzen im Pazifischen Ozean zahlte sich der Einsatz von Insulanern aus Fidschi aus. Sie dienten den alliierten Einheiten als besonders verlässliche Scouts. Ihre Patrouillen lieferten Berichte über die Lager und die Bewegungen der Japaner. Im Mai 1942 hatten die Amerikaner einen Vorposten auf Fidschi eingerichtet und bildeten die einheimischen Streitkräfte des Inselarchipels gezielt für den Dschungelkampf aus.

In den von tropischer Vegetation bedeckten Hügeln auf den Kriegsschauplätzen im Südpazifischen Ozean konnte kein offener Kampf geführt werden. Infiltration lautete daher das Schlagwort. Es galt, hinter die feindlichen Linien vorzudringen und den Gegner aus dem Hinterhalt zu überfallen. Da die Japaner ebenfalls auf diese Guerillataktik setzten, gehörte auch die Verteidigung gegen solche Angriffe zur Ausbildung. Aber die Fidschiinsulaner glitten bei vielen alliierten Operationen fast unsichtbar durch die grüne Hölle. Von den über 2200 auf den Salomonen eingesetzten Scouts fanden nur 42 den Tod.

Am 20. November 1943 stand die zu den Gilbertinseln gehörende Inselgruppe von Tarawa 3600 km südwestlich von Hawaii im Mittelpunkt eines alliierten Angriffs. Von hier aus planten die US-Strategen den Vorstoß zu den Marshallinseln. Der Kriegskorrespondent Robert Sherrod verfolgte von einem Beobachtungsschiff aus eine der verlustreichsten Schlachten der US-Militärgeschichte. Um 5.05 Uhr früh zeigten laut Sherrod erste Kanonenschläge den Angriff des US-Kriegsschiffs *Olympus* an. Feuerblitze erhellten den Horizont. Flugzeuge warfen ihre tonnenschwere Bombenlast auf die Insel ab. Sherrod: „Wir waren alle sicher, dass kein sterblicher Mensch eine solche zerstörerische Kraft überleben konnte."

Verhängnisvolle Fehlplanung

Doch dann stellte sich heraus, dass sich aufgrund der seichten Ufergewässer keine Landungsbrücken anlegen ließen und ein Riff die Anfahrt versperrte. Die Strategen hatten außerdem die starke Ebbe nicht berücksichtigt. Die Landungstruppen mussten teilweise hunderte von Metern bis zum Land waten, wo sie heftiges Maschinengewehrfeuer empfing. Viele Japaner hatten in ihren Bunkern überlebt und hielten ihre Stellungen.

Erst nach 76 Stunden Gefecht hatten die Amerikaner die Inselgruppe fest in ihrer Hand. 1000 der 5600 eingesetzten US-Soldaten verloren ihr Leben, weitere 3000 wurden verwundet. Von den fast 4700 japanischen Besatzern überlebten lediglich 17 Mann. Die Verbissenheit ihres Kampfes, die den Selbstmord einer Gefangennahme vorzog, sollte nur ein Vorgeschmack auf den weiteren hartnäckigen Widerstand der Japaner sein.

Ab November 1943 griffen die Alliierten die Marshallinseln aus der Luft an. Die entscheidenden Kämpfe fanden bei den Atollen von Kwajalein am 29. Januar und Eniwetok am 17. Februar 1944 statt. Ein noch größerer Schlag bedeutete für die Japaner allerdings der Verlust der Marianen im Westen der Marshallinseln und von Guam, denn von hier aus konnten die Amerikaner problemlos Luftangriffe gegen Japan selbst starten.

Lange hatte Nimitz auf den Tag der Eroberung der Marianen gewartet. Am 13. Juni 1944 schlug endlich die Stunde: Sieben Kriegsschiffe der US-Pazifikflotte tauchten vor Saipan auf und begannen mit dem massiven Beschuss der Insel. Von dort betrug die Entfernung nach Tokio, ins Herz des Gegners, nur noch 1700 km. Drei Tage später folgte die eigentliche alliierte Offensive. Am 21. Juli begann der Angriff auf Guam, dreieinhalb Jahre, nachdem die USA den Stützpunkt auf der Insel nach japanischen Angriffen hatten räumen müssen. Am 24. Juli erreichten die Alliierten die Insel Tinian.

Hartnäckiger Widerstand Japans

Die Niederlage der Japaner schien vorprogrammiert, und tatsächlich mussten sie Mitte August kapitulieren. Versprengte Grüppchen hielten sich jedoch noch wochenlang im Dschungel versteckt, obwohl viele ihre Waffen verloren oder keine Munition mehr hatten. Es blieben ihnen lediglich ihre Bajonette. US-Patrouillen stießen auf den Marianen und Guam wiederholt auf japanische Soldaten, die kurz vor dem Verdursten oder Verhungern waren. Im Kampf um Saipan, Tinian und Guam verloren insgesamt mehr als 50 000 japanische Soldaten ihr Leben. Bis zum Frühjahr 1945 konnten die Alliierten auch die endgültige Vertreibung der Japaner von den Philippinen abschließen. Am 16. Februar landeten US-Fallschirmspringer auf der Insel Corregidor in der Bucht von Manila. Mit ihrer Eroberung konnten sie die drei Jahre zuvor erlittene Schmach des Rückzugs auf symbolträchtige Weise wieder gutmachen.

Sinnlose Opfer

Die Hauptstadt Manila stand ebenfalls im Februar vor der Befreiung. Doch für viele Einwohner endete sie in einer Tragödie. Denn die rund 20 000 hier eingekesselten japanischen Soldaten wollten bis zum letzten Mann weiterkämpfen und zogen laut den Berichten von Zeitzeugen wochenlang raubend, mordend und vergewaltigend durch die Häuserzeilen. Zusammen mit den Opfern der US-Bombardements fanden schätzungsweise 100 000 Filipinos in den letzten Kriegswochen den Tod. Die Brutalität des Krieges mit seinen menschenverachtenden Begleiterscheinungen forderte hier einmal mehr einen hohen Tribut.

Am 5. Juli 1945 verkündete MacArthur: „Die ganzen Philippinen sind befreit.“ Jetzt konnte der letzte Vorstoß ins Zentrum des japanischen Kaiserreichs beginnen.

Absprung mit Symbolcharakter
US-Fallschirmspringer setzten drei Jahre nach der Evakuierung MacArthurs als Erste wieder ihren Fuß auf die philippinische Insel Corregidor.

Zäher Kampf um die Alëuten

Im rauen Norden des Erdballs tobte ein erbitterter Seekrieg, obwohl die Inseln keine strategische Bedeutung hatten.

Selbst einer der entlegensten Orte der Welt blieb im Zweiten Weltkrieg nicht verschont. Im Sommer 1942 begannen Japan und die USA eine blutige Seeschlacht um die Alëuten im Nordpazifischen Ozean, rund 2000 km vor der Küste Alaskas.

Der Grund für die sich über ein Jahr hinziehenden Gefechte war ein vom japanischen Oberbefehlshaber der Flotte, Isoroku Yamamoto, ausgehecktes Täuschungsmanöver. Teile der japanischen Flotte sollten die zu den USA gehörenden Alëuten angreifen und besetzen, um so die Aufmerksamkeit des US-Militärs vom eigentlichen Ziel der japanischen Offensive, dem US-Luftwaffenstützpunkt Midway nahe Hawaii, abzulenken. Yamamoto rechnete fest damit, dass der Großteil amerikanischer Schiffe umgehend von Hawaii zu den Alëuten auslaufen würde, um dort zu helfen. In der Zwischenzeit sollten japanische Bomber die Verteidigung von Midway brechen, damit Landungstruppen die Insel ohne größeren Widerstand besetzen konnten. Der Plan scheiterte allerdings gründlich, denn Spezialisten der US-Marine entschlüsselten die japanischen Codes und deckten den Schwindel auf.

Kugeln gegen den Feind
Poster wie diese warben in den US-Militärbüros um Freiwillige für den Angriff auf die japanischen Invasoren auf den Alëuten: Unsere Kugeln werden sie vertreiben, heißt es siegessicher.

Eine Frage der Ehre

Strategisch waren die Alëuten für beide Seiten bedeutungslos, doch die USA duldeten keine Aggressoren auf amerikanischem Boden. Außerdem befürchtete Washington, dass die Japaner den Inselbogen vor Alaska als Stützpunkt für Luftangriffe auf die amerikanische bzw. kanadische Westküste nutzen könnten. Für die Amerikaner bedeutete der Kampf um die Alëuten eine Frage der nationalen Ehre, politische oder militärstrategische Ziele spielten eine untergeordnete Rolle. So konnte man problemlos Soldaten für die Vertreibung der Japaner von den Alëuten rekrutieren, obwohl zur selben Zeit militärisch weitaus wichtigere Schlachten im Pazifik tobten. Im Schatten der Seegefechte von Guadalcanal im Südpazifischen Ozean nannte man die Auseinandersetzung um die Alëuten in den USA *The Forgotten War,* „Der Vergessene Krieg".

Eine Ödnis im Norden

Die Inselgruppe der Alëuten erstreckt sich zwischen Alaska und der russischen Halbinsel Kamtschatka. Wie Kettenglieder reihen sich rund 150 kleine Inseln aneinander, die in vier Gruppen unterteilt werden: die Fox-, die

Brennende Stadt
Beim Angriff der japanischen Luftwaffe Anfang Juni 1943 wurden viele Gebäude in der Hafenstadt Dutch Harbor zerstört. Sie wurden erst nach dem Krieg wieder aufgebaut.

Andreanof-, die Rat- und die Nearinseln. Die größten und bekanntesten Eilande heißen Unimak, Umnak und Unalaska. Ihre Bewohner gehören der eskimoalëutischen Sprachgruppe an und leben vom Fischfang, der Schafzucht und der Pelztierjagd. Da im Sommer die Temperaturen nur knapp über 10 °C klettern, gedeihen nur niedrige Sträucher, Gräser und Wildblumen.

In diesem bis heute einzigartigen Naturparadies zwischen dem Beringmeer und dem Pazifischen Ozean lieferten sich die Flottenverbände Japans und der USA erbitterte Gefechte. Insgesamt wurden im Verlauf der Schlacht rund 144 000 US-Soldaten auf den Alëuten stationiert, um das japanische Heer, das etwa 8500 Mann zählte, zu bekämpfen und zu vertreiben.

Am 3. Juni 1942 begannen die Japaner mit der Bombardierung der größten Hafenstadt Dutch Harbor auf Unalaska. Die US-Streitkräfte konnten die Flugzeuge zunächst abwehren und die Basis retten, auch einen zweiten Angriff überstand sie mit nur geringen Schäden. Nur wenige Tage später aber besetzten die Japaner mit mehreren tausend Mann und zahlreichen Kriegsschiffen die Inseln Attu und Kiska, wo sie die wenigen zurückgebliebenen Einwohner rasch überwältigten. Sie wurden nach Japan gebracht und dort für den Rest des Krieges interniert.

Der Plan geht nicht auf

Völlig überrascht stellten die Japaner fest, dass sie auf den Alëuten nicht von US-Flottenverbänden empfangen wurden. Im Gegenteil ignorierten die USA die Landung japanischer Truppen geschlagene sechs Wochen und überließen die Inseln zunächst ihrem

Schicksal. Während die Japaner auf Midway vom unerwartet großen Aufgebot amerikanischer Truppen, von Torpedo- und Jagdflugzeugen, U-Booten und Flugzeugträgern überrascht wurden, trafen sie auf den Aleuten selbst bei den Einheimischen auf geringen Widerstand, denn die Bevölkerung war vor der Invasion größtenteils evakuiert worden. Gewaltsam hatte Washington die Insulaner in alte Bergwerkssiedlungen oder Fischfabriken ins südliche Alaska verfrachtet, wo sie die nächsten drei Jahre erbärmlich dahinvegetierten.

Der Kampf beginnt

Erst lange nachdem die Schlacht bei Midway zugunsten der USA entschieden war, entbrannten die Gefechte auf den Aleuten in voller Stärke. Bis Ende August 1942 hatte die US-Marine die laufenden Verluste im Pazifischen Krieg aufgeholt und ihre Flotte wieder auf Vordermann gebracht. Noch bevor die in großer Zahl benötigten Kriegsschiffe die Aleuten erreichten, griffen die US-Luftstreitkräfte an. Torpedoflugzeuge bombardierten den japanischen Luftstützpunkt auf der Aleuteninsel Adak, den die USA noch im September 1942 besetzen konnten. Von dort aus begannen sie die japanischen Stellungen auf der Insel Kiska zu beschießen.

Dann aber gestaltete sich die Rückeroberung der Inseln als unerwartet schwierig. Denn niemand hatte mit den Wetterkapriolen auf den Aleuten gerechnet. Plötzlich auftretende Nebelbänke, Regen und böige Winde konnten eine perfekt vorbereitete Operation in Sekundenschnelle in ein Desaster verwandeln: Bomben verfehlten die Ziele, Piloten lenkten ihre Flieger im Nebel gegen urplötzlich vor ihnen auftauchende Bergmassive und zerschellten, Soldaten erschossen ihre eigenen Kameraden, Schiffe liefen auf Felsen auf und versanken in den Fluten. Das Wetter auf den Aleuten wurde zum schlimmsten Gegner.

Versorgung aus der Luft
Nur bei ruhigem Wetter und guter Sicht konnten die Wasserflugzeuge der US-Luftwaffe sicher vor den Küsten der Aleuteninseln landen.

Als die US-Flotte im Winter 1942 mit einigen Kreuzern, einem Zerstörer, einem Flugzeugträger und mehreren Landungsbooten mit der Seeoffensive begann, spitzte sich die Lage dramatisch zu. Die Truppen kämpften auf den Inseln gegen den harten Winter, verloren einige hundert Mann und verschossen fast ihre gesamte Munition. Etwa drei Monate erstarrte der Kampf in einem Stellungskrieg. Dann konzentrierten die USA ihre Kriegführung auf die Blockade des japanischen Truppennachschubs und bereiteten so die ihrer Meinung nach entscheidende Seeschlacht vor.

Am 27. März 1943 trafen die feindlichen Flottenverbände zwischen Kamtschatka und den Aleuten aufeinander. Ein japanischer Verband von neun schwer bewaffneten Geleitschiffen und drei Frachtschiffen sollte Kriegsmaterial und frische Soldaten auf die Aleuten bringen. Wieder hatte die US-Marine Funksprüche der Japaner entschlüsselt und den am besten gesicherten Versorgungskonvoi des gesamten Pazifischen Krieges problemlos aufgespürt. Die Kriegsschiffe hatten sich am Morgen bis auf 18 km aufeinander zubewegt, als gegen 9.00 Uhr die Japaner das Feuer eröffneten. Bei ungewöhnlich ruhigen Wetterverhältnissen und klarer Sicht lieferten sich die Gegner auf hoher See ein nervenzerreißendes Gefecht, das nach drei Stunden unentschieden endete.

Die USA gewinnen die Oberhand

Gegen 12.00 Uhr ließ der japanische Admiral Hosogaya zum Erstaunen der US-Führung das Feuer einstellen und veranlasste seinen Konvoi zur Rückkehr nach Japan. Seine Kreuzer hatten 70 % ihrer Munition verbraucht, und der Treibstoff reichte nicht mehr für ein eventuelles zweites Gefecht. Mit diesem Seeduell gelang es den USA, die Versorgung von Kiska zu unterbinden, erobern konnten sie die Insel aber erst Monate später.

Fehlende Landungsboote, ungeeignete Strände und widrige Wetterbedingungen

Der letzte Schlag
Anfang August 1943 wartete die US-Flotte vor der Insel Adak auf das Kommando zur Rückeroberung von Kiska.

bereiteten den 12 500 Amerikanern bei der Offensive auf Attu große Probleme. Sie begann am 11. Mai 1943, und 18 Tage lang bombardierten die Amerikaner unaufhörlich die Stellungen der Japaner auf der Insel. Weisungsgemäß ließ sich die japanische Verteidigung nicht auf ein offenes Gefecht mit den Amerikanern ein. Die zahlenmäßig weit unterlegenen 2300 Japaner gruben sich in Erdhöhlen oberhalb der Strände und Täler ein und warteten auf eine günstige Gelegenheit, den Feind in einen Hinterhalt zu locken. Auf diese Weise fügten sie den US-Truppen empfindliche Verluste zu: Die US-Armee verlor über 3000 Soldaten.

Opfer fürs Vaterland

Am 29. Mai 1943 kapitulierten die Japaner aufgrund ihrer aussichtslosen Lage auf Attu. Um nicht in Gefangenschaft zu geraten, begingen die letzten japanischen Einheiten durch einen *Banzai*-Angriff kollektiven Selbstmord. Angeführt von einem Offizier, stürmten die Soldaten mit dem Jubelschrei *Banzai,* was so viel wie „Hurra" bedeutet, ohne Rücksicht auf Verluste mit gezücktem Schwert gegen die feindlichen Stellungen und wurden dabei erschossen oder richteten sich selbst.

Als amerikanische und kanadische Truppen am 7. August 1943 auf der Insel Kiska landeten, hatten sie binnen einer Woche über 400 t Bomben auf die letzte Bastion der Japaner abgeworfen. Doch erste ausschwärmende Erkundungstrupps trauten ihren Augen nicht: Die Insel war menschenleer. Unbemerkt hatten sich die Japaner Ende Juli zurückgezogen, mehr als eine Woche lang hatten die Amerikaner eine verlassene Insel bombardiert. Bei diesem letzten Einsatz verloren die Alliierten trotzdem über 300 Mann, sei es durch Sprengfallen, eigenes Feuer, Seuchen oder Frost.

Die zwangsevakuierten Aleuten durften erst nach Kriegsende in ihre zerstörten Dörfer zurückkehren, sofern sie Seuchen und Unterernährung in den Internierungslagern in Alaska überlebt hatten. Gering gehaltene Entschädigungen sollten über den Verlust ihrer Heimat und die Strapazen des Krieges hinweghelfen.

Die *kursiv* gedruckten Seitenzahlen verweisen auf eine Abbildung.

Abkürzungen: o. = oben, M. = Mitte, u. = unten, l. = links, r. = rechts, Lep. = Leporello

akg = akg-images
BAL = Bridgeman Art Library
BPK = Bildarchiv Preußischer Kulturbesitz
TAA = The Art Archive

Einbandvorderseite: Mark Mellon
Einbandrückseite: von o. nach u.: akg; Interfoto/Science & Society; TAA/Muse des Arts Africains et Ocaniens/Dagli Orti (A); Interfoto/Science & Society; TAA/Dagli Orti (A)
Haupttitel: 1 Interfoto/Hermann Historica GmbH **4/5** akg; **6** und Lep.: Interfoto/Archiv Friedrich; **7** SV Bilderdienst/Scherl; **8** Interfoto/Archiv Friedrich; **9** Interfoto/Mary Evans; **10** akg; **11** und Lep.: SV Bilderdienst/Scherl; **12** o.: akg; **12** u.: SV Bilderdienst/Scherl; **13** ullstein bild; **14** SV Bilderdienst/Rue des Archives; **15** Hintergr.: Interfoto/Hermann Historica GmbH; **15** o.: ullstein bild; **15** u.: akg/Erich Lessing; **16** o., **17** ullstein bild; **18** und Lep.: SV Bilderdienst/Scherl; **19** SV Bilderdienst/Rue des Archives; **20** Interfoto/Archiv Friedrich; **21** SV Bilderdienst/Rue des Archives; **22** SV Bilderdienst/Scherl; **23** o.: Hulton-Deutsch Collection/CORBIS; **23** u.: ullstein bild/Roger Viollet; **24** u., o. und Lep.: SV Bilderdienst/Rue des Archives; **25** ullstein bild/Fishman; **26** SV Bilderdienst/Scherl; **27** und Lep.: BPK/Braemer und Güll; **28, 29** u.: SV Bilderdienst/Scherl; **29** o.: TAA/Eileen Tweedy; **30, 31** Interfoto/Science & Society; **32** akg; **32** Hintergr.: Interfoto/Archiv Friedrich; **33** o., **34** SV Bilderdienst/Scherl; **35** Interfoto/Archiv Friedrich; **36** ullstein bild; **37** akg; **38** ullstein bild/Scherl/SV Bilderdienst; **39** Australian War Memorial (REL34487); **40** SV Bilderdienst; **41** u. und Lep.: Interfoto/Sammlung Rauch; **41** Hintergr., **42** SV Bilderdienst/Scherl; **43** SV Bilderdienst; **44** ullstein bild; **45** SV Bilderdienst/Germin; **46** und Lep.: Interfoto/HIS; **47** u.: Interfoto/Nowosti; **47** o.: Interfoto/Hermann Historica GmbH; **48** Interfoto/Nowosti; **49** Hintergr.: Interfoto/Archiv Friedrich; **49** u. und Lep.: SV Bilderdienst/Rue des Archives; **50** Hintergr.: Interfoto/Alinari; **51** Interfoto/Wolfgang Maria Weber; **52** und Lep.: Deutsches Historisches Museum Berlin; **53** akg; **54** Interfoto/Archiv Friedrich; **55** o.: SV Bilderdienst; **55** u.: Interfoto/Aisa; **56** SV Bilderdienst/Rue des Archives; **57** SV Bilderdienst/Scherl; **57** u.: Interfoto/Aisa; **58** u.: Imperial War Museum (HU 069092); **58** o.: Imperial War Museum (TR 000193); **59** und Lep.: Interfoto/Archiv Friedrich; **60** u.: SV Bilderdienst; **60** o.: Imperial War Museum (TR 000468); **61** SV Bilderdienst; **62** SV Bilderdienst/Rue des Archives; **63** o.: Interfoto/Alinari; **63** u.: Interfoto/Hermann Historica GmbH; **64** SV Bilderdienst/Rue des Archives; **65** Interfoto/Archiv Friedrich; **66** SV Bilderdienst/Scherl; **67** SV Bilderdienst/Sammlung Megele; **68** SV Bilderdienst; **69** Archives Charmet, Musee des Deux Guerres Mondiales, Paris/BAL; **70** SV Bilderdienst/Sammlung Megele; **71** und Lep.: Interfoto/Archiv Friedrich; **72** SV Bilderdienst/Rue des Archives; **73** Interfoto/Archiv Friedrich; **74, 75** und Lep.: Interfoto/Nowosti; **76/77** Interfoto/Science & Society; **77** SV Bilderdienst/Scherl; **79** ullstein bild; **80** Hulton-Deutsch Collection/CORBIS; **81** SV Bilderdienst/Scherl; **83** u. und Lep.: Corbis; **83** o.: K.J. Historical/CORBIS; **84** Interfoto/Hermann Historica GmbH; **85** ullstein bild/SV Bilderdienst; **86** akg; **87** und Lep.: Interfoto/Archiv Friedrich; **89** und Lep., **90** Library and Archives Canada; **91** SV Bilderdienst/Scherl; **92** Library and Archives Canada; **93** u.: SV Bilderdienst; **93** o.: TAA/Imperial War Museum; **94** Mauritius Images/AGE Fotostock; **95** SV Bilderdienst; **96** und Lep.: SV Bilderdienst/Scherl; **97** Interfoto/Lu Wortig; **98** Interfoto/Hermann Historica GmbH; **99** Hulton-Deutsch Collection/CORBIS; **100** Bettmann/CORBIS; **101** Corbis; **102** Bettmann/CORBIS; **103** o.: Corbis; **103** u.: Interfoto/Aisa; **104** TAA/Culver Pictures; **105** Mauritius Images/Westend61; **105** r.: Interfoto/JAS2; **106** l.: TAA/National Archives Washington DC; **107** u. l.: Interfoto/Alinari; **107** M. r.: Interfoto/HIS; **107** o. r.: Interfoto/FS2; **107** u. r.: Privatsammlung/BAL; **107** o. l.: akg; **108** u.: ullstein bild/Granger Collection; **108** o.: Interfoto/Alinari; **109** u. r.: Interfoto/Nowosti; **109** u. l.: Deutsches Historisches Museum Berlin; **109** o.: Corbis/Hulton-Deutsch Collection; **110** M. und o.: Corbis; **110** u. l.: BPK; **111** o.: Interfoto/Alinari; **111** M.: Interfoto/Science & Society; **111** u.: Interfoto/HIS; **112** u.: Interfoto/Alinari; **112** o. l.: ullstein bild/Andres (L); **112** o. M.: Deutsches Historisches Museum Berlin; **113** o. l.: Australian War Memorial (089116); **113** M.: Interfoto/Archiv Friedrich; **113** o.r.: SV Bilderdienst/Scherl; **114/115** TAA/Muse des Arts Africains et Oceaniens/Dagli Orti (A); **116** Popperfoto/Bilderberg; **117** und Lep.: EE Images/HIP/TopFoto/Keystone; **118, 119** Interfoto/Alinari; **120** Interfoto/Archiv Friedrich; **121** und Lep.: ullstein bild/Roger Viollet; **122** o.: SV Bilderdienst/Rue des Archives; **122** M. l.: RMN/Pascal Segrette/Musee de l'Armee/BPK; **122** Hintergr.: Israel images/Alamy; **124** TAA/Culver Pictures ; **125** o. und Lep.: Interfoto/Mary Evans; **126, 127** u.: Interfoto/Alinari; **127** Hintergr.: Interfoto/Hermann Historica GmbH; **128** Australian War Memorial (007071); **129** u.: akg; **129** o.: Australian War Memorial (007948); **130** Australian War Memorial (006385); **131** POPPERFOTO/Alamy; **132** u.: Imperial War Museum (E 018493); **132** o.: Interfoto/Hermann Historica GmbH; **133** Bettmann/CORBIS; **134** und Lep.: Imperial War Museum (E 018474); **135** Imperial War Museum (TR 000987); **136/137** Interfoto/Science & Society; **138** Popperfoto/Bilderberg; **139** und Lep.: SV Bilderdienst/Scherl; **140** akg; **141** SV Bilderdienst/Scherl; **142** o., Hintergr. und Lep.: Interfoto/Baptiste; **142** u.: Topham Picturepoint/Keystone; **143** und Lep.: Hulton-Deutsch Collection/CORBIS; **144** akg; **145** Bettmann/CORBIS; **146** Hintergr.: ullstein bild; **146** und Lep.: Bettmann/CORBIS; **147** Interfoto/Foto Wilhelm; **148** Topham Picturepoint/Keystone; **149** Interfoto/Mary Evans; **150** ullstein bild/Roger Viollet; **151** Interfoto/Archiv Friedrich; **152** SV Bilderdienst/Scherl; **154** ullstein bild; **155** ullstein bild/Roger Viollet; **156** und Lep.: POPPERFOTO/Alamy; **157** Hulton-Deutsch Collection/CORBIS; **158** Bettmann/CORBIS; **159, 160** Popperfoto/Bilderberg; **161** Hintergr.: Interfoto/Aisa; **161** u. und Lep.: National Atomic Museum; **162** The Robert Hunt Library; **163** Interfoto/Archiv Friedrich; **164, 165** Interfoto/Alinari; **166/167** TAA/Dagli Orti (A); **168** und Lep. SV Bilderdienst/Rue des Archives; **169** Interfoto/Archiv Friedrich; **170** u.: ullstein bild/Roger Viollet; **170** Hintergr.: Australian War Memorial (RELAWM32989); **171** Interfoto/Archiv Friedrich; **172** und Lep.: Interfoto/Alinari; **173** u.: Australian War Memorial (P02018.143); **173** o.: Australian War Memorial (RELC01152); **174** Interfoto/Hermann Historica GmbH; **175** ullstein bild/Roger Viollet; **176** SV Bilderdienst; **177** Bettmann/CORBIS; **178** Imperial War Museum (NYF 057021); **179** u. und Lep.: Australian War Memorial (025643); **179** o.: Australian War Memorial (P02443.001); **180** u.: Australian War Memorial (100149); **180** M. l. und Lep.: Interfoto/Science & Society; **181** u.: TAA/Culver Pictures; **181** o.: Privatsammlung/BAL; **182** und Lep.: TAA/National Archives Washington DC; **183** ullstein bild/Roger Viollet; **184** und Lep.: TAA/National Archives Washington DC; **185** Corbis; **186** Horace Bristol/Corbis; **187** Corbis

Autoren: Monika Dreykorn, Karin Feuerstein-Praßer, Andrea Groß-Schulte, Dr. Cornelia Lawrenz, Dr. Wolfgang Mayer, Karin Prager, Karin Schneider-Ferber, Harry D. Schurdel, Dr. Holger Sonnabend, Dr. Roland Weis
Organisation, Bildresearch, Layout, Redaktion: MCS Schabert GmbH unter Mitarbeit von Interfoto (Bildresearch), plan.it (Layout) und Karin Prager (Redaktion)
Kartographie: Ingenieurbüro für Kartographie Müller & Richert GbR, Gotha

Reader's Digest:
Redaktion: Jens Firsching, Falko Spiller
Grafik: Gabriele Stammer-Nowack
Bildredaktion: Christina Horut
Prepress: Andreas Engländer
Produktion: Andreas Schabert

Ressort Buch:
Redaktionsdirektorin:
Suzanne Koranyi-Esser
Redaktionsleiterin:
Dr. Renate Mangold
Art Director: Susanne Hauser

Operations:
Leitung Produktion Buch:
Norbert Baier

Satz und Reproduktion:
Meyle+Müller GmbH+Co. KG, Pforzheim
Druck und Bindung: Printer Portuguesa, Rio de Mouro, Portugal

GR 0081/G/S

Printed in Portugal

ISBN: 978-3-89915-399-6

Besuchen Sie uns im Internet:
www.readersdigest.de

Abbildung Cover:
Sir Winston Churchill, Bronzebüste, 1998
Abbildung Haupttitel:
Stahlhelm der deutschen Fallschirmtruppe, 1936